Patent Navigation for
Fine Chemicals

精细化工产业
专利导航

中国科学院大连化学物理研究所 组织编写

杜 伟　周 游　张 莹 ◎ 主编

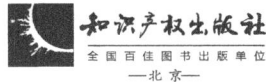

知识产权出版社
全国百佳图书出版单位
—北京—

图书在版编目（CIP）数据

精细化工产业专利导航/中国科学院大连化学物理研究所组织编写；杜伟，周游，张莹主编. —北京：知识产权出版社，2023.8
ISBN 978-7-5130-8708-7

Ⅰ.①精… Ⅱ.①中…②杜…③周…④张… Ⅲ.①精细化工—专利—研究—中国 Ⅳ.①F426.7

中国国家版本馆 CIP 数据核字（2023）第 112633 号

内容提要

本书对国内外精细化工发展的总体态势、竞争格局及竞争能力等进行分析，明确我国在涂料、油墨、颜料及其类似物、农药、化学试剂和助剂、医药、前沿新材料、专用化学品等六大产业链在技术上存在的优势和劣势，根据分析结果，进一步提出精细化工产业专利发展战略的指导思想和目标。从专利发展的政策体系、服务体系、文化及人才环境等方面确保我国精细化工产业专利发展战略的有效实施，以达到与产业基础和产业规模相对应的技术水平，从而全方位提升我国精细化工竞争实力。

本书适合精细化工等化工领域从事知识产权管理与运营的相关人员参考阅读。

责任编辑：尹 娟　　　　　　　　　　责任印制：孙婷婷

精细化工产业专利导航
JINGXI HUAGONG CHANYE ZHUANLI DAOHANG

中国科学院大连化学物理研究所　组织编写
杜　伟　周　游　张　莹　主编

出版发行：知识产权出版社有限责任公司	网　址：http://www.ipph.cn
电　话：010-82004826	http://www.laichushu.com
社　址：北京市海淀区气象路 50 号院	邮　编：100081
责编电话：010-82000860 转 8702	责编邮箱：yinjuan@cnipr.com
发行电话：010-82000860 转 8101	发行传真：010-82000893
印　刷：北京中献拓方科技发展有限公司	经　销：新华书店、各大网上书店及相关专业书店
开　本：787mm×1092mm　1/16	印　张：12.5
版　次：2023 年 8 月第 1 版	印　次：2023 年 8 月第 1 次印刷
字　数：266 千字	定　价：78.00 元
ISBN 978-7-5130-8708-7	

出版权专有　侵权必究
如有印装质量问题，本社负责调换。

编 委 会

顾　问：蔡　睿　李先锋　张　晨

主　编：杜　伟　周　游　张　莹

成　员：（排名不分先后）

王春博　屈海潮　赵　乐　贾宇宁

张博仓　靳国忠　张锦威

本书由中国科学院 A 类战略性先导科技专项"煤炭清洁燃烧与低碳利用"、2022 年度辽宁省科学事业公益研究基金（编号：2022JH4/10100001）、国家知识产权局学术委员会 2023 年度专利专项研究项目"面向能源产业融合发展的知识产权智慧情报服务研究"（编号：Y230803）资助出版。

前　言

精细化工是石化产业重要的组成部分。伴随经济和科学技术的飞速发展，精细化学品工业的生产规模、经济效益及发展前景已展现出明显高于化学工业整体发展水平的趋势。近年来，大量外资企业采取资金注入、技术输出等方式，在我国精细化工原料、电子化学品及合成中间体等行业中逐步渗透，试图利用高新技术进一步提升其在中国市场的竞争力，并灵活运用知识产权战略架起专利壁垒，为中资精细化工企业发展带来了技术难题和产生专利纠纷的潜在威胁。我国在精细化工领域的专利仍存在量有余而质不足、研究领域单一等问题，产业规模的快速扩张并没有从根本上弥补与世界一流技术间的差距。

根据精细化工产业的发展需求，为了推进知识产权工作支撑产业发展，由中国科学院大连化学物理研究所组织专利信息服务专业机构，围绕培育发展战略性新兴产业领域，深度开发精细化工产业专利导航分析及预警。这是中国科学院大连化学物理研究所主动创新、发挥知识产权支撑产业创新驱动发展的重要举措。随着分析的深入，各研究团队陆续产出了各类精细化工产业专利分析研究成果，为大连市战略性新兴产业创新发展提供了有力支撑。

精细化工各产业专利导航分析及预警报告均注重报告框架的系统性与层次性、数据采集的完整性与有效性、研究方法的可行性与创新性。在实施过程中，编委会各成员进行了大量的基础调研和深入研究，借助专业的专利数据库和专利分析工具，并结合调查法、文献研究法、比较研究法、跨学科研究法、案例研究法等科学方法，对研究对象进行技术分解，深度加工产业专利信息以获得专利数据分析样本，通过综合分析，形成专利分析及预警报告。研究内容的设计主要基于在精细化工相关专利技术数据基础上展开的分析。从互动关系研究、空间规律与规划对策研究两方面出发，探索国内专利数据与重要产业的关联性及规划对策。

为掌握全球精细化工产业专利技术的发展现状，本书首先对国内外精细化工发展的总体态势、竞争格局及竞争能力等方面进行分析，明确我国在涂料、油墨、染料及其类似物，农药，化学试剂及助剂，医药，前沿新材料，专项化学品6大产业链在技术上存在的优势和劣势，根据分析结果，进一步提出精细化工产业专利发展战略的指导思想和目标。

从专利发展的政策体系、服务体系、文化及人才环境等方面开展研究，确保我国精细化工产业专利发展战略的有效实施，以达到与产业基础和产业规模相对应的技术水平，从而全方位提升我国精细化工竞争实力。

期待本书的出版能够为精细化工领域的读者提供较大的帮助。

目 录
CONTENTS

1 研究背景及意义 ··· **001**
　1.1　精细化工基本概念和范畴 / 001
　1.2　研究方法和意义 / 002
　1.3　主要研究内容 / 003

2 全球专利技术现状及发展趋势分析 ··· **005**
　2.1　全球精细化工产业发展现状 / 005
　2.2　全球精细化工专利技术发展趋势分析 / 006
　2.3　全球精细化工主要专利权人的核心技术分析 / 012

3 国内精细化工现状及发展趋势 ·· **016**
　3.1　国内精细化工产业技术现状 / 016
　3.2　国内精细化工专利技术发展趋势分析 / 017
　3.3　国内主要地区精细化工专利现状及趋势 / 021
　3.4　国内精细化工主要专利权人的核心技术分析 / 022

4 精细化工产业技术创新性分析 ·· **026**
　4.1　精细化工产业专利技术创新主体分析 / 026
　4.2　精细化工产业专利技术创新发展分析 / 030
　4.3　精细化工产业发展可借助的关键平台 / 032

5 涂料、油墨、颜料及类似产品的产业链分析 ······································· **037**
　5.1　涂料、油墨、颜料及类似产品定义及分类 / 037
　5.2　涂料、油墨、颜料及类似产品专利发展分析 / 038
　5.3　涂料、油墨、颜料及类似产品市场发展分析 / 052
　5.4　涂料、油墨、颜料及类似产品行业政策分析 / 060
　5.5　涂料、油墨、颜料及类似产品发展前景预测 / 062

6 农药产业链分析 · 065
 6.1 农药产品定义及分类 / 065
 6.2 农药产品专利发展分析 / 066
 6.3 农药产品市场发展分析 / 080
 6.4 农药产品行业政策分析 / 086
 6.5 农药产品发展前景预测 / 088

7 化学试剂和助剂的产业链分析 · 090
 7.1 化学试剂和助剂的定义及分类 / 090
 7.2 化学试剂和助剂专利发展分析 / 090
 7.3 化学试剂和助剂市场发展分析 / 104
 7.4 化学试剂和助剂行业政策分析 / 110
 7.5 化学试剂和助剂发展前景预测 / 111

8 医药产业链分析 · 112
 8.1 医药的定义及分类 / 112
 8.2 医药专利发展分析 / 112
 8.3 医药市场发展分析 / 127
 8.4 医药行业政策分析 / 133
 8.5 医药发展前景预测 / 134

9 前沿新材料产业链分析 · 136
 9.1 前沿新材料的定义及分类 / 136
 9.2 前沿新材料专利发展分析 / 137
 9.3 前沿新材料市场发展分析 / 152
 9.4 前沿新材料行业政策分析 / 161
 9.5 前沿新材料发展前景预测 / 162

10 专用化学品产业链分析 · 166
 10.1 专用化学品的定义及分类 / 166
 10.2 专用化学品专利发展分析 / 166
 10.3 专用化学品市场发展分析 / 181
 10.4 专用化学品行业政策分析 / 183
 10.5 专用化学品发展前景预测 / 185

参考文献 · 187
致　　谢 · 189

1　研究背景及意义

工业和信息化部、国家发展和改革委员会、科学技术部、生态环境部、应急管理部、国家能源局2022年4月7日联合发布《关于"十四五"推动石化化工行业高质量发展的指导意见》（以下简称《意见》）提出，到2025年，石化化工行业要基本形成自主创新能力强、结构布局合理、绿色安全低碳的高质量发展格局，高端产品保障能力大幅提高，核心竞争能力明显增强，高水平自立自强迈出坚实步伐。

《意见》提出，大力发展化工新材料和精细化学品，加快产业数字化转型，提高本质安全和清洁生产水平，将加速石化化工行业质量变革、效率变革、动力变革，推进我国由石化化工大国向强国迈进。

我国是石化化工大国，但行业创新能力不足、结构性矛盾突出、产业布局不尽合理、绿色安全发展水平不高等问题依然存在。"十四五"时期，行业结构调整、转型升级将进一步加快，产业发展模式正在从以规模扩张为主的产能建设向以"精耕细作"为主的精细化、专用化、系列化细分市场拓展。

当前，安全环保已成为业界坚守的从业生存底线和发展基本要求。同时，以绿色循环低碳为基本特征的化工园区逐步成为行业结构调整、转型升级、腾挪发展的主要载体。

聚焦创新发展、产业结构、产业布局、数字化转型、绿色低碳、安全发展6个重点难点，《意见》提出了六大重点任务。其中，在提升创新发展水平方面，《意见》提出，完善创新机制、攻克核心技术、实施"三品"行动等措施，将加快重要装备及零部件制造技术攻关，开发推广先进感知技术以及过程控制软件、全流程智能控制系统、故障诊断与预测性维护等控制技术，增强创新发展动力。

在推动产业结构调整方面，《意见》强化分类施策，科学调控石油化工、煤化工等传统化工行业产业规模，有序推进炼化项目"降油增化"，促进煤化工产业高端化、多元化、低碳化发展。同时，优化烯烃、芳烃原料结构，加快煤制化学品、煤制油气向高附加值产品延伸，提高技术水平和竞争力。

1.1　精细化工基本概念和范畴

精细化工是当今化学工业中最具活力的新兴领域之一，是新材料的重要组成部分。精细化工产品种类多、附加值高、用途广、产业关联度大，直接服务于国民经济的诸多行业和高新技术产业的各个领域。大力发展精细化工已成为世界各国调整化学工业结构、提升化学工业产业能级和扩大经济效益的战略重点。国家适时出台相关政策，构建产学研相结合的新型技术创新组织——国家精细化工产业技术创新战略联盟，以此来促进国家精细化工产业结构优化升级和提升行业整体竞争力。

各国的精细化工产业结构也不甚一致，大体可归纳为：医药、农药、合成染料、有机颜料、涂料、香料与香精、化妆品与盥洗卫生品、肥皂与合成洗涤剂、表面活性剂、印刷油墨及其助剂、黏结剂、感光材料、磁性材料、催化剂、试剂、水处理剂与高分子絮凝剂、造纸助剂、皮革助剂、合成材料助剂、纺织印染剂及整理剂、食品添加剂、饲料添加剂、动物用药、油田化学品、石油添加剂及炼制助剂、水泥添加剂、矿物浮选剂、铸造用化学品、金属表面处理剂、合成润滑油与润滑油添加剂、汽车用化学品、芳香除臭剂、工业防菌防霉剂、电子化学品及材料、功能性高分子材料、生物化工制品等40多个行业和门类。随着国民经济的发展，精细化学品的开发和应用领域将不断开拓，新的门类将不断增加。

1.2 研究方法和意义

本书研究汇集国际、国内精细化工相关产业，包含石化化工材料、前沿新材料、专用化学品、试剂及化学助剂、涂料/油墨/颜料及类似产品制造、医药和农药7个产业应用，细分为45个类别。本书研究聚焦技术发展趋势和创新空间的发展规律，以精细化工产业为研究主体，分析精细化工各技术领域的发展态势，给出城市创新发展路线。

本书的研究方法分为以下几类。

（1）SWOT分析法。

将SWOT分析运用到企业的专利发展战略制定中，充分认识、掌握、利用和发挥专利技术的开发、实施、许可贸易及专利信息应用过程中的有利条件和因素，控制或缓解不利因素和威胁，以建立实施适宜的专利发展战略，从而激励企业的技术创新活力，提升并巩固市场竞争的优势地位，实现经济利益最大化。

（2）专利计量分析法。

专利计量（专利文献计量）是科学计量学的重要分支，包含专利数量分析、专利引用分析和专利关联分析三个重要领域，围绕"技术、科学、指标、创新"等主题进行国家、机构和发明者三个层面的分析，固有的计量指标、方法及工具在专利计量研究中得到了创新性应用，对技术、知识、经济及法律等重要专利信息在专利计量视角下进行了更为系统性的分析。专利计量被广泛应用在专利信息开发与利用、专利管理与专利发展战略制定等方面，以识别与规划专利主体的重点技术领域、核心技术的保护力度及未来专利技术创新发展的方向。

专利计量指标从适用性的角度可划分为宏观、中观和微观三个层次，从量（专利申请量、三方专利量等）、率（专利授权率、专利增长率等）和质（科学关联性、同族专利等）的角度，全面体现了技术领域、具体企业和专利文献方面的差异。本研究分别从专利申请量、专利类型以及专利的法律状态等方面对国际、国内及辽宁省和大连市精细化工产业专利的总体分布特征进行了分析，在此基础上结合国际专利分类号、专利代理机构数量、海外专利申请量和主要专利权人等层次深入挖掘和衡量了辽宁省内精细化工专利的技术现状和竞争实力。

（3）波士顿矩阵分析法。

对于大连市已有精细化工产业，采用波士顿矩阵分析法。将大连市精细化工产业主要技术领域专利的增长率和份额作为评价的指标体系，其中专利增长率指的是重要技术领域专利技术的增长率，并且代表着技术市场的发展前景和市场机会。相对技术份额是指某个技术领域专利数量占整个该技术领域中的份额比值，比值的大小反映了技术市场的竞争力。其中，专利增长率的分界点为10%，相对技术市场份额的高低近似为10%。通过波士顿矩阵，其可以将精细化工产业划分为明星技术领域、问题技术领域、现金牛技术领域和瘦狗技术领域四种，其中明星的技术领域为"高技术增长率 – 高相对专利技术份额"，现金牛技术领域为"低技术增长率 – 高相对专利技术份额"，瘦狗技术领域为"低技术增长率 – 低相对专利技术份额"，问题技术领域为"高技术增长率 – 低相对专利技术份额"。

（4）社会网络分析法。

社会网络分析，是综合运用社会计量学、图论法、矩阵法等方法去描述和测量网络社群成员之间的关系以及通过这些关系流动的各种有形或无形的东西，如信息、资源、知识等。社会网络分析方法的主要目是表征社会关系的结构，以探究结构对群体功能或者群体内部个体的影响。通过运用专利检索工具实现精细化工领域"核心专利技术 – 主要专利权人"的可视化分析，根据主要专利权人国内外专利布局信息确立全球和国内精细化工专利发展的趋势，从而掌握国际、国内及主要省市间专利网络中精细化工专利的资源分布和技术地位。

（5）GE矩阵法。

对于国内精细化工整体需求，采用GE矩阵法（也称为通用电气矩阵分析法）。GE矩阵法可以用来根据国内重点精细化工产业在市场上的实力和所在市场的吸引力进行评估，组合判断其强项和弱点。按市场吸引力和业务自身实力两个维度评估现有技术领域，每个维度分三级、九个格以表示两个维度上不同级别的组合。两个维度上可以根据不同情况确定评价指标。

1.3　主要研究内容

研究内容的设计主要基于对精细化工相关专利技术数据展开分析。从互动关系研究、空间规律与规划对策研究两方面出发,探索大连市专利数据与重要产业的关联性及规划对策。

(1) 关联性辨识。

对城市专利与重要产业发展关联性进行探究,是实现创新驱动城市重要产业发展的基础。首先,选取大连市社会经济的重要产业,通过对大连市重要产业及其相关专利的定量测度与分析,辨识各产业专利与实体经济发展的关联性。从中筛选出专利对其实体经济有明显促进作用的产业类型,进一步分析得出专利与产业发展的空间关联性。

(2) 空间规律与对策研究。

在对重要产业与专利数据的关联性分析、判识的基础上,进一步以专利数据对其发展有明显促进作用的产业为研究对象,通过对这些产业相关专利数据的总体态势分布特征、空间分布发展趋势等进行研究,得到城市创新产出的时空演变规律和趋势,进而提出空间规划与调控策略。

2　全球专利技术现状及发展趋势分析

2.1　全球精细化工产业发展现状

美国、欧洲、日本等化学工业发达国家或地区及其著名的跨国化工公司，都十分重视发展精细化工，把精细化工作为调整化工产业结构、提高产品附加值、增强国际竞争力的有效举措，世界精细化工产业呈现快速发展态势，产业集中度进一步提高。

1. 销售快速增长，精细化率不断提高

基于世界高度发达的石油化工向深加工发展和高新技术的蓬勃兴起，世界精细化工产业得到前所未有的快速发展。根据中国智研咨询发布的《2017—2022年中国精细化工行业运营态势及未来前景预测报告》中的分析数据，全世界化工产品年总销售额约为1.5万亿美元，其中精细化学品和专用化学品销售额约为3800亿美元，年均增长率在5%~6%，高于化学工业2~3个百分点。目前，全球精细化学品市场仍将以6%的年均速度增长。世界精细化学品品种已超过10万种。美国精细化学品年销售额约为1250亿美元，居世界首位；欧洲约为1000亿美元，位居第二；日本约为600亿美元，名列第三。三者合计约占世界总销售额的75%以上。

发达国家发展精细化工还有一个特点是十分重视技术保护，严控技术外流，形成一定的技术垄断；部分发达国家在大力发展精细化工的同时也十分重视环境的保护，减少"三废"排放，重视污染处理。这点值得学习，环境保护是一切发展的前提，发展精细化工也能更好地减少污染。

2. 技术突破创新，优化精细化工结构

加强技术创新，调整和优化精细化工产品结构，重点开发高性能化、专用化、绿色化产品，已成为当前世界精细化工发展的重要特征，也是今后世界精细化工发展的重点方向。

3. 联合兼并重组，增强核心竞争力

兼并、收购或重组，调整经营结构，退出没有竞争力的行业，发挥自己的专长和优势,加大对有竞争力行业的投入,重点发展具有优势的精细化学品,以巩固和扩大市场份额,提高经济效益和国际竞争力。

2.2 全球精细化工专利技术发展趋势分析

1. 全球精细化工行业专利申请趋势

近年来,全球各个国家特别是工业发达国家都把发展精细化工产品作为传统化工产业结构调整升级的重点发展战略之一,其化工产业均向着"多元化"及"精细化"的方向发展。对全球126个国家或地区的专利数据库进行检索,共得到5 024 283组简单同族精细化工专利。其中专利申请数据的变化趋势如图2-1所示。

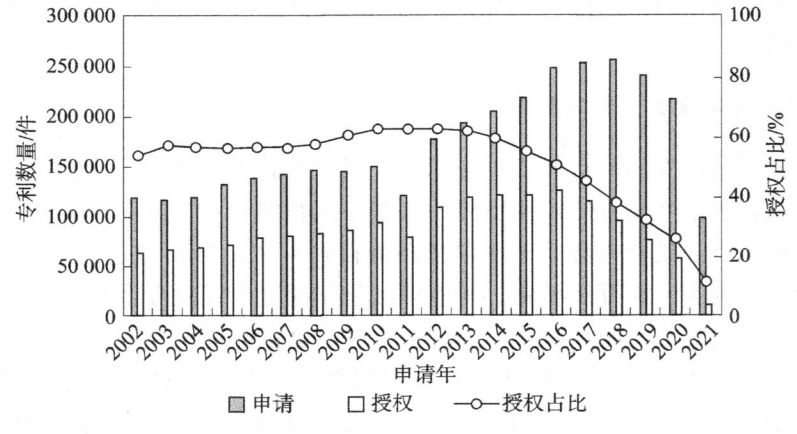

图 2-1 2002—2021 年全球精细化工领域专利申请趋势

从图2-1中可以看出,专利申请量整体呈逐年上升的趋势。其中,2020—2021年专利申请数据受公开滞后影响,暂不作为趋势下降的参考理由。

精细化工产品具有产品种类繁多、应用领域广泛、工艺技术复杂、产品附加值高、产品对下游客户黏度较高等特点。2011—2020年,借助高新技术的进步,石油和化工行业向深加工方向发展,国际国内精细化工行业也得到前所未有的快速发展。由于精细化学品的难以替代性,其应用范围不断向纵深发展,精细化工行业的快速发展已成为化工行业发展的必然趋势。

图2-2展示了精细化工主要领域专利申请趋势。从图中可以看出,在七大精细化工领域中,专用化学品和医药相关的专利数量较多。相对而言,农药和涂料/油墨/颜料这两个领域专利数量较少。从整体国际趋势上看,专用化学品相关专利在数量及增速上较其他领域占有绝对优势,与新领域精细加工所构成的新领域精细化学品是当下精细化工产业发展的重点,体现了精细化工产品对高附加值、短周期、多功能、新技术的发展需求。

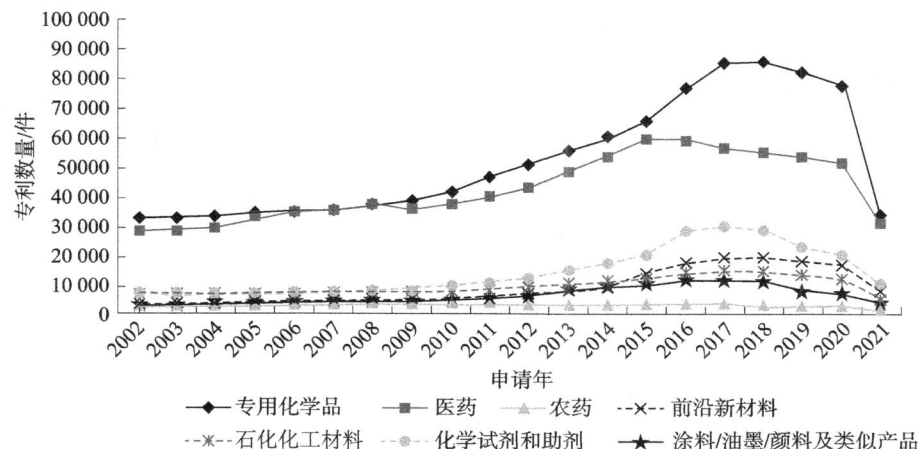

图2-2 2002—2021年全球精细化工产业主要领域专利申请趋势

从2010年开始，精细化工领域的专利数量开始逐年增加。专用化学品和化学试剂和助剂的专利数量从2015年开始有明显上升趋势，这是因为一些大型多元化跨国化工企业加快了业务重组步伐，众多化工企业选择剥离非核心业务、减少产能过剩及实现设施合理化，以求做大做强其核心业务。

对比精细化工七大领域各国的专利申请量见表2-1。从表中可知，中国处于绝对领先地位，但是在核心技术上却明显落后于美国和日本。造成这一现象的原因是多方面的，《"十三五"国家知识产权保护和运用规划》中明确指出，每万人口发明专利拥有量（件）从"十二五"末期2015年的6.3件提高到2020年的12件，进而造成国内对专利申请的爆发式增长。

表2-1 精细化工主要领域全球专利数据汇总 单位：件

技术分类	总申请量	申请峰值（年份）	主要专利来源国申请量及占比	申请总量排名前十的申请人及数量
石化化工材料	607 948	14 376（2018年）	中国 106 405，39.87% 美国 56 863，21.30% 日本 36 273，13.59% 韩国 14 001，5.25% 德国 13 742，5.15%	东丽株式会社 1724 巴斯夫欧洲公司 1063 三菱化学株式会社 1021 中国石油化工股份有限公司 993 米其林集团总公司 891 华南理工大学 834 北京化工大学 782
前沿新材料	618 419	19 067（2017年）	中国 112 715，42.24% 美国 28 652，10.75% 日本 27 698，10.38% 世界知识产权组织 19 959，7.48% 欧洲专利局 17 048，6.39%	东丽株式会社 1724 巴斯夫欧洲公司 1063 三菱化学株式会社 1021 中国石油化工股份有限公司 993 米其林集团总公司 891 华南理工大学 834 北京化工大学 782 浙江大学 742 惠普研发公司 644 陶氏化学公司 625

续表

技术分类	总申请量	申请峰值（年份）	主要专利来源国申请量及占比	申请总量排名前十的申请人及数量
专用化学品	2 049 860	85 170（2018年）	中国 534 180，31.45% 日本 290 169，17.06% 美国 205 687，12.11% 世界知识产权组织 119 554，7.04% 韩国 107 474，6.33%	丰田自动车株式会社 13 656 松下电器产业株式会社 7752 欧莱雅 7626 本田技研工业株式会社 6810 日产自动车株式会社 5773 株式会社 LG 化学 5560 花王株式会社 5468 罗伯特·博世有限公司 5116 宝洁公司 5057 TDK 株式会社 4592
化学试剂和助剂	618 757	29 173（2017年）	中国 181 029，42.28% 日本 45 569，10.64% 美国 33 642，7.86% 韩国 25 833，6.03% 世界知识产权组织 25 603，5.98%	中国石油化工股份有限公司 2868 巴斯夫欧洲公司 2198 日东电工株式会社 1761 株式会社 LG 化学 1164 住友橡胶工业株式会社 1085 株式会社普利司通 1050 钟渊化学工业株式会社 993 路博润公司 886 汉高股份有限公司 830 出光兴产株式会社 830
涂料/油墨/颜料及类似产品	313 311	25 871（2016年）	中国 142 407，41.09% 日本 42 147，22.39% 美国 22 423，13.42% 韩国 22 397，5.92%	富士胶片株式会社 2639 精工爱普生株式会社 1943 东洋油墨制造株式会社 1541 佳能株式会社 1357 DIC 株式会社 1262 株式会社理光 1111 晓温-威廉姆斯公司 1085 巴斯夫欧洲公司 966 日本化药株式会社 939 惠普发展公司有限责任合伙企业 836
医药	651 896	56 495（2015年）	中国 440 411，22.26% 美国 303 026，15.31% 世界知识产权组织 90 990，9.65% 日本 167 385，8.45% 欧洲专利局 158 278，7.99%	加利福尼亚大学董事会 4845 孟山都科技公司 4699 先锋国际良种公司 4153 诺华公司 3445 浙江大学 3281 江南大学 3267 霍夫曼-拉罗奇有限公司 2742 法国国家科学研究中心 2475 上海博德基因开发有限公司 2396 健泰科生物技术公司 2330

续表

技术分类	总申请量	申请峰值（年份）	主要专利来源国申请量及占比	申请总量排名前十的申请人及数量
农药	164 092	12 285（2016年）	中国 49 431，30.12% 美国 41 849，25.50% 欧洲专利局 21 360，13.02% 日本 15 643，9.53% 德国 7776，4.74%	巴斯夫欧洲公司 10 443 拜尔农作物科学股份公司 10 151 先正达参股股份有限公司 6707 美国陶氏益农公司 6214 拜尔公司 4253 住友化学注株式会社 2789 辛根塔有限公司 2602 石原产业株式会社 1666 纳幕尔杜邦公司 1566 孟山都科技公司 644

随着社会经济的进一步发展，人们对电子、汽车、机械工业、建筑新材料、新能源及新型环保材料的需求将进一步上升，电子与信息化学品、表面工程化学品等相关专用化学品将得到进一步的发展，全球范围内精细化学品市场规模将保持高于传统化工行业的速度快速增长。如图2-3所示，专用化学品占据了较大的份额，占专利总量比例为41%，远高于精细化工产业其他六个技术领域。

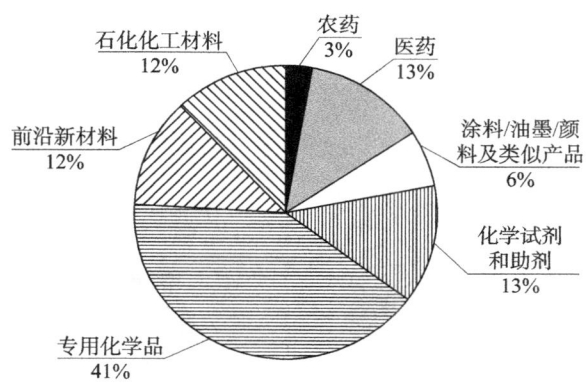

图2-3 全球精细化工主要领域专利占比

2. 全球精细化工产业地图分布情况

本研究分别从技术来源和技术应用的目标市场两个维度来分析精细化工主要技术领域专利在全球各国家（地区、组织）的分布情况，能从侧面反应出精细化工产业的技术创新能力和活跃程度。

美国在精细化工技术领域的创新力和活跃度都有较强的优势。反观技术应用目标市场，在一定程度上反映了中国仍是主要目标市场，受关注程度也最高（图2-4、图2-5）。

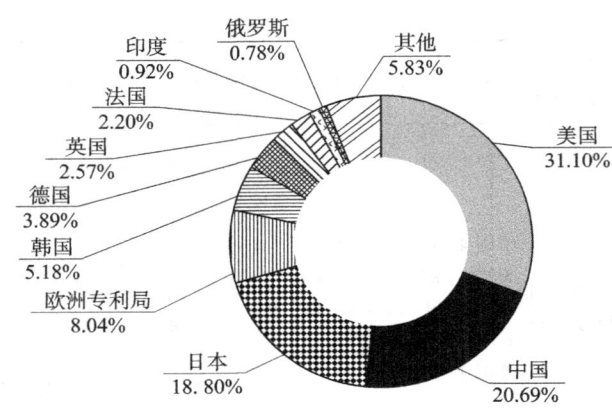

图 2-4　全球精细化工技术来源国家（地区、组织）专利分布占比情况

从图2-4全球精细化工技术来源国家（地区、组织）专利分布占比情况来看，美国位于第一，相关技术几乎占整体精细化工行业的1/3。中国位于第二，与美国的占比相差10.41%，处于技术领先地位。

另外，从技术应用目标市场国家（地区、组织）专利分布占比情况来看，如图2-5所示，中国是全球第一大目标市场，占比远超美国，受关注程度也最高，一定程度上也是因为中国是最大的发展中国家且在2010年成为了世界第二大经济体。

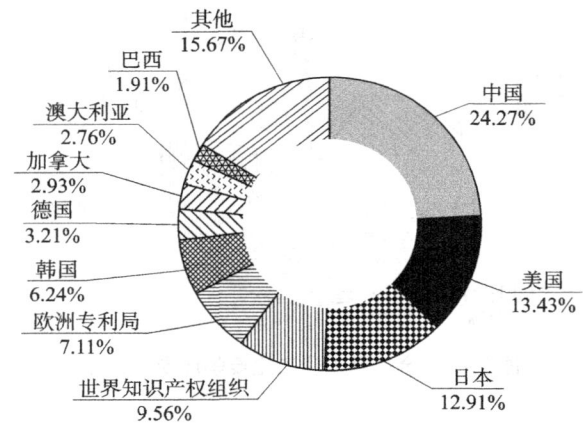

图 2-5　全球精细化工技术应用国家（地区、组织）专利分布占比情况

从时间维度看，全球主要技术来源国家（地区、组织）的精细化工技术活跃趋势如图2-6所示。从图2-6中可以看出，美国、日本、欧洲、韩国等国家或地区的精细化工技术活跃度相对比较平稳。中国从2008年开始增长趋势明显，到2015年反超美国。这是因为目前全球精细化工产业已进入了成熟发展期。由于现在人们对环境保护的意识日渐提高，美国、日本及欧洲等发达国家或地区对污染物控制的要求十分严格，这些国家或地区的一些大型化工企业逐步将其产业向亚

洲地区的发展中国家转移。

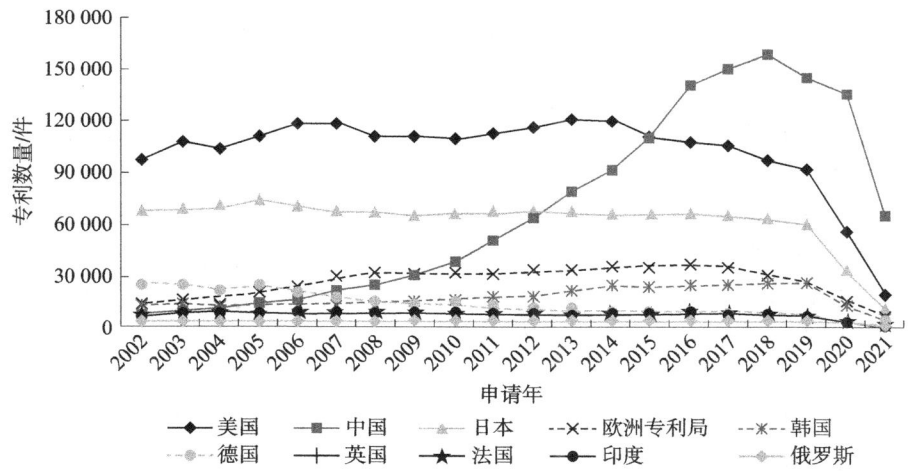

图 2-6　2002—2021 年精细化工技术来源国家（地区、组织）专利趋势分析

中国由于具有较多的优惠政策和丰富的人力资源等，成为这些大型化工企业进行产业转移的主要对象。这些企业的产业转移有可能将一些技术含量高的精细化工产品的生产转移到中国，有利于中国精细化工产业技术水平的提高，对中国精细化工产业的发展十分有利。另外，在"十三五"期间，中国精细化工产业认真贯彻落实创新、协调、绿色、开放、共享的新发展理念，大力推进结构调整、科技创新和绿色发展，持续深化对外合作，精细化工产业发展趋势明显增强，如图 2-7 所示。

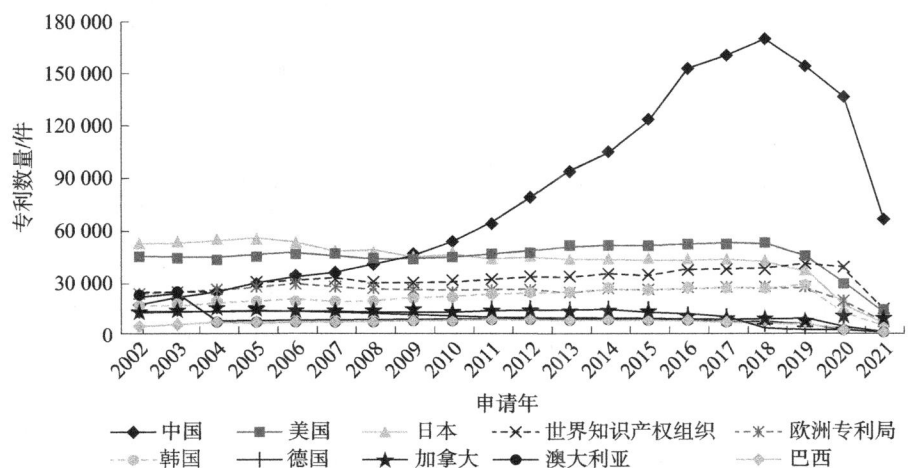

图 2-7　2002—2021 年精细化工技术应用目标市场国家（地区、组织）专利趋势分析

2.3 全球精细化工主要专利权人的核心技术分析

精细化工行业属于技术密集型、资金密集型行业,行业进入门槛较高。根据《欧洲化学新闻》报导,当今世界化工企业排名中,巴斯夫欧洲公司、拜尔公司、陶氏化学公司、纳幕尔杜邦公司、埃克森美孚化学专利公司等几家公司仍然处于行业龙头地位,所以在此对其进行相关技术分析。其中拜尔公司和巴斯夫欧洲公司在农药领域专利申请处于领先地位,主要专利申请中关于植物调节剂和杀虫杀菌方面的研究最多;陶氏化学公司在化工原材料加工、催化剂合成方面的研究较多;埃克森美孚化学专利公司专利布局主要是在催化剂的合成研究上;纳幕尔杜邦公司专利布局方向最广,涉及多个方面。国内企业以浙江龙盛集团股份有限公司、浙江新和成股份有限公司、河北诚信集团有限公司为首进行了相关专利分析,浙江龙盛集团股份有限公司整体专利布局基本围绕染料展开;浙江新和成股份有限公司在酮、乙烯酮等化合物的制备、金属基催化剂的制备等方面进行布局;河北诚信集团有限公司专利布局主要围绕羧酸腈的制备、污水的治理。见表2-2。

表2-2 国内外主要专利权人的技术分布   单位:件

	重点申请人	石化化工材料	前沿新材料	专用化学品	化学试剂和助剂	涂料/油墨/颜料	医药	农药	重点专利	整体专利布局特点
国外主要专利权人技术分布	拜尔公司	4972	4953	7975	1706	810	2515	4605	US5561236A WO2003010149A1 WO2007115644A1 WO2003066609A1 US7112665B1	农药领域大户,主攻杂环化合物,生产杀生、杀虫剂
	巴斯夫欧洲公司	3322	3130	6574	3173	966	314	6824	WO2006087343A1 US5928937A US5767361A US5731180A WO2009003898A1	主要在有机高分子、有机化合物上进行专利布局。具体应用上,农药中的杀生、杀虫剂研究最多,其次就是异氰酸酯类化合物
	陶氏化学公司	2657	1756	1602	1316	20	15	4507	US5272236A US5278272A US5064802A US5321106A US3755560A	研究最多的是不饱和脂肪族聚合物以及异氰酸酯类化合物,主要应用在有机配料、树脂和催化剂

续表

	重点申请人	石化化工材料	前沿新材料	专用化学品	化学试剂和助剂	涂料/油墨/颜料	医药	农药	重点专利	整体专利布局特点
国外主要专利权人技术分布	纳幕尔杜邦公司	3840	1857	3702	1332	236	247	476	US3773919A US5013659A US3338992A US3341394A US4076698A	技术布局方向比较多，分别从有机配料、聚合物纤维、生物工程、树脂、植物调节剂、杀虫剂、印刷材料等进行多方位的布局
	埃克森美孚化学专利公司	1314	1742	1153	1271	—	8	14	US5096867A US6525157B2 US6833415B2 US4827073A US6500563B1	不饱和脂肪族的聚合物、聚合催化剂以及相关的制备工艺
国内申请人技术分布	浙江龙盛集团股份有限公司					214			CN104447209A CN2782267Y CN101417936A CN104610030A CN101418030A	染料
	浙江新和成股份有限公司				465				CN104559316A CN1597790A CN1113941C CN101760046B CN1304490C	酮、乙烯酮等化合物的制备、金属基催化剂的制备等
	河北诚信集团有限公司	73			63				CN103936588A CN103408424A CN103450045A CN109956485A CN106366019A	羧酸腈的制备、污水的治理

此外，本研究还对精细化工领域专利数量排名前10的专利权人进行相关分析，如图2-8所示。国际精细化工排名前10的专利权人中有8家日本企业，1家德国企业和1家中国企业。核心技术主要分布在专用化学品、涂料/油墨/颜料和石化化工材料三个领域。

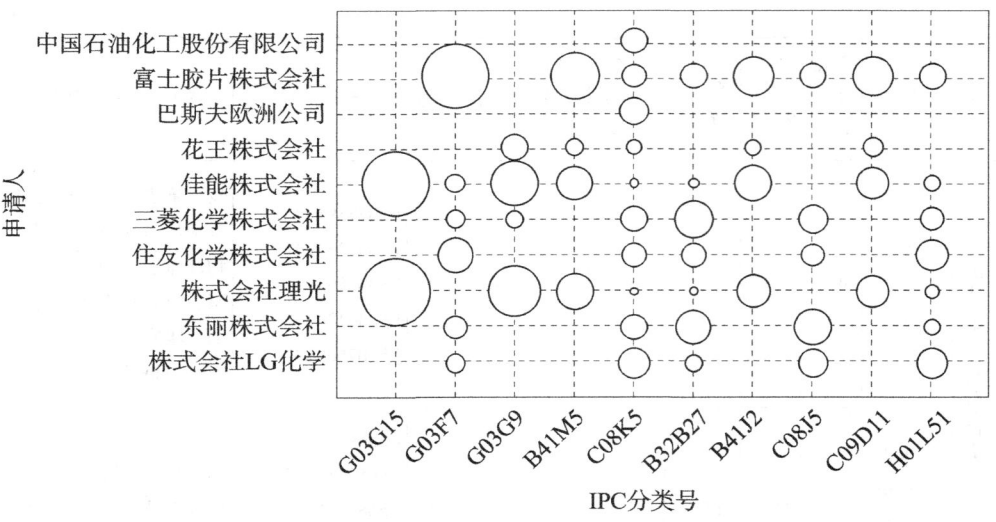

图 2-8　国际精细化工领域排前 10 位的专利权人的技术分布情况

其中，G03G15、G03F7、G03G9、B41M5、B41J2、H01L51 属于专用化学品技术领域；C08K5、B32B27、C09D11 属于涂料/油墨/染料技术领域；C08J5 属于石化化工材料技术领域。

富士胶片株式会社已经从以胶片生产为主的企业转成拥有生命科学、图像处理、光学元件、高性能材料和数码影像处理等业务的多元化企业。在 20 世纪 90 年代初期，该公司在中国占据了感光材料市场超过 60% 的份额。新的成长战略主要是集中经营资源、扩大发展领域；继续生产传统摄影材料，守护摄影文化；创造出足以担负未来发展的新事业，并注重在中国地区的事业发展。该公司以银盐技术为中心，向三个方向（数字成像、光学设备和高性能材料方向）发展，并在不同领域的技术交叉中发展更为具体的子项目。同时，该公司展开了大规模的并购活动，投入了 6000 多亿日元在打印、医学设备以及制药行业中进行战略性并购。该公司认为成功的关键仍在于研发部门，技术上的优势才可以信任，于是该公司斥资几百亿日元在神奈川新建了研究中心，招募大量研究人员并每年投入 2000 亿日元的研发资金，保证公司核心技术的顺利发展。

花王株式会社在工业用产品领域也提供多种产品，以使用天然油脂原料制成的油脂类产品为主。此外，还包括用这些产品为原料的油脂衍生产品和表面活性剂、高功能聚合材料以及香料等满足各种产业多样化需求的工业用产品。这些产品由研究开发部门与事业部门联合开发。这些产品不仅作为原料提供给花王集团的各家公司，而且还面向造纸和纸浆、食品、医药品、土木建筑、信息材料、电子工业等各种产业领域的广大用户，开展全球规模的供货业务。

佳能株式会社，除了数码相机业务外，还有商业印刷和办公设备主要业务。全力发展办公设备，并在世界各地建立多家生产基地与销售子公司，成为综合性跨国集团公司。产品主要有：传统 135 相机、APS 照相机、数字相机、模拟与数字摄像机及各种镜头。办公设备类产品有：复印机、计算机与周边设备、文字处理机、传真机、扫描仪、打印机、缩微设备。其他产品有：半导体生产设备、医疗设备、广播设备、自动化生产设备、微电子元器件。

三菱化学株式会社是日本最大的化学公司。公司通过三个主要部门提供广泛产品：功能材料和塑料产品（包括信息及电子产品、专业化学制品、制药），石油化工，碳及农业产品。虽然铝、片塑产品以及塑料包装等功能材料的销售额占该公司总销售额的55%多，但公司还是把长期目标放在了专业化学制品及制药上。该公司正在进行结构改革和管理改革工作，以使其获得盈利。

住友化学株式会社是日本具有代表性的综合化学企业，拥有基础化学、石油化学、精密化学、农业化学4个部门和10家研究所，在5个工厂中生产和提供工业药品、合成纤维材料、铝、合成橡胶、合成树脂、染料、化成品、农药、饲料添加剂、化学肥料等约3000多种产品。杀虫剂、杀菌剂、除草剂及新型的植物生长调节剂等新产品不断被开发，并向世界100多个国家提供农药，为世界农药生产的发展做出贡献。2003年4月，由日本住友化学株式会社和大连凯飞化学股份有限公司合资兴建的大连住化凯飞化学公司在大连市正式投产，这是日本住友化学株式会社在中国设立的第一家合资精细化学品生产企业。

株式会社理光是日本著名的办公设备及光学机器制造商，世界五百强企业。主要研究理研阳画感光纸，主要产品包括影印机、传真机、打印机等文仪器材，文档解决方案，以及轻便型数码相机。

东丽株式会社，总部位于日本东京。东丽株式会社是世界著名的以有机合成、高分子化学、生物化学为核心技术的高科技跨国企业，在全球19个国家和地区拥有200家附属和相关企业，年销售额超过120亿美元。现在东丽株式会社已经成为世界上少数的能同时提供醋酸纤维膜和聚酰胺复合膜的厂家；同时也是世界上唯一一家具有RO、NF、UF、MF、纤维滤布系列膜技术研发及有能力向市场提供全系列商业化膜产品的膜厂家。

3 国内精细化工现状及发展趋势

3.1 国内精细化工产业技术现状

我国十分重视精细化工的发展，把精细化工、特别是新领域精细化工作为化学工业发展的战略重点之一，列入多项国家计划中，从政策和资金上予以重点支持。

目前我国精细化工发展特点如下：

(1) 传统精细化工发展迅速，部分门类产量已居世界前列。2015年，我国精细化工产值已达1.6万亿元，精细化工自给率达到80%以上，进入世界精细化工大国与强国之列。

(2) 新领域精细化工已初具规模。我国目前已建成新领域精细化工技术开发中心20个，生产新领域精细化工产品的企业近6000个，年生产能力2600多万吨，产品品种11 000多个，年产值1200多亿元。

(3) 跨国公司加速来华投资推动精细化工发展。

(4) 精细化率低。精细化率也称精细化工率，是指一个国家或地区的精细化工行业的产值占化工行业总产值的比例。这个百分数的高低已经成为衡量一个国家或地区化工发展水平高低的主要标志之一。存在的主要问题有：新领域所占比重很低；产业结构雷同、低水平重复建设、同一领域产品恶性竞争；原始创新能力差；工艺和工程的结合度不够；工程新材料和部分高端精细化学品国内自给率低，投资潜力大；以中低档产品为主，难以满足高端市场要求。

(5) 在地域分布方面，中国精细化工专利申请量排名前三分别是浙江龙盛集团股份有限公司、浙江新和成股份有限公司和河北诚信集团有限公司。百强企业地域分布不均。东部地区上榜77家公司，为百强企业最为集中的地区；中部地区上榜企业14家；西部地区上榜企业7家；东北地区仅有2家企业上榜，分别为奥克股份（位列第20）、张明化工（位列第78）。企业的毛利率差异大，多数企业的毛利率在30%以上，毛利率最高可达76%，但个别企业的毛利率低于10%。企业研发投入力度不一。大部分企业研发投入比在4.0%以上，最高的可达到12.0%，但个别企业研发投入仍低于1.0%。

3.2 国内精细化工专利技术发展趋势分析

1. 国内精细化工行业专利申请趋势

根据中文专利数据库的检索结果,共得到 1 685 313 组简单同族精细化工专利,专利申请数据的变化趋势如图 3-1 所示。

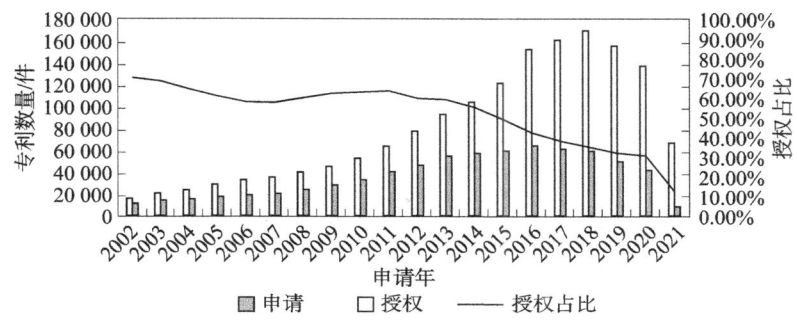

图 3-1 2002—2021 年国内精细化工领域专利申请趋势

从图 3-1 中可以看出,专利申请量整体呈逐年上升的趋势。其中,2020—2021 年专利申请数据受公开滞后影响,暂不作为趋势下降的参考理由。

从 2011—2021 年的专利申请情况来看,受国内政策引导,国内精细化工产业技术呈快速发展趋势,但从 2017 年开始专利授权率逐年下降,说明技术创新乏力,可能来自国外技术创新对本国技术带来的阻碍。

国内精细化工主要领域专利申请趋势见图 3-2。由图可以看出,专用化学品产业的专利数量较多,这与全球精细化工专利技术发展趋势相类似。而农药产业

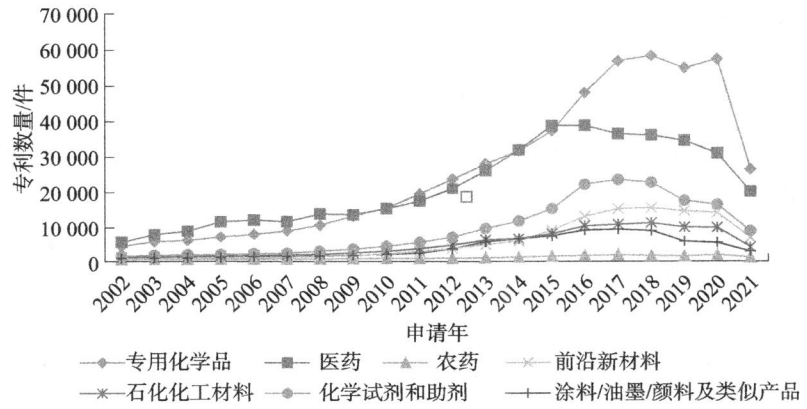

图 3-2 2002—2021 年国内精细化工主要领域专利申请趋势

的专利数量较少,也受国外技术垄断影响较大。从整体趋势上看,专用化学品技术专利在数量及增速上占有绝对优势,这与专项化学用品制造行业的市场规模也是相匹配的。

其中,专用化学品专利申请量近5年有明显上升趋势,这是受国内政策引导和产业结构调整的影响,国家重点支持5G、工业互联网、集成电路、工业机器人、增材制造、智能制造、新型显示、新能源汽车、节能环保等战略性新兴产业,由此带动技术创新潮流,体现在专利申请的趋势上。

精细化工七大领域的专利数量统计如图3-3所示,从中可以发现哪些主要领域占精细化工的主导地位。

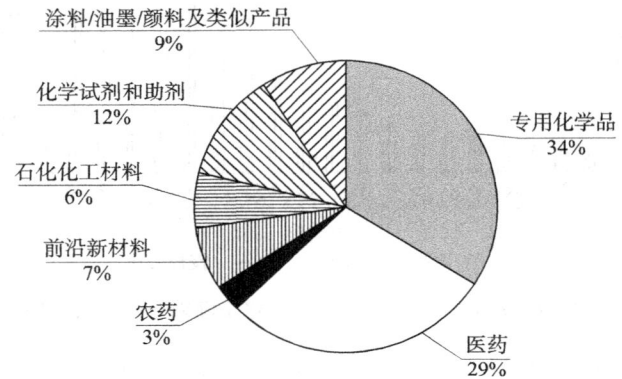

图3-3 国内精细化工主要领域专利占比分布

从图3-3中可以看出,专用化学品、医药占据了较大的份额,占专利总量比例分别为34%和29%,整体份额占63%。而其他五个领域的专利数据总和仅占据37%的份额。随着政策对新兴产业的推动,对电子、汽车、机械工业、建筑新材料、新能源及新型环保材料的需求将进一步上升,电子与信息化学品、表面工程化学品等相关专用化学品、医药化学品及前沿新材料将得到进一步的发展,促使国内精细化工产业速度增长。

2. 国内精细化工行业地图分布情况

国内精细化工各主要地区专利数量的分布情况,能从侧面反映出该地区精细化工技术的创新能力和活跃程度,发现在精细化工技术创新能力和活跃程度相对较高的地区如图3-4所示。

从国内各主要地区精细化工专利数量占比情况来看,江苏省专利申请数据居于首位,广东省和北京市专利申请数量分列第二、第三位。

从各主要地区专利申请趋势来看,从2010年开始,各主要地区的精细化工专利申请数量都有不同程度的增长,如图3-5所示。

究其原因,在于环境污染问题越来越严重,能源短缺问题也日益凸显,粗放型的传统经济发展模式难以持续,我国迫切需要加快经济结构调整和转变经济发展方式，发展具有知识密集、技术密集、物质资源消耗少、成长潜力大、综合效益好等特点的新兴产业。国务院在2010年10月发布了《国务院关于加快培育和发展战略性新兴产业的决定》，指出中国将重点培育和发展节能环保产业、新一代信息技术产业、生物产业、高端装备制造产业、新能源产业、新材料产业和新能源汽车产业七大国家战略性新兴产业。基于此，各地区在国家政策引导下纷纷在精细化工的各技术领域加大投入，因而专利申请数量也呈现逐年递增的趋势。

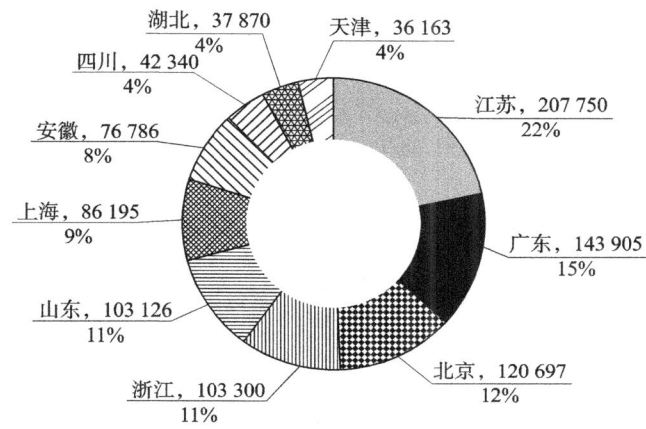

图3-4　国内精细化工各主要地区专利数量分布情况（单位：件）

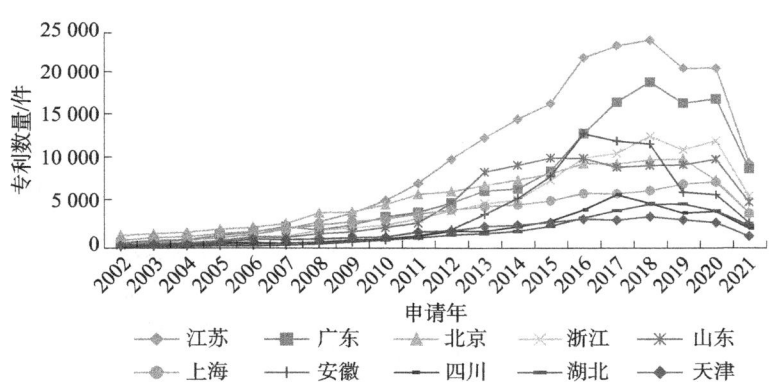

图3-5　2002—2021年国内精细化工各主要地区专利申请趋势

基于中国精细化工七个主要子领域的专利数据统计，具体申请量趋势及相关企业见表3-1。在专利申请上国内主要以高校为主，企业在这方面的重视度还不够。根据《中国精细化工百强2020评选报告》数据，对企业精细化工主营业务进行汇总分析后发现，中国精细化工行业市场集中度低，CR10仅约为12%，其中浙江龙盛集团股份有限公司位居榜首，浙江新和成股份有限公司和河北诚信集团有限公司分列第二、第三位，营收占比分别约为4%和1%。

表 3-1　中国精细化工专利数据汇总　　　　　　　　单位：件

类别	总申请量	申请峰值	主要专利来源国及申请量					申请总量排名前十的申请人及申请量
石化化工材料	96 474	10 771（2018年）	中国 81 245	美国 7714	日本 2840	韩国 1085	欧洲专利局 1034	住友橡胶工业株式会社 1001；株式会社普利司通 843；米其林集团总公司 811；中石油化工股份有限公司 770；横滨橡胶株式会社 582；中石油北京化工研究院 439；北京化工大学 425；华南理工大学 326；马克专利公司 299；株式会社LG化学 287
			江苏 16 816	广东 13 427	浙江 9017	安徽 8163	北京 7247	
前沿新材料	112 715	15 081（2018年）	中国 102 318	美国 3811	日本 2607	欧洲专利局 1169	德国 815	中石油化工股份有限公司 991；华南理工大学 832；北京化工大学 775；浙江大学 728；东华大学 543；天津工业大学 524；四川大学 506；天津大学 487；吉林大学 456；清华大学 440
			江苏 16 816	广东 13 427	浙江 9017	安徽 8163	北京 7247	
专用化学品	530 180	58 226（2018年）	中国 455 470	日本 32 517	美国 19 591	韩国 6340	德国 6009	中国石油化工股份有限公司 3191；中南大学 2572；国家电网公司 2181；丰田自动车株式会社 2099；比亚迪股份有限公司 1974；浙江大学 1744；清华大学 1706；华南理工大学 1559；合肥国轩高科动力能源有限公司 1499；北京科技大学 1443
			广东 67 574	江苏 66 945	浙江 36 169	北京 31 653	山东 28 994	
化学试剂和助剂	179 555	23 101（2017年）	中国 162 492	美国 6239	日本 4604	欧洲专利局 2407	德国 1186	中国石油化工股份有限公司 2819；广西大学 802；中国石油天然气股份有限公司 695；巴斯夫欧洲公司 695；石油化工科学研究院 676；华南理工大学 637；江南大学 634；中国石油化工北京化工研究院 457；浙江大学 450；四川师范大学 417
			江苏 25 924	广东 17 470	安徽 16 065	山东 13 629	北京 10 749	

续表

	总申请量	申请峰值	主要专利来源国及申请量					申请总量排名前十的申请人及申请量
涂料/油墨/颜料及类似产品制造	142 407	8 897（2017年）	中国 65 417	日本 2608	美国 2022	欧洲专利局 1024	德国 544	深圳市海川实业股份有限公司 1869 深圳海川色彩科技有限公司 1365 上海启鹏化工有限公司 1018 河源海川科技有限公司 1001 河北晨阳工贸集团有限公司 779 富士胶片株式会社 596 精工爱普生株式会社 545 华南理工大学 536 江南大学 414 东华大学 409
			江苏 12 702	广东 9697	安徽 9044	山东 4916	浙江 4659	
医药	453 491	38 487（2016年）	中国 385 626	美国 37 539	欧洲专利局 7677	日本 6350	英国 3850	浙江大学 3313 江南大学 3245 上海博德基因开发有限公司 2203 中国农业大学 1940 复旦大学 1914 华中农业大学 1854 中国药科大学 1820 上海交通大学 1644 南京农业大学 1553 华南农业大学 1505
			山东 45 359	北京 41 448	江苏 41 079	广东 35 046	上海 28 335	
农药	53 138	6 033（2017年）	江苏 7760	山东 6748	广东 4544	安徽 3379	北京 862	广东中迅农科股份有限公司 978 南京华洲药业有限公司 898 江苏龙灯化学有限公司 560 深圳诺普信农化股份有限公司 536 华南农业大学 498 巴斯夫欧洲公司 473 陕西美邦农药股份有限公司 435 先正达参股股份有限公司 377 中国农业大学 360

3.3 国内主要地区精细化工专利现状及趋势

对国内精细化工各领域进行专利分析后发现，专用化学品的专利申请量最多，其次是医药、试剂类，主要申请地区集中在江苏、广东、山东等地。主要申请者中高校研究所占据很大一部分，企业主要集中在如中国石油化工集团有限公司这类中央企业,因此加强校企联动、扶持中小企业显得尤为重要。

在国内各主要地区的精细化工专利分布中,江苏省以 20 万余件专利居于首位,广东省、北京市则以 14 万余件和 12 万余件位居第二、第三,辽宁省并未上榜。在我国各类精细化工专利类型中,以专用化学品的发明专利居多。以江苏省为首,包含广东省、北京市、浙江省及山东省在内的主要专利分布地区,其专利的领先地位与区域内精细化工的发展规模及产业效益密切相关,如图 3-6 所示。

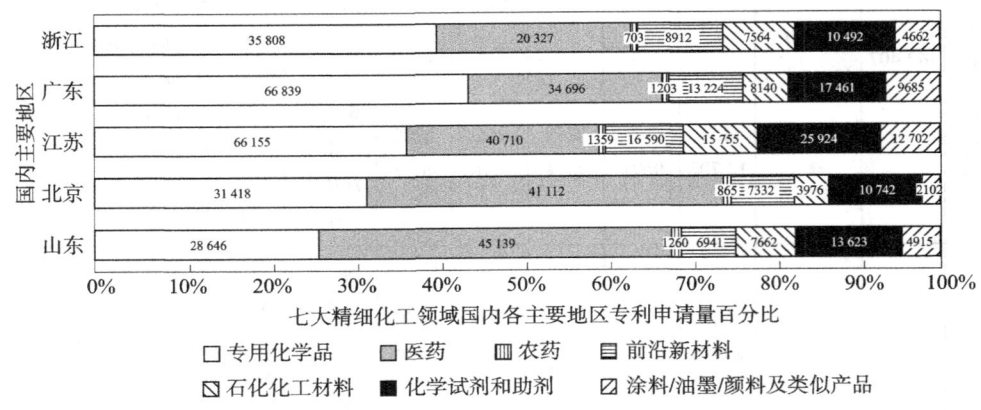

图 3-6 国内排前五位主要地区精细化工七大技术领域专利申请分布情况(单位:件)

截至 2021 年年底,广东省、江苏省、浙江省精细化工企业数量分别高达 51 525、33 775、33 119 家。在专用化学品领域拥有明显优势。基于北京、上海等地具有"机遇多、技术高、人才广"的特点,多家精细化工企业落户,联合当地研究院所共同研究和开发精细化工新兴领域内的技术和生产模式,虽然总体经济效益较上述三省仍有一定差异,但伴随如精细化工催化产业技术创新战略联盟等的逐步建立,将在技术上取得重大突破,与全国其他地区共同发展。同时,基于石油和化工行业的支柱作用,浙江省则在传统精细化工行业占据一定优势,如染料、农药、医药等领域,无论是规模还是技术水平都居于全国领先位置,在国际上也占有重要地位。较大的产业发展投入及较高的产业经济效益均为专利技术的研发和管理提供了有力支撑。辽宁省的石化产业基础雄厚,规模位居全国第一,但其精细化工率及利润总额均未跻身前十,直接影响了省内专利技术的水平和规模。

3.4 国内精细化工主要专利权人的核心技术分析

国内精细化工主要专利权人的核心技术主要分布在试剂及化学助剂、石化化工材料这两个技术领域,见表 3-2。

3 国内精细化工现状及发展趋势

表3-2 国内精细化工领域前五名主要专利权人的核心技术在不同分支的分布情况

单位：件

申请人	B01J23	B01J29	C07C11	B01J35	C08F4	B01J37	B01J27	B01J31	C07C15	C07C5
中国石油化工股份有限公司	7359	6999	5483	2911	3567	2558	2438	2437	2601	2651
浙江大学	442	0	0	185	145	191	210	200	0	0
江南大学	140	0	0	0	0	0	135	0	0	0
华南理工大学	275	0	0	161	0	140	145	152	0	0
中国科学院大连化学物理研究所	1035	739	330	292	0	397	378	474	240	149

其中，技术分类号 B01J23、B01J29、B01J31、B01J35、B01J27、B01J37、C08F4 属于试剂及化学助剂技术领域；C07C11、C07C15、C07C5 属于石化化工材料技术领域。

中国石油化工股份有限公司 2021 年在化工板块坚持"基础+高端"发展方向，加快优势和先进产能建设，着力推进结构调整，成功开发一批高附加值、高盈利产品。该公司优化产品结构，增加茂金属聚烯烃等高附加值产品产量。上半年，乙烯产量同比增长 11.9%，化工产品经营总量达到 4000 万吨，化工板块实现经营收益 130 亿元。其中，上海石油化工研究院是国内最早从事石油化工科技开发的综合性研究机构之一，长期致力于基本有机原料、芳烃、增产低碳烯烃、合纤单体、煤化工、高分子材料、油田化学品及精细化工等技术领域，涵盖了石油化工及煤化工产业链的主体技术，研发工作涵盖了前瞻性基础性研究、应用研究、成套工艺技术及配套催化剂研究、工程化放大、分析表征以及计算机模拟计算等，形成了研发特色和技术优势。

浙江大学的化学工程学科联合国家重点实验室不断拓展，重点学科领域为：以聚合物工业为对象，以聚合过程效能的最大化、聚合物产品结构的可控化、聚合过程与聚合物的绿色化、功能聚合物材料的实用化为目标，根据国际化学工程学科的发展趋势，将主要研究方向定位于"聚合过程工程"与"聚合物产品工程"。研究内容包括：高黏及非均相聚合动力学，高黏、黏弹、非均相聚合物系的流动、混合、传质与传热，聚合反应器热、质传递的强化与反应器的放大，聚合过程的建模、仿真、优化与先进控制策略；新颖高选择性催化剂及相应的定向聚合、活性自由基聚合，多相多组分聚合物合金、聚合物纳米复合材料的原位聚合与反应挤出新技术，聚合物结构的在线检测与控制技术，聚合物微纳结构与原生凝聚态结构的调控新原理、新方法；绿色介质中的聚合反应，无溶剂的本体与熔体（聚合）反应，催化剂的载体化与气相聚合过程，生物可降解高分子的材料化与产业化；聚合物及其杂化材料的设计、合成、结构与功能关系，聚合物膜、聚合物纳米颗粒与纳米胶囊及其在生物医药中的应用，聚合物吸附材料、聚合物絮凝剂及其在脱硫、捕碳和水处理中的应用等。

江南大学现拥有合成与生物胶体教育部重点实验室、光响应功能分子材料国际联合研究中心、"功能分子、聚集体及器件创制"高等学校学科创新引智计划、国家药品监督管理局化妆品监管科学研究基地、国家药品监督管理局化妆品原料安全与评价重点实验室、江苏省化妆品工程研究中心、江苏省工业色谱分离工程技术研究中心等平台基地，并与国内外知名企业和研究机构联合建立了多个校企研发中心。重点研究领域为：表面活性剂、化妆品及其原材料、精细化学品、高分子材料、催化材料及应用技术、涂料、胶黏剂及其原材料、分离与检测技术等。

华南理工大学的高分子产品制造技术研究院拥有4个科研创新平台：聚合物新型成型装备国家工程研究中心、聚合物成型加工工程教育部重点实验室、广东高端制造装备协同创新中心、塑料改性与加工国家工程实验室。该研究院以推动高分子材料智能化制造为己任，打造了集先进高分子材料、高分子材料高端设备、高分子材料高值化工艺等领域的综合新型研发平台，许多技术成果有望成为新一代高分子材料行业的核心技术，将为我国高分子行业产业升级提供坚实的技术支撑，将极大地促进高分子行业的发展。

中国科学院大连化学物理研究所的重点学科领域为：催化化学、工程化学、化学激光和分子反应动力学以及近代分析化学和生物技术。2017年10月，中国科学院批准依托大连化学物理研究所筹建中国科学院洁净能源创新研究院，以"能源科学与技术创新保障国家能源安全和可持续发展"为使命，加快构建"1+X+N"开放融合的创新组织体系，组建能源领域强大科技创新"集团军"，参照国家实验室体制机制先试先行。2018年4月，中国科学院批准依托大连化学物理研究所启动实施"变革性洁净能源关键技术与示范"A类先导专项，总经费16亿元，通过变革性关键技术突破与示范，实现化石能源、可再生能源、核能的融合发展，为构建我国清洁低碳、安全高效的能源体系提供技术支撑，为争取洁净能源国家实验室创造条件。

从国内精细化工的七大技术领域来看，每个领域主要专利权人分布情况各有侧重点。专利化学品领域主要以中国石油大学为代表。涂料/油墨/颜料及类似产品以企业为主体，深圳市海川实业股份有限公司创新贡献最为明显。试剂和化学助剂、前沿新材料、石油化工这三个领域主要以中国石油化工股份有限公司为创新主体。医药领域以浙江大学主要创新主体。农药领域则是以广东中迅农科股份有限公司为主要创新主体，见表3-3。

表3-3 国内精细化工专利主要专利权人分布

领域	企业	专利数量/件
专用化学品	中国石油大学	5549
	中芯国际集成电路制造（上海）有限公司	2361
	浙江大学	2233

续表

领域	企业	专利数量/件
涂料/油墨/颜料及类似产品	深圳市海川实业股份有限公司	1796
	深圳海川色彩科技有限公司	1355
	上海启鹏工程材料科技有限公司	1010
化学试剂和助剂	中国石油化工股份有限公司	4159
	江南大学	1904
	华南理工大学	1340
前沿新材料	中国石油化工股份有限公司	2221
	华南理工大学	1382
	北京化工大学	1327
医药	浙江大学	1116
	北京绿源求证科技发展公司	979
	中国药科大学	815
石化化工材料	中国石油化工股份有限公司	1715
	华南理工大学	875
	北京化工大学	846
农药	广东中迅农科股份有限公司	978
	南京华洲药业有限公司	898
	拜尔农作物科学股份公司	851

4 精细化工产业技术创新性分析

4.1 精细化工产业专利技术创新主体分析

1. 国际精细化工领域创新主体发展分析

本章从技术地域布局和核心技术布局及创新战略三个方面探讨推进精细化工领域创新主体的发展路径,并对企业创新主体发展进行分析,以进一步提高企业创新主体的意识和能力,优化创新环境氛围,为实现新一轮的创新驱动转型发展目标提供有力支持。

本研究以国际精细化工技术领域专利数量排名前五位的创新主体为基础,分析在不同目标布局地的专利布局情况(图4-1)。通过分析创新主体在主要目标布局地专利组合布局强弱情况,一方面可以了解创新主体在主要市场的竞争力,另一方面也可以判断是否有新的市场机会。

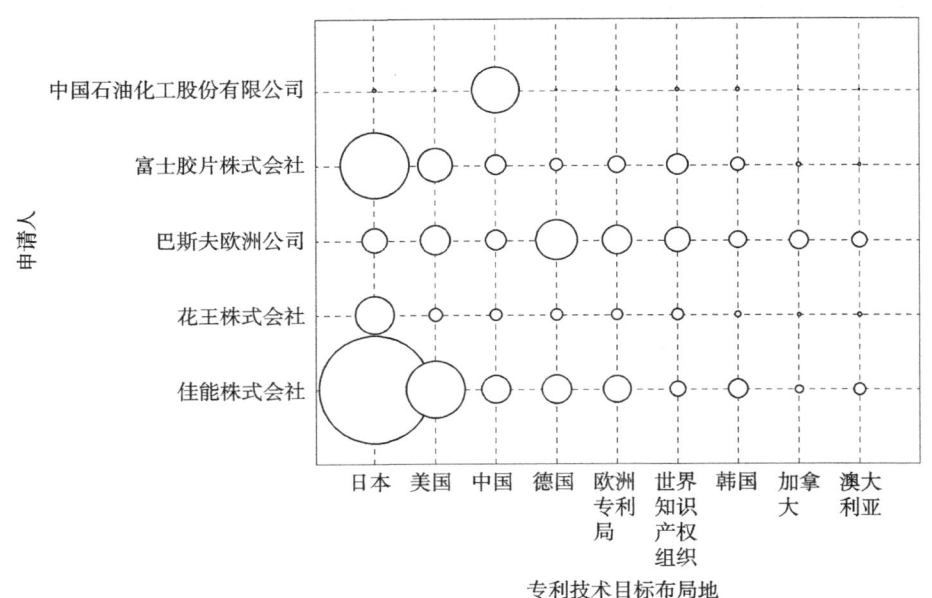

图4-1 国际精细化工领域创新主体专利技术目标布局地分析

中国石油化工股份有限公司的石化化工材料领域的技术领域,在我国技术布局 60 899 件，在韩国和日本分别是 330 件和 279 件，在美国有 34 件。可见，目标布局地除了中国之外，还有韩国、日本及美国。

富士胶片株式会社在数字成像、光学设备和高性能材料的技术布局，日本有 127 458 件，美国有 33 018 件，中国有 11 264 件。可以看出，除了日本本土之外，美国和中国是两个最大的目标应用市场。

巴斯夫欧洲公司在精细化工领域的布局，德国有 46 321 件，美国有 24 578 件，日本有 17 339 件，中国有 11 160 件。从中可以发现，除德国之外，美国、日本和中国也是主要的目标应用市场。

花王株式会社在日用化学品领域的布局，日本有 40 836 件，美国有 4797 件，中国有 3790 件，德国有 3707 件，欧洲专利局有 3346 件。主要在日本本土布局，其他国家或地区相对比较平均。

佳能株式会社在电子化学品领域的布局，日本有 338 897 件，美国有 947 44 件，中国有 22 313 件，德国有 23 345 件。除日本本土之外，美国是其主要目标市场，其他国家相对比较平均。

从精细化工不同技术领域投入情况可探索主要创新主体的技术核心竞争力和研发重点的差异性，进一步分析创新主体之间的技术竞争程度，如图 4-2 所示。

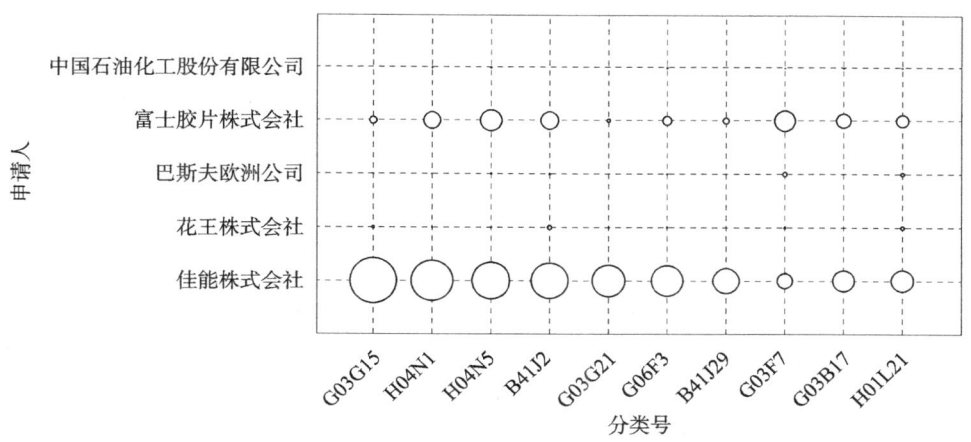

图 4-2 国际精细化工领域创新主体核心技术分析

从图 4-2 中可以看出，佳能株式会社在图中 10 个技术领域中投入较大。富士胶片株式会社排第二位。

IPC 分类号为 G03F7 的含义为：图纹面，如印刷表面的照相制版如光刻工艺；图纹面照相制版用的材料，如含光致抗蚀剂的材料；图纹面照相制版的专用设备。在这个技术领域，富士胶片株式会社创新投入高于其他四家企业。

国际精细化工领域创新主体创新战略雷达图从 8 个不同的维度对比各个公司的研发策略，如图 4-3 所示。

从图 4-3 中可以看出，中国石油化工股份有限公司在学术驱动、多样化、国际化、合作性 4 个维度表现比较突出。

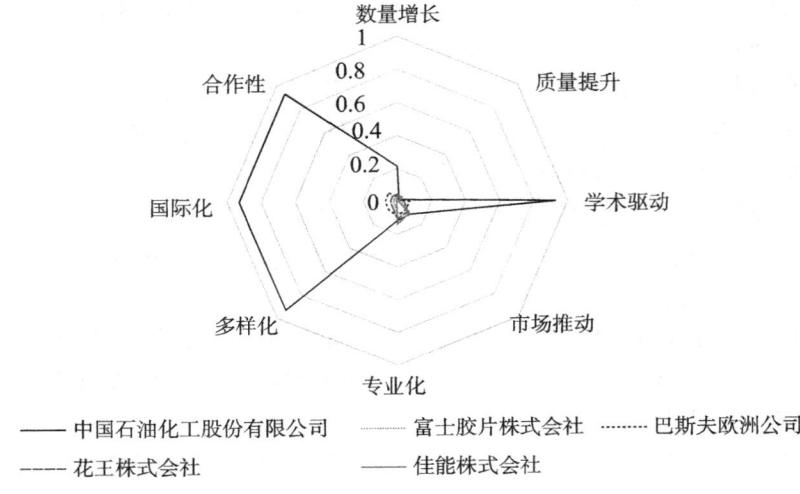

图 4-3　国际精细化工领域创新主体创新战略雷达图

富士胶片株式会社只在市场推动层面有优势，专业化和质量提升有待提高，其他 6 个维度比较薄弱。

巴斯夫欧洲公司在质量提升、市场推动和专利化这 3 个维度表现一般，有待后续加强，其他维度比较薄弱。

花王株式会社在市场推动和专业化 2 个维度比较靠前，质量提升偏弱。

佳能株式会社在质量提升、市场推动和专业化比较占有优势，其他维度比较薄弱。

2. 国内精细化工领域创新主体发展分析

国内精细化工领域专利数量最多的企业是中国石油化工股份公司。国内布局总数高达 82 069 件，并且同时在德国、美国、日本、加拿大、澳大利亚、印度和西班牙都有不同程度的海外布局，见表 4-1。

表 4-1　国内精细化工领域创新主体专利技术目标布局地分析　　　　单位：件

申请人	中国	德国	美国	欧洲专利局	世界知识产权组织	日本	加拿大	澳大利亚	印度	西班牙
中国石油化工股份有限公司	82 069	158	348	169	637	452	74	103	167	14
巴斯夫欧洲公司	11 365	46 446	24 967	23 498	17 332	17 538	9353	6598	6491	8122
宝洁公司	10 317	8847	23 857	14 762	15 910	13 063	11 925	9044	6071	4237

然而，巴斯夫欧洲公司主要目标布局地除德国之外，在美国、欧洲、日本和中国布局也较为广泛。

宝洁公司，主要目标布局地除美国之外，在欧洲、日本、加拿大、中国布局相对平均。

从国内精细化工不同技术领域投入情况可探索主要创新主体的技术核心竞争力和研发重点的差异性，进一步分析创新主体之间的技术竞争程度，见表4-2。

表4-2 国内精细化领域创新主体核心技术分布 单位：件

IPC 分类号	定义	中国石油化工股份有限公司	巴斯夫欧洲公司	宝洁公司
C11D3	包括在C11D1/00组内之洗涤组合物的其他配料成分	44	5219	39 662
A61F13	绷带或敷料（悬吊绷带入A61F5/40；放射性敷料入A61M36/14）；吸收垫（绷带、敷料或吸收垫的化学方面或所使用的材料入A61L15/00，A61L26/00）〔2006.01〕	0	772	34 211
A61K8	化妆品或类似的梳妆用配制品〔8〕	9	5947	26 674
A01N43	含有杂环化合物的杀生剂、害虫驱避剂或引诱剂，或植物生长调节剂（含有环酐，环状亚胺的化合物入A01N37/00；含有分子式$X_m \cdots C_n NCC$的化合物，即仅含1个杂环，其中$m \geq 1$和$n \geq 0$及NCC是未取代的或是烷基取代的吡咯烷、哌啶、吗啉、硫代吗啉、哌嗪或带有4个或更多CH_2基的聚亚甲基亚胺的化合物入A01N33/00至A01N41/12；含环丙烷羧酸或其衍生物，如具有杂环的酯入A01N53/00）〔3〕	19	27 703	410
C11D1	主要以表面活性化合物为基料的洗涤组合物；使用这些化合物作为洗涤剂	44	2394	21 608
C11D17	由其形状或物理性能为特征的洗涤剂材料或皂剂（皂成型入C11D13/14）〔2006.01〕	2	1033	22 125
B01J23	不包含在B01J21/00组中的，包含金属或金属氧化物或氢氧化物的催化剂（B01J21/16优先）〔2〕〔2006.01〕	7759	9355	194
A61K31	含有机有效成分的医药配制品〔2〕	1	7306	7836
C08K5	使用有机配料〔2〕〔2006.01〕	1585	11 451	812
A61Q5	关于毛发护理的制剂〔8〕〔2006.01〕	0	2419	10 918

中国石油化工股份有限公司在B01J23（金属或金属氧化物或氢氧化物的催化剂）技术领域投入较大。

巴斯夫欧洲公司在A01N43（含有杂环化合物的杀生剂、害虫驱避剂或引诱剂，或植物生长调节剂）和C08K5（有机配料）这两个技术领域投入较大。

宝洁公司在C11D3（洗涤组合物）、A61F13（绷带或敷料）、A61K8（化妆品）、C11D1（以表面活性化合物为基料的洗涤组合物）、C11D17（洗涤剂材料）这些技术领域投入较多。

国内精细化工领域创新主体创新战略雷达图如图4-4所示。

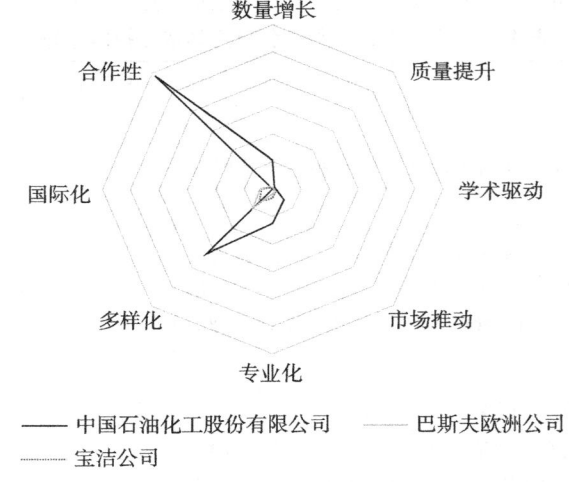

图4-4　国内精细化工领域创新主体创新战略雷达图

中国石油化工股份有限公司在合作性和多样化2个维度都占有优势。

巴斯夫欧洲公司在国内精细化工市场上的创新只在多样化维度略显突出，其他维度没有明显趋势。

宝洁公司在国内精细化工创新策略的表现也是在多样化方面有所体现，但整体趋势并不明显。

4.2　精细化工产业专利技术创新发展分析

从国际精细化工主要技术聚焦领域和技术分支占比情况分析，我们可以了解各技术领域聚焦的热度和技术分支的创新热度，寻找潜在的机会和待开拓的领域。近年来，全球精细化工领域的医药、试剂及化学助剂、前沿新材料、石化化工材料四个技术分支创新热度较高，从技术聚焦和技术分支的专利数量上有明显的优势。见表4-3、表4-4。

表4-3　国际精细化工技术聚焦领域

序号	技术聚焦点	专利数量/件
1	废水处理，加氢裂化，加氢精制，催化材料，活性组分	1080
2	提取物，制剂，食品，化妆品，菌株	858
3	疾病，有机合成，芳基，立体异构体，制剂	814
4	树脂组合物，聚丙烯，水性聚氨酯，聚酰胺，硅橡胶	783

续表

序号	技术聚焦点	专利数量/件
5	保护层，纱线，粉末涂料，耐磨层，砂浆	722
6	抗体，基因，癌症，突变体，检测方法	721
7	研磨装置，艺术，粉碎装置，新型结构，废水处理	578
8	显示面板，超级电容器，复合光，异质结，纳米复合材料	571
9	墙体，保温板，钢结构，保温层，地板	479

表4-4 国际精细化工技术分支占比

IPC分类号	定义	专利数量/件	占比/%
A61K31	含有机有效成分的医药配制品〔2〕	310 605	23.55
C08K3	使用无机物质作为混合配料［2018.01］	134 556	10.20
A61K9	以特殊物理形状为特征的医药配制品［2006.01］	131 792	9.99
A61K8	化妆品或类似的梳妆用配制品〔8〕	129 268	9.80
C08K5	使用有机配料〔2〕［2006.01］	120 754	9.16
C12N15	突变或遗传工程；遗传工程涉及的DNA或RNA，载体（如质粒）或其分离、制备或纯化；所使用的宿主（突变体或遗传工程制备的微生物本身入C12N1/00、C12N5/00、C12N7/00；新的植物入A01H；用组织培养技术再生植物入A01H4/00；新的动物入A01K67/00；含有插入活体细胞的遗传物质以治疗遗传疾病的药剂的应用，基因疗法入A61K48/00，一般肽入C07K）〔3，5，6，2006.01］	115 003	8.72
B32B27	实质上由合成树脂组成的层状产品［2006.01］	99 980	7.58
A61P35	抗肿瘤药〔7〕［2006.01］	94 221	7.14
C12Q1	包含酶、核酸或微生物的测定或检验方法（带有条件测量或传感器的测定或试验装置，如菌落计数器入C12M1/34）；其组合物；这种组合物的制备方法［2006.01］	93 668	7.10
A61K47	以所用的非有效成分为特征的医用配制品，例如载体或惰性添加剂；化学键合到有效成分的靶向剂或改性剂［2006.01］	89 062	6.75

从国内精细化工主要技术聚焦领域和技术分支及占比情况可探索各技术领域聚焦的热度和技术分支的创新热度，寻找潜在的机会和待开拓的领域。近几年，国内在医药、专用化学品、化学试剂和助剂、涂料/油墨/颜料及类似产品以及前沿新材料五个技术领域聚焦，石化化工材料、医药、化学试剂和助剂三个领域的技术分支有明显的专利数量上的优势。这说明主要的技术创新热度还是在石化化工材料、医药、化学试剂和助剂方面。见表4-5、表4-6。

表 4-5 国内精细化工技术聚焦领域

序号	技术聚焦点	专利数量/件
1	固化物，固化性树脂，黏合片，胶黏剂，固化	1328
2	抗原，编码，疾病，基因，融合蛋白	890
3	荧光探针，有机合成，致发光，芳基，有机发光器件	852
4	菌株，中药，基因，编码，饲料	835
5	橡胶组合物，轮胎，聚酰胺，热塑性弹性体，成型品	829
6	分子筛，合成气，脱硝催化剂，异构化，脱氢	797
7	混凝土，水泥，防腐涂料，减水剂，建筑材料	791
8	疾病，病症，立体异构体，前药，互变异构体	697
9	角蛋白材料，污水，资源化，毛发，污泥	690
10	电极材料，负极材料，复合氧化物，二次电池，氧化锆	611
11	疾病，中药，患者，透明质酸，前药	552
12	显示装置，电子设备，发光二极管，发光装置，发光器件	302

表 4-6 国内精细化工技术分支占比

分类号	定义	专利数量/件	占比/%
A61K31	含有机有效成分的医药配制品〔2〕	71 205	16.70
C08K3	使用无机物质作为混合配料〔2018.01〕	61 500	14.42
C08K5	使用有机配料〔2〕〔2006.01〕	51 233	12.01
C09D7	C09D5/00 中不包括的涂料成分特征（催干剂入 C09F9/00）；混合涂料多种组分的方法〔2018.01〕	44 084	10.34
C09D5	以其物理性质或所产生的效果为特征的涂料组合物，例如色漆、清漆或天然漆；填充浆料〔5〕〔2006.01〕	36 988	8.67
C08K13	使用不包含在 C08K3/00 至 C08K11/00 任何单独一个大组中的配料混合物，其中每种化合物都是基本配料〔4〕〔2006.01〕	35 835	8.40
C08L23	只有 1 个碳－碳双键的不饱和脂族烃的均聚物或共聚物的组合物，此种聚合物的衍生物的组合物〔2〕〔2006.01〕	34 297	8.04
A61P35	抗肿瘤药〔7〕〔2006.01〕	31 999	7.50
A61K8	化妆品或类似的梳妆用配制品〔8〕	30 824	7.23
A61K9	以特殊物理形状为特征的医药配制品〔2006.01〕	28 491	6.68

4.3 精细化工产业发展可借助的关键平台

4.3.1 基于知识图谱的精细化工辅助研发平台

2017 年，借助国家自然科学基金项目、国家社会科学基金重大计划项目、武汉市科技攻关计划、武汉大学软件工程国家重点实验室开放基金的四方资助，武汉科技大学计算机科学与技术学院用知识图谱描述精细化工产品的生产工艺，以此为基础集成工艺链上化学品基本知识库、反应知识库、专利及学术文献、红外图谱、质谱等，形成基于知识图谱的精细化工辅助研发平台。为每一个化学分子找到合理的归宿是化学工作者的使命，以 CAS 号为中心构建化学物质的知识图谱有助于帮助科学家为化学分子寻找新的用途。该研发平台集成了本体编辑、可视化及基于机器学习知识图谱构建，支持化学分子表达式的知识库查询及可视化展示等功能。

大数据时代提供了全新的信息环境，促使着我们的社会及许多行业积极应对这个时代提供的重大机遇。精细化工行业也面临着大数据时代的转型挑战，把信息化的手段引入精细化工行业的工作流程之中，使得我们能够更有效地利用大数据所提供的各种信息资源，更全面地把握行业状态，去挖掘新的信息。大数据处理的特征之一是多维数据、非结构化数据，如化工行业的相关文献、专利、原料上下游关系、供应商上下游关系等。处理这些数据的一个基础是要建立一个可集成不同非结构化数据源的基础性元数据及化工相关的知识图谱。

在化工研发领域中最为关键的信息是化学品的性能和生产工艺信息。了解各类化学产品的性能和生产工艺，能够为化学工作者在研发新产品的过程中提供科学而全面的理论指导，提高产品研发效率，充分利用所有的化学分子，达到绿色化学的目标。

在研发新产品的过程中，化学工作者为了能够对产品的性能、生产工艺等信息有较为全面的了解，需要借助网络的方式。但是网络中的信息纷繁复杂，人工筛选工作费时费力。另外，科学合理地整合获得的知识也能更好地为将来科研工作服务。因此，构建精细化工领域的知识图谱将简化化学工作者的工作并协助化学工作者进行新知识的挖掘。

4.3.2 精细化工产业创新服务平台

以精细化工特色产业基地为主，浙江省上虞绿色精细化工科技创新服务平台整合国内或省内科技资源，为广大中小企业提供科技创新服务，以提高企业科技创新能力，提升产业结构，努力打造"绿色化工产业链"。

该平台设立相应的研究机构、中试基地、服务机构。平台设有绿色精细化工科技创新研发中心：催化基础重点实验室、分子反应动力学重点实验室、精细化工重点实验室、甲醇制烯烃工程实验室、催化工程技术研究中心、膜技术工程研究中心等；科研成果转化中试基地：医药化工中试基地、新型染料、颜料及中间体中试基地、新型表面活性剂中试基地和新型高分子材料合成技术中试基地；科技创新服务中心：测试中心、技术信息咨询与中介服务中心和人力资源培训服务中心。平台在精细化工共性技术与关键性技术开发、高新技术成果推广示范和中间试验等方面达到浙江省内先进水平，并掌握一批具有自主知识产权的新技术。平台将大力开展精细化工领域绿色合成工艺研究，倡导和推广无毒无害、环境行为好的绿色工艺与化学品的使用，为浙江省清洁生产与绿色化工事业的发展探索新道路，为和谐社会的建设作贡献。

该平台为会员制形式。目前平台对会员提供小试研发、中试、技术中介、技术信息咨询、产品分析检测、人力资源培训等服务。平台可立足于工业园区精细化工特色产业基地，面向浙江全省化工企业，逐步在浙江全省建立完整的技术开发、转化、信息服务和培训等服务网络。

4.3.3 基于固定学科的精细化工研究室

1. 大连理工大学的精细化工国家重点实验室

该实验室定位于应用基础研究。实验室以精细化工领域科学前沿和国家重大战略需求为导向，着力开展功能化、高附加值精细化学品的结构设计、功能调控和清洁制备等方面的科学研究和技术创新，培养和汇聚一批高素质、高水平的创新型专业人才和技术骨干，以高水平科学研究支撑创新人才培养，以高水平人才培养服务创新驱动战略，以国际视野推进高水平国际科技合作，为引领精细化工领域的科学创新、支撑我国精细化工产业发展作出贡献。

主要研究方向及内容：

（1）染料及其光化学。重点开展染料激发态的释能调控、分子结构创新，在荧光染料探针、数码喷墨染料、染料敏化太阳能电池、人工光合作用、光电材料、生态纺织染料等领域，揭示染料分子结构与性能关系的规律、实现染料分子功能强化。

（2）精细化工新材料。开展精细高分子等特殊功能材料研究，从分子设计、结构创新、性能调控出发，着力研发高立构规整性二氧化碳共聚物、耐温杂萘联苯聚芳醚腈砜树脂、高性能化特种阻尼橡胶和碳素材料等高新技术用精细化学品。

（3）精细化工清洁制备技术。聚焦精细化工中的分子活化和界面作用调控，通过模拟酶活性中心和酶作用微环境，研究复杂分子在温和条件下的选择性催化合成、高效分离纯化、能量质量梯级利用及过程耦合，实现精细化工清洁制备和节能降耗。

研究成果总体概述：

面向科学前沿，面向国家重大需求，面向国民经济主战场，聚焦自主创新。

（1）实验室是中国染料工业的摇篮。研发的数码打印染料已占全球通用墨盒的20%；医学诊断染料大规模用于血液临床检验，出口100多个国家；光分解水制氢和生态纺织染料研究具有国际领先水平。获国家自然科学奖二等奖1项、技术发明奖二等奖2项、科技进步奖二等奖1项，国际科学技术合作奖1项。目前正在攻克"卡脖子"的彩色柔性显示、基因测序染料等。

（2）精细化工新材料研究瞄准重大需求。研制的可溶耐高温树脂是航空航天不可或缺的材料；水下声呐吸收材料、雷达隐身材料、环保轮胎等都具有领先水平。获国家技术发明奖二等奖 2 项。目前正在攻克核泵轴套、高容量锂硫电池电极等关键新材料。

（3）清洁工艺和关键技术大规模应用。研发的煤化工合成气纯化技术，占全国产业化应用 90% 以上；低碳烷基芳构化技术实现 30 余套万吨级规模化应用；膜技术为石油尾气回收、消除"点天灯"、减少污染作出了重要贡献。获国家科技进步奖二等奖 3 项。目前正研究大规模风洞制冷等关键技术。

2. 中国科学院大连化学物理研究所的精细化工研究室

中国科学院大连化学物理研究所的精细化工研究室，是以国家重大科技需求为目标和导向，以有机化学和物理化学交叉学科为学术基础，以催化材料、催化转化工程技术研究为特色，针对资源浪费严重、污染大、效率低的化学化工合成过程，开展清洁催化合成的应用基础研究。重点发展清洁催化氧化、不对称催化合成、催化选择加氢、生物质催化转化等过程，为石油化工、精细化工的发展提供创新方法和技术。研究方向如下：

（1）不对称催化与手性合成。

以不对称催化反应为关键的单元过程，研究具有重大工业应用前景的手性化合物的制备方法。在不对称催化反应的研究中，将重点探索非贵金属催化剂体系、手性多相催化材料和催化剂体系、均相催化剂多相化，解决手性催化剂回收和循环使用等技术难题。研究目标是：为开发可回收和循环使用的非贵金属催化剂体系和手性催化材料，为工业界合成手性含氮杂环，非天然氨基酸，手性磷酸、手性氨、手性环氧化合物提供新方法和新过程。

（2）含氮杂环化合物催化合成。

研究吡啶、嘧啶、吡唑、噻唑等含氮杂环化合物的催化合成新方法、新绿色过程；研究含氮新型手性配体的合成及其过渡金属配合物催化剂在催化不对称有机反应中的应用；研究利用 Fischer 卡宾化合物合成含氮功能杂环化合物的新方法。

（3）烯烃催化环氧化。

以过氧化氢为氧源，研究丙烯、氯丙烯及特殊结构烯烃的环氧化新方法。研究目标是：开发可回收和循环使用的催化剂体系，为工业界提供清洁催化环氧化技术，为环氧丙烷、环氧氯丙烷的清洁生产提供技术支撑，丰富和发展国产功能性环氧树脂单体。

（4）烃类催化氧化。

以分子氧为氧源，围绕—CH_3、—CH_2、—CH 的选择氧化活化等科学问题，研究开发新的催化材料和合成路线。研究目标是：为大宗基础化学品的技术升级和节能减排提供新方法和新技术。

(5) 生物质糖醇化合物催化转化。

研究糖类、醇类化合物催化转化制乙二醇、丙二醇、5-羟甲基糠醛及其衍生物、醛、酮、酸等能源化学品、材料、燃料的方法和技术。

5 涂料、油墨、颜料及类似产品的产业链分析

5.1 涂料、油墨、颜料及类似产品定义及分类

1. 涂料

"涂料"在中国涂料界比较权威的《涂料工艺》一书中给出的定义是一种材料，这种材料可以用不同的施工工艺涂覆在物件表面，形成黏附牢固、具有一定强度、连续的固态薄膜。这样形成的膜通称涂膜，又称漆膜或涂层。

涂料的分类方法很多，通常有以下几种分类方法：

按产品的形态可分为：液态涂料、粉末型涂料、高固体分涂料。

按涂料使用分散介质可分为：溶剂型涂料、水性涂料（乳液型涂料、水溶性涂料）。

按用途可分为：建筑涂料、罐头涂料、汽车涂料、飞机涂料、家电涂料、木器涂料、桥梁涂料、塑料涂料、纸张涂料、船舶涂料、风力发电涂料、核电涂料、管道涂料、钢结构涂料、橡胶涂料、航空涂料等。

按其性能可分为：防腐蚀涂料、防锈涂料、绝缘涂料、耐高温涂料、耐老化涂料、耐酸碱涂料、耐化学介质涂料。

涂料制造，指在天然树脂或合成树脂中加入颜料、溶剂和辅助材料，经加工后制成的覆盖材料的生产。

2. 油墨

油墨的前身是松油墨。中国利用松烟、胶质（主要是牛皮胶，起黏合烟灰的作用）与水制成黑墨。开始作书写用，之后用于木板印刷业。油墨在中国的早期发展较快，但中世纪后一直故步自封，满足于传统秘方，不甚创见。当时欧洲的木板印刷也以水性为主，但应用不佳，遂改为油类。以后演变为现代印刷油墨。印刷技术的发展刺激着油墨工业的发展，出现了适应各种印刷要求、功能多、质量高的油墨。

油墨根据所使用的连结料的不同具有不同的性质。主要有树脂型油墨、溶剂型油墨、水性油墨和UV固化油墨四类。采用有机溶剂作为油墨连结料的，对环境会产生负面影响。为使油墨符合环保要求，应采用环保型材料作为油墨的连结

料。环保油墨主要有水性墨、UV 墨、水性 UV 墨和一些醇溶性墨。

3. 颜料

颜料是指能使其他物质获得鲜明且牢固色泽的一类有机化合物,由于现在使用的颜料都是人工合成的,所以也称为合成颜料。颜料一般是自身有颜色,并能以分子状态或分散状态使其他物质获得鲜明和牢固色泽的化合物。

按颜料性质及应用方法,可将颜料进行下列分类。

按状态可分为:水性色浆、油性色浆、水性色精、油性色精。

按用途可分为:陶瓷颜料、涂料颜料、纺织颜料、塑料颜料。

按来源可分为:天然颜料、植物颜料、动物颜料、合成颜料(又称人造颜料)。

按颜料性质及应用方法可分为:直接颜料、不溶性偶氮颜料、活性颜料、还原颜料、可溶性还原颜料、硫化颜料、硫化还原颜料、酞菁颜料、氧化颜料、缩聚颜料、分散颜料、酸性颜料、酸性媒介及酸性含媒颜料、碱性及阳离子颜料。

涂料、油墨、颜料及类似产品皆属于精细化工产业。广泛应用于国民经济的各个部门,如机械制造、交通运输、轻工、化工、建筑以及国防尖端工业,以达到防护、装饰或其他功能方面的目的。中国海关数据显示:2020 年 1—12 月,中国涂料、油墨、颜料等进口数量为 73.3 万吨,进口金额为 495 929 万美元,出口数量为 279.8 万吨,出口金额为 784 411 万美元。2015—2020 年中国涂料、油墨、颜料等出口金额大于进口金额,进出口顺差规模较大;进口平均单价逐年上涨,出口平均单价均小于进口平均单价。

5.2 涂料、油墨、颜料及类似产品专利发展分析

5.2.1 技术市场趋势分析

1. 市场地域分析

通过分析 2002—2021 年涂料、油墨、颜料及类似产品技术相关专利申请的地域分布情况可以发现,技术来源国家(地区、组织)和技术应用国家(地区、组织)排名前三位的都是中国、日本、美国。中国占比大、市场空间大。日本国家虽小,但是研发数量和应用体量也非常雄厚,值得关注学习。如图 5-1 和图 5-2 所示。

5 涂料、油墨、颜料及类似产品的产业链分析

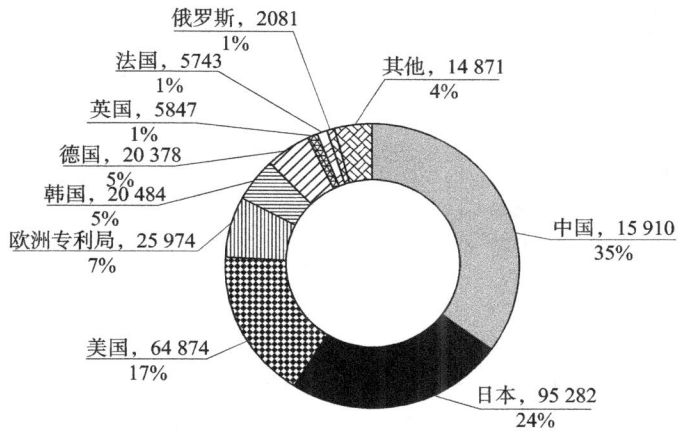

图 5-1 涂料、油墨、颜料及类似产品领域技术来源国家（地区、组织）分布（单位：件）

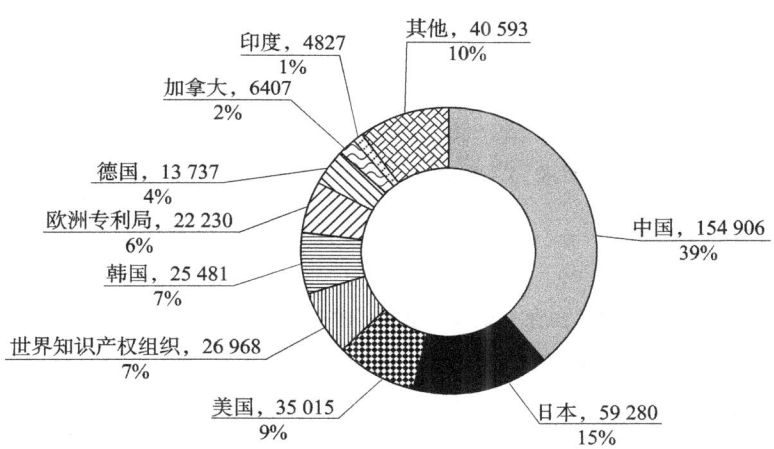

图 5-2 涂料、油墨、颜料及类似产品领域技术应用国家（地区、组织）分布（单位：件）

2. 技术趋势分析

对技术来源国家（地区、组织）专利技术研发数量趋势进行分析（图 5-3），从图中可以看到，中国在 2011 年之后研发数量突增，赶超日本之后快速增加，直到 2017 年达到顶峰，2018 年基本稳定；2019 年至今开始下滑，可能是因为专利未完全公开或者技术研发遭遇瓶颈。日本整体来看发展比较平稳，没有较大浮动。美国也是在 2011 年之后开始出现增长，之后就维持较平稳的状态。

对技术应用国家（地区、组织）专利技术研发数量趋势进行分析（图 5-4），中国的趋势与其作为技术来源国的专利技术研发数量趋势基本一致，日本和美国由于研发数量较少，并没有特别明显的起伏。

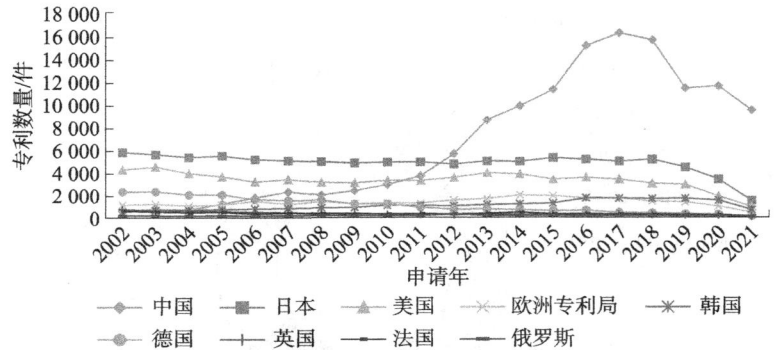

图 5-3　2002—2021 年涂料、油墨、颜料及类似产品领域技术来源
国家（地区、组织）专利技术研发数量趋势

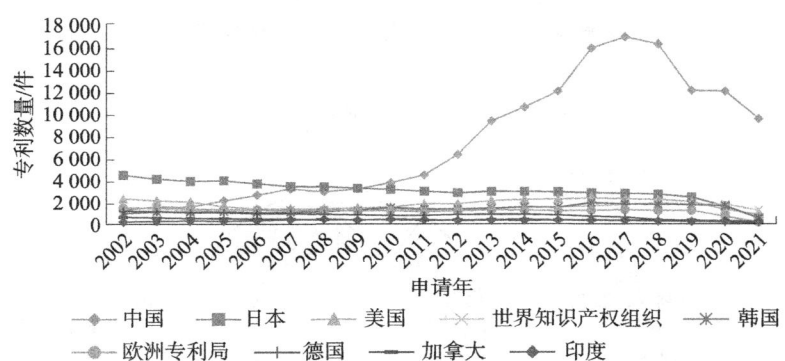

图 5-4　2002—2021 年涂料、油墨、颜料及类似产品领域技术应用
国家（地区、组织）专利技术研发数量趋势

对日本化工产业进行分析后发现，日本由一开始的重化学工业到如今的精细化工、轻化工转变大致经历了三个阶段：①1955—1964 年，重化学工业通过替代进口、扩大国内市场得到壮大发展。②1965—1973 年，优势产业朝着大型化、国际化的方向发展，这一阶段设备投资和对外贸易成为经济增长的双引擎。③20 世纪 70 年代，两次石油危机使日本严重依赖海外资源的重化学工业受到重创，不得不进行产业转型，而此时适逢以微电子、新材料、新能源和生物技术为代表的第四次科技革命的兴起，日本产业结构由资本密集型向高附加值的知识密集型转化。

对中国化工产业进行分析后发现，目前中国正处于工业化中期的重化学工业阶段，也处于向低能耗、高附加值的装配加工业转变，进而向知识密集型产业转换的过渡时期。在资源、环境和贸易摩擦诸多压力下，中国在国际分工价值链中低附加值、低技术含量、低层次的地位不再持续，中国制造业具有向高附加值、高技术含量、高层次的产业升级的自发动力，但与日本发展道路不同，中国在产业升级的道路上无法完全放弃低端的轻工业和基础加工业。借鉴日本工业发展的经验，新领域精细化学品和新材料将是化工产业未来的前进方向。

3. 申请和授权趋势分析

2002—2021年，涂料、油墨、颜料及类似产品领域整体的技术申请一直呈现上升趋势，到2017年达到顶峰，2019年之后可能由于技术未完全公开呈下滑趋势。2017年，世界经济稳步复苏，增长动力增强。全球各地区经济呈现少有的"齐步前进"局面，不仅美国、欧元区和日本这些发达经济体稳步增长，而且一些重要新兴经济体的状况也在改善，市场信心大为增强，发展中经济体依然是全球经济增长的主要推动力。授权占比方面，从2012年之后开始出现下滑，说明该领域出现技术增长乏力的情况，技术迭代放缓，如图5-5所示。

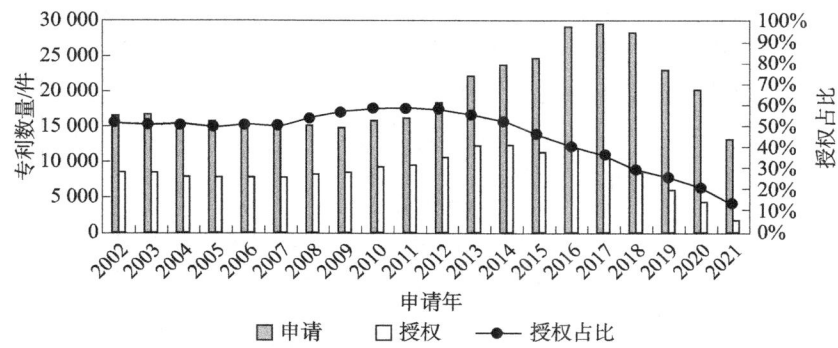

图5-5 2002—2021年涂料、油墨、颜料及类似产品领域专利申请趋势

4. 技术生命周期分析

利用专利申请量与专利申请人数量随时间的推移而变化的规律来帮助分析当前技术领域生命周期所处阶段。通过图5-6可以帮助评估技术发展的阶段。

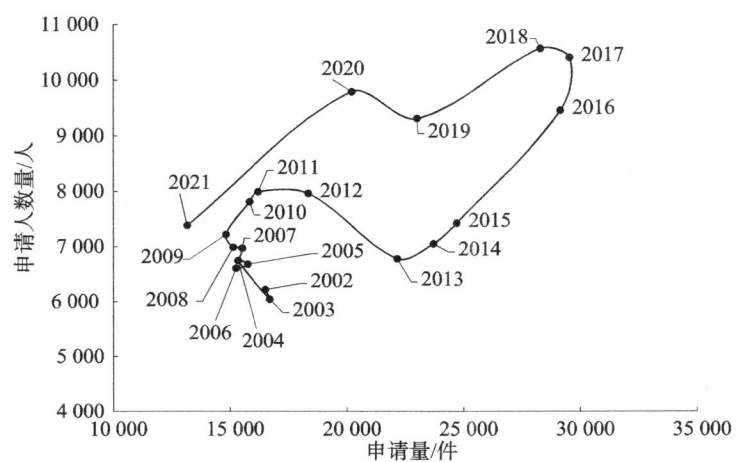

图5-6 涂料、油墨、颜料及类似产品领域技术生命周期

从图 5-6 中可以看到，2017 年之后，该领域专利申请人数量、专利数量开始呈现下降趋势，从 2018 年开始出现明显下滑。这一年，中美开始贸易战，全球经济持续下滑，原材料价格上涨。除此以外，因为该领域出现时间很早，各国都大力开展研发，专利申请量和专利申请人数量持续增长了很长一段时间。目前来看该领域已经进入技术增长乏力期，要进行关键性的技术升级及产业转型。

5. 中国市场各地区分布

通过分析涂料、油墨、颜料及类似产品领域中国各地区专利数量分布，可了解各地区的技术创新能力和活跃程度。国内该技术领域研发主要在东部沿海地带，其中江苏、广东、安徽、浙江一带占比较高（图 5-7），该地区印刷纺织企业数目较多，带动作用强。其中，行业龙头企业浙江龙盛集团股份有限公司、浙江闰土染料有限公司等起到了很强的带动作用。

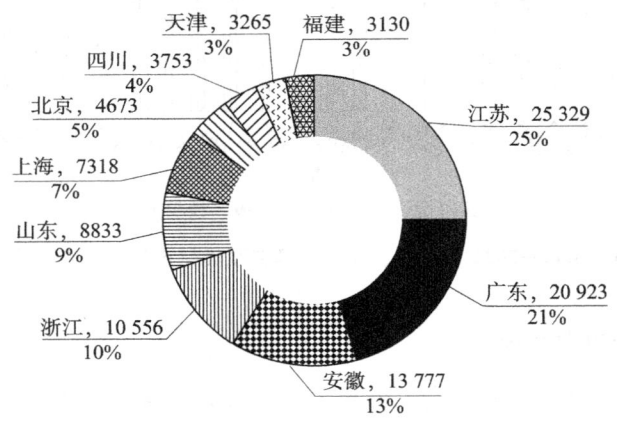

图 5-7　涂料、油墨、颜料及类似产品领域中国各地区专利数量分布（单位：件）

6. 小结

涂料、油墨、颜料及类似产品领域技术近几年在中国发展比较迅速。中国、日本、美国是主要技术来源国和技术应用国。未来，预期中国市场会保持一个比较稳定的状态。中国各地区发展中，江浙、广东一带发展最靠前，依靠富饶的生产资源以及地理位置的优势，发展最为迅速。辽宁在该领域发展处于一个中下游水平，主要依靠上游较为丰富的资源，带动该领域有一定的技术发展。

5.2.2　技术趋势分析

技术趋势分析即研究的热点问题，可以直接反映本项目目前的技术分布态势。高地势代表研究的热门方向，低地势代表研究的冷门方向。涂料、油墨、颜料及类似产品领域主要技术方向集中在功能性涂料、印刷打印以及分散染料、活性染料中。这是当前人们重点的研究领域。对于一些其他新应用的方向，如无机陶瓷涂料、导电油墨等，技术研究比较少，处于研究绿地。涂料、油墨、颜料及类似产品领域全球专利申请地势图如图5-8所示。

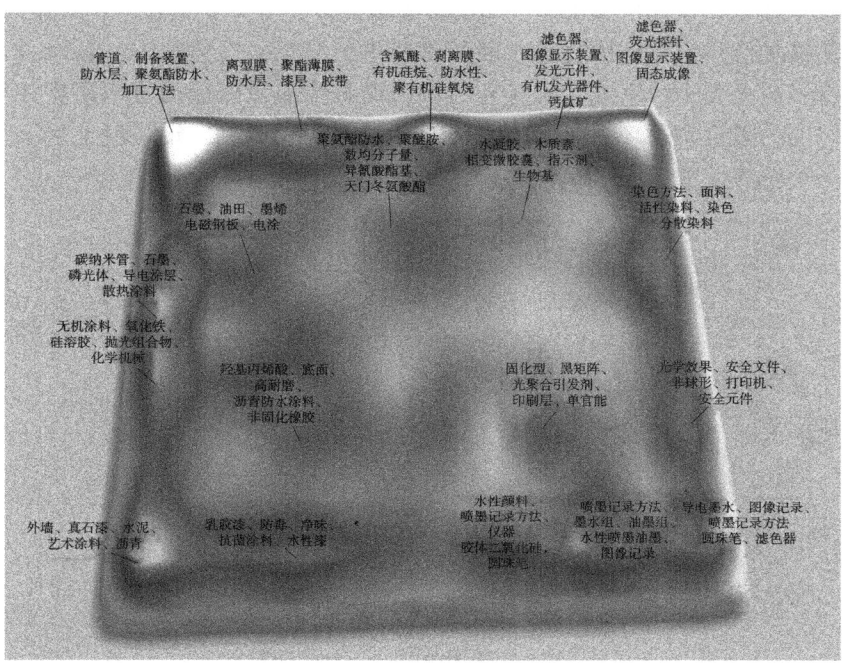

图5-8 涂料、油墨、颜料及类似产品领域全球专利申请地势图

对技术焦点进行分析（图5-9），技术聚焦主要在C09D5和C09D7两个技术领域，与技术地势图吻合，占比最多的还是涂料组合物。

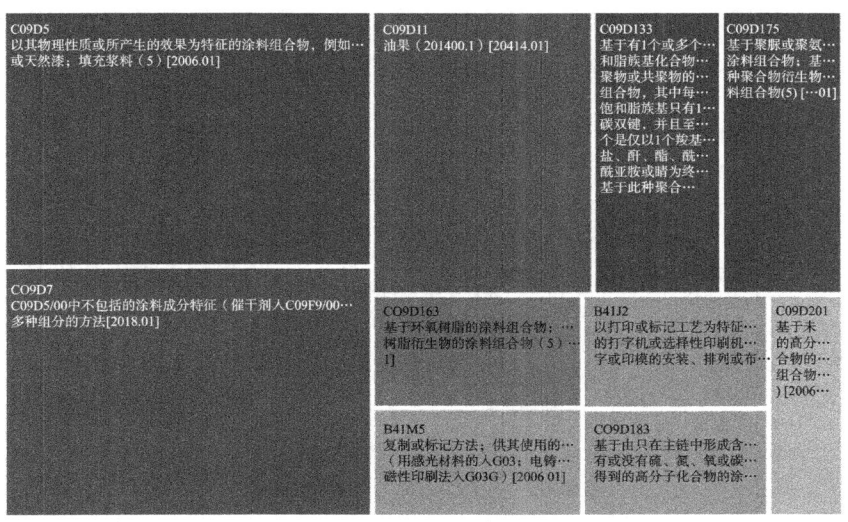

图5-9 涂料、油墨、颜料及类似产品领域全球技术焦点区块图

从该技术领域的专利信息中,反映出热点技术的领域地图,显示了该技术领域内主要公司的专利关键词。格子数量表示每家公司的专利覆盖率,每个格子代表相同数量的专利。通过该图,有助于我们更深入地了解该技术领域内主要公司相关的技术概念,借此区分不同公司的技术焦点。

对不同关键技术领域内技术垄断的态势进行分析,整体来看,各个技术领域中气泡都没有被其中一家或几家企业占满,说明当前该领域的技术研究还存在较大发展空间。聚合物、环氧树脂、固化剂等被提到较多,一定程度上代表了当前研究的一个热点,如图 5-10 所示。

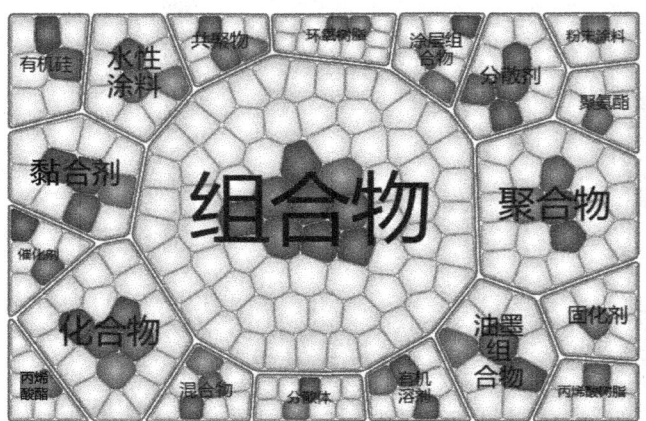

图 5-10 涂料、油墨、颜料及类似产品领域全球技术领域图

1. 重点发展方向

通过全球创新词云图可以了解该技术领域内最热门的技术主题词,帮助客户分析该技术领域内最新重点研发的主题。涂料、油墨、颜料及类似产品领域全球创新词云图如图 5-11 所示。

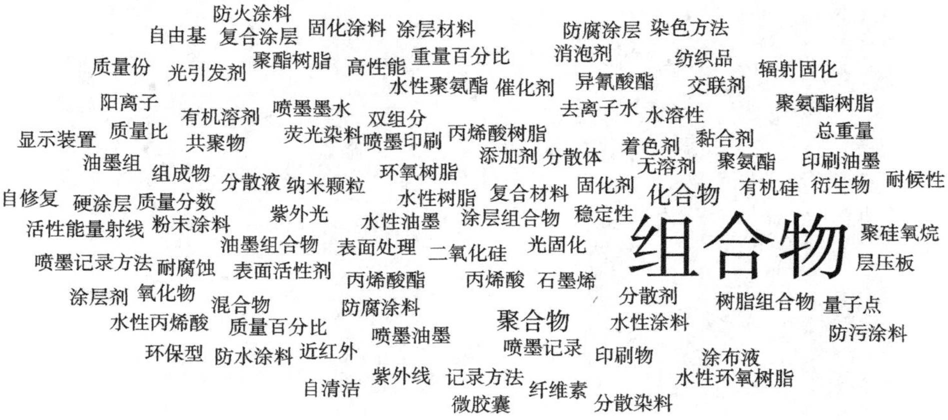

图 5-11 涂料、油墨、颜料及类似产品领域全球创新词云图

从全球涂料、油墨、颜料及类似产品领域来看,当前研究的热门主题词有组合物、聚合物、化合物、环氧树脂、油墨组合物等,都是比较传统的领域。

2. 技术分支申请趋势

对涂料、油墨、颜料及类似产品领域各技术分支专利申请趋势进行分析后发现,国际上主要是 C09D5 涂料组合物,例如色漆、清漆或天然漆以及填充浆料。其次是 C09D7,两者基本趋势一致,都是从 2012 年开始起步快速发展。本领域全球、中国各技术分支专利申请趋势如图 5-12 和图 5-13 所示。

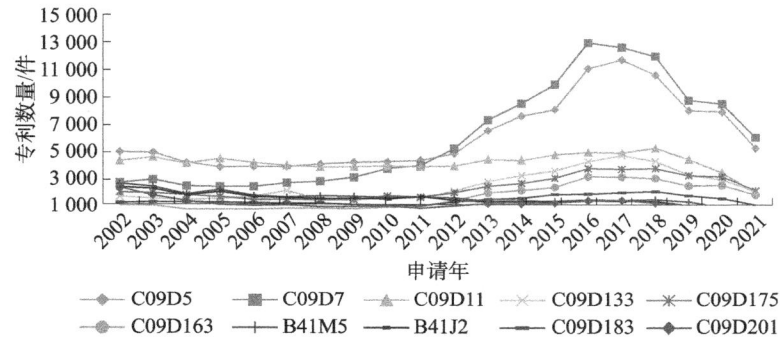

图 5-12 涂料、油墨、颜料及类似产品领域全球各技术分支专利申请趋势

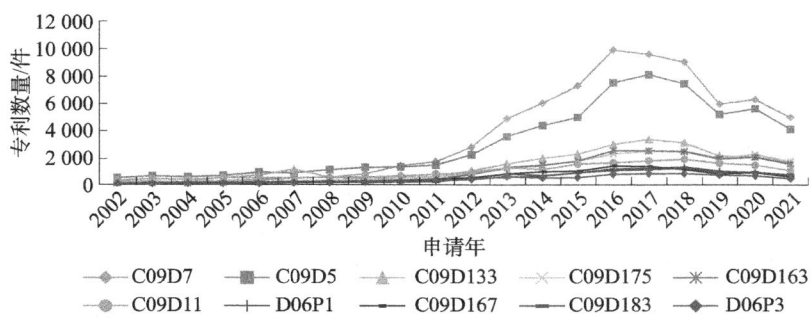

图 5-13 涂料、油墨、颜料及类似产品领域中国各技术分支专利申请趋势

本领域技术分类定义见表 5-1。

表 5-1 技术分类定义

IPC 分类号	定义
C09D5	以其物理性质或所产生的效果为特征的涂料组合物,例如色漆、清漆或天然漆;填充浆料〔5〕[2006.01]
C09D7	C09D5/00 中不包括的涂料成分特征(催干剂入 C09F9/00);混合涂料多种组分的方法[2018.01]
C09D11	油墨〔1,2014.01〕[2014.01]
C09K11	发光材料,例如电致发光材料、化学发光材料〔2〕[2006.01]

续表

IPC 分类号	定义
C09D133	基于有 1 个或多个不饱和脂族基化合物的均聚物或共聚物的涂料组合物，其中每个不饱和脂族基只有 1 个碳 - 碳双键，并且至少有 1 个是仅以 1 个羧基或其盐、酐、酯、酰胺、酰亚胺或腈为终端；基于此种聚合物的衍生物的涂料组合物〔5〕[2006.01]
C09D175	基于聚脲或聚氨酯的涂料组合物；基于此种聚合物衍生物的涂料组合物〔5〕[2006.01]
C09D163	基于环氧树脂的涂料组合物；基于环氧树脂衍生物的涂料组合物〔5〕[2006.01]
C09C1	纤维状填料以外的特殊无机材料的处理（发光的或变色荧光的材料入C09K）；炭黑的制备 [2006.01]
C09D183	基于由只在主链中形成含硅的、有或没有硫、氮、氧或碳键反应得到的高分子化合物的涂料组合物；基于此种聚合物衍生物的涂料组合物〔5〕[2006.01]
C03C3	玻璃组成（玻璃配合料组成入C03C6/00）〔4〕[2006.01]

3. 小结

在涂料、油墨、颜料及类似产品领域，关于涂料和颜料的研究最多，涂料主要集中在功能性涂料的合成制作；颜料类对于酸性颜料、还原颜料以及分散颜料的研究最多。大连对于该领域的研究单位主要是高校，且主要研究方向都是比较前沿的荧光染料，实现转化产品落地的较少。全球来看，该领域还有比较大的发展空间。

5.2.3 竞争对手分析

1. 创新主体排名分析

通过对全球和国内该技术领域内主要创新主体专利技术的整体对比，有助于了解技术领域内的主要申请人和竞争威胁。涂料、油墨、颜料及类似产品领域全球创新主体和中国创新主体如图 5 – 14 和图 5 – 15 所示。

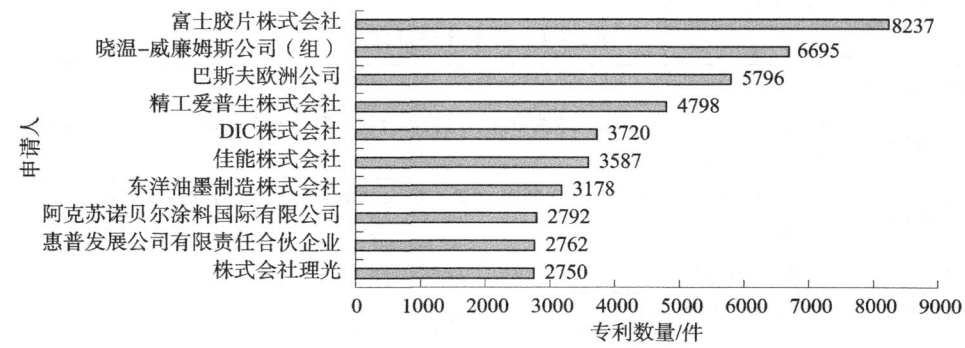

图 5 – 14　涂料、油墨、颜料及类似产品领域全球创新主体排名

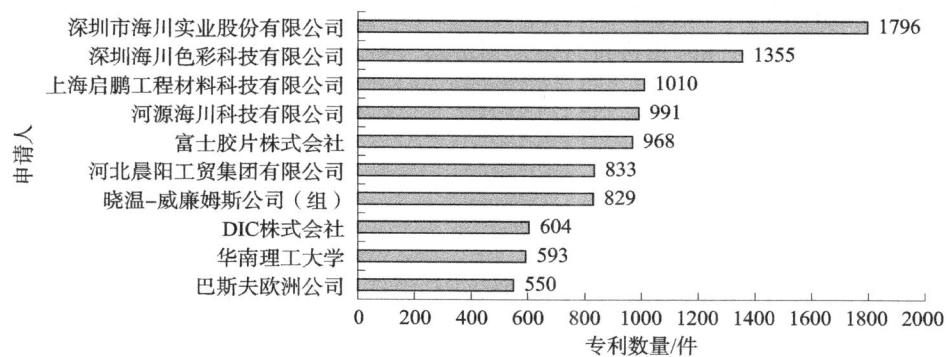

图 5-15 涂料、油墨、颜料及类似产品领域中国创新主体排名

全球创新主体排名前 10 中，日本占据第 6 位，足以说明其研发实力雄厚。中国虽然在该领域整体研发数量与日本相差不多，但是没有规模型企业能跻身前 10。国内比较强势的企业有深圳市海川实业股份有限公司、深圳海川色彩科技有限公司、上海启鹏工程材料科技有限公司、河源海川科技有限公司等几家公司。

2. 创新主体创新战略分布

选择国际上技术研发比较靠前的五家企业进行创新战略分析，从 8 个不同的维度对比各个公司研发策略。按每件申请显示一个公开文本的去重规则进行统计，并选择公开日最新的文本计算。可以看到，巴斯夫欧洲公司主要是在学术驱动、合作性和国际化上发力，富士胶片株式会社主要在市场推动和多样化上发力，如图 5-16 所示。

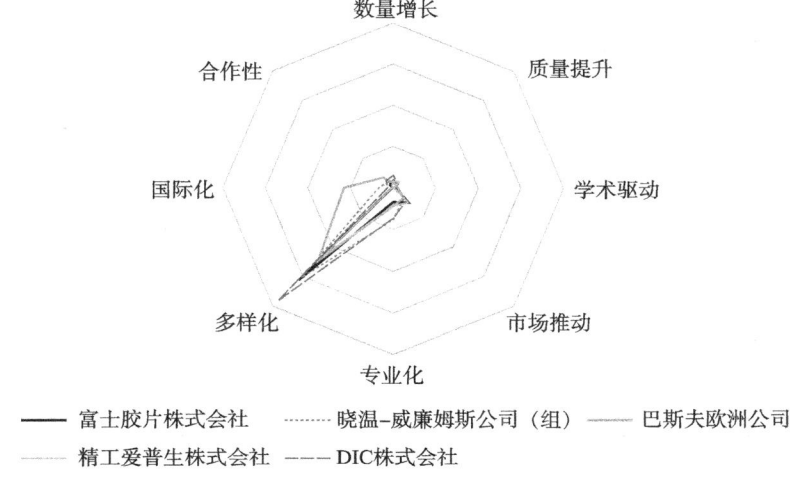

图 5-16 涂料、油墨、颜料及类似产品领域全球创新主体创新战略雷达图

针对中国本土企业进行创新雷达图分析，选择近年来发展势头比较迅猛的企业深圳市海川实业股份有限公司、深圳海川色彩科技有限公司、上海启鹏工程材料科技有限公司、河源海川科技有限公司进行分析对比，如图5-17所示。

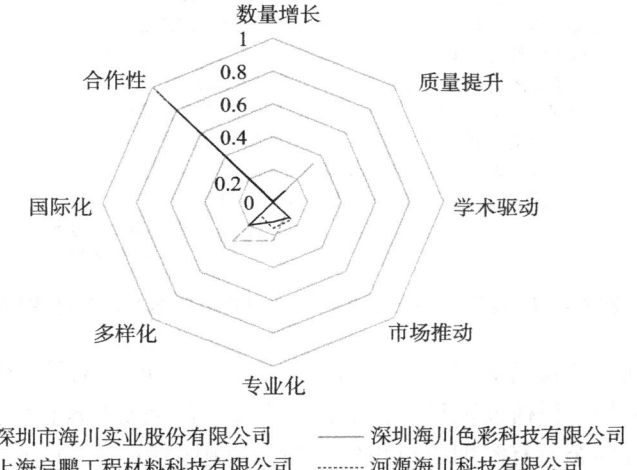

图5-17 涂料、油墨、颜料及类似产品领域中国创新主体创新战略雷达图

3. 主要创新主体的专利布局的地域分布

通过分析该技术领域主要申请人的地域布局情况，能够了解该技术领域的主要申请人地域布局的情况。从拥有相似专利组合的专利地域趋势来看，主要创新主体的技术布局主要分布在本土，如日本、美国。另外，全球的主要创新主体均做了海外布局，其中在中国的布局高于其他国家。从另一个层面可以印证，全球的主要创新主体都很重视中国市场。中国国内技术市场较为庞大，尚未达到饱和状态，仍有较大的发展空间。涂料、油墨、颜料及类似产品领域的全球创新主体专利布局的地域分布见表5-2。

表5-2 涂料、油墨、颜料及类似产品领域全球创新主体专利布局的地域分布

单位：件

申请人	日本	美国	世界知识产权组织	欧洲专利局	中国	德国	韩国	印度	加拿大
富士胶片株式会社	3489	1168	769	800	577	459	332	56	36
晓温-威廉姆斯公司（组）	855	965	709	519	481	246	389	166	335
巴斯夫欧洲公司	785	721	760	675	466	498	276	155	143
精工爱普生株式会社	2624	1062	73	286	481	162	43	2	0
DIC株式会社	1824	233	451	186	324	124	196	27	22

续表

申请人	日本	美国	世界知识产权组织	欧洲专利局	中国	德国	韩国	印度	加拿大
佳能株式会社	1735	656	204	265	254	189	95	31	10
东洋油墨制造株式会社	2292	108	158	100	150	58	109	13	11
阿克苏诺贝尔涂料国际有限公司	104	220	227	253	183	172	117	117	112
惠普发展公司有限责任合伙企业	152	728	538	392	217	301	49	119	11
株式会社理光	1358	479	122	196	187	139	56	73	10

4. 主要创新主体技术分布

从全球技术分布看，主要集中在油墨、印刷类技术方向，富士胶片株式会社、精工爱普生株式会社、佳能株式会社、株式会社理光四家大型公司占据主导地位，四家创新主体在油漆类产品上的研究比较均衡。日本公司主要侧重于印刷方向的技术研究，其他方向的布局数量相对比较少。涂料、油墨、颜料及类似产品领域全球主要创新主体的技术分布见表5-3。

表5-3 涂料、油墨、颜料及类似产品领域全球主要创新主体技术分布　　单位：件

申请人	C09D11	B41J2	B41M5	C09D5	C09B67	C09D7	C09D175	G02B5	C09D133	C08G18
富士胶片株式会社	5332	4143	4447	301	2119	435	0	1684	0	0
晓温-威廉姆斯公司（组）	0	0	0	3292	0	1840	1516	0	1311	1062
巴斯夫欧洲公司	857	0	0	1500	799	1164	1007	0	855	760
精工爱普生株式会社	4561	3368	3232	56	185	0	0	240	0	0
DIC株式会社	1422	610	656	656	656	663	577	537	344	371
佳能株式会社	3093	2561	2398	90	424	102	0	153	0	0
东洋油墨制造株式会社	1748	578	586	304	922	335	74	723	172	107
阿克苏诺贝尔涂料国际有限公司	0	0	0	1276	88	629	435	0	412	367
惠普发展公司有限责任合伙企业	2436	915	794	103	98	85	89	0	45	42
株式会社理光	2612	2072	2008	31	78	0	0	0	29	0

本领域全球创新主体技术分类的定义见表5-4。

表 5-4 技术分类定义

IPC 分类号	定义
C09D11	油墨
B41J2	以打印或标记工艺为特征而设计的打字机或选择性印刷机构
B41M5	复制或标记方法；供其使用的单张材料
C09D5	以其物理性质或所产生的效果为特征的涂料组合物，例如色漆、清漆或天然漆；填充浆料
C03C3	玻璃组成
C09B67	没有化学反应，例如用溶剂处理；对染料的物理性能，例如染或印的影响；染料制备过程中的工艺特点；特殊物理形态的染料制备，例如片状、膜状
C09D7	C09D5/00 中不包括的涂料成分特征
C09K11	发光材料，例如电致发光材料、化学发光材料
C09C1	纤维状填料以外的特殊无机材料的处理（发光的或变色荧光的材料入 C09K）；炭黑的制备 [2006.01]
G02B5	除透镜外的光学元件

对国内技术分布进行分析，先看创新主体纵向分布，主要集中在涂料、颜料以及相关测定方法这几个技术方向，所对应的企业主要是深圳市海川实业股份有限公司、深圳海川色彩科技有限公司、上海启鹏工程材料科技有限公司、河源海川科技有限公司这四家企业，整体方向一致。从技术分类的横向来看，各企业研发都有自己的侧重点，技术布局并不是全面开展的。涂料、油墨、颜料及类似产品领域中国创新主体技术分布见表 5-5。

表 5-5 涂料、油墨、颜料及类似产品领域中国创新主体技术分布　　单位：件

申请人	C09D133	C09D17	G01J3	B05D7	C09D5	C09D7	D21H19	C09D11	C09D175	C09B67
深圳市海川实业股份有限公司	1674	1538	1491	942	45	12	733	1	3	16
深圳海川色彩科技有限公司	1352	1351	1352	941	0	1	411	0	0	0
上海启鹏工程材料科技有限公司	962	1002	960	937	4	4	23	0	0	0
河源海川科技有限公司	941	979	937	937	8	7	0	0	0	0
富士胶片株式会社	0	93	0	0	40	66	0	489	0	355
河北晨阳工贸集团有限公司	327	20	0	8	590	674	0	0	169	0
晓温 – 威廉姆斯公司（组）	137	0	0	90	341	192	0	0	155	0
DIC 株式会社	48	47	0	0	89	112	0	203	99	97
华南理工大学	69	0	0	26	213	173	0	78	134	0
巴斯夫欧洲公司	73	22	0	15	106	87	0	83	66	94

该领域中国创新主体的技术分类定义见表5-6。

表5-6 技术分类定义

IPC 分类号	定义
C09D133	基于有1个或多个不饱和脂族基化合物的均聚物或共聚物的涂料组合物,其中每个不饱和脂族基只有1个碳-碳双键,并且至少有1个是仅以1个羧基或其盐、酐、酯、酰胺、酰亚胺或腈为终端;基于此种聚合物的衍生物的涂料组合物
C09D17	颜料浆料,如用于混入涂料中的
G01J3	光谱测定法;分光光度测定法;单色器;测定颜色
B05D7	除植绒外,专门适用于对特殊表面涂布液体或其他流体的工艺,或涂布特殊的液体或其他流体的工艺
C09K11	发光材料,例如电致发光材料、化学发光材料
D21H19	涂布纸(涂布纤维板入 D21J1/08);涂覆材料
C09D7	C09D5/00中不包括的涂料成分特征
C09D5	以其物理性质或所产生的效果为特征的涂料组合物,例如色漆、清漆或天然漆;填充浆料
H01L51	使用有机材料作有源部分或使用有机材料与其他材料的组合作有源部分的固态器件;专门适用于制造或处理这些器件或其部件的工艺方法或设备
H01L33	至少有一个电位跃变势垒或表面势垒的专门适用于光发射的半导体器件;专门适用于制造或处理这些半导体器件或其部件的方法或设备;这些半导体器件的零部件

5. 垄断性分析

专利集中度是指申请总量排名前10位的申请人的专利申请量占该领域专利申请总量的比例。通过分析该技术领域的主要申请人持有专利的数量,能够了解历年来该领域的竞争激烈程度和垄断性。该领域的全球技术垄断态势如图5-18所示。

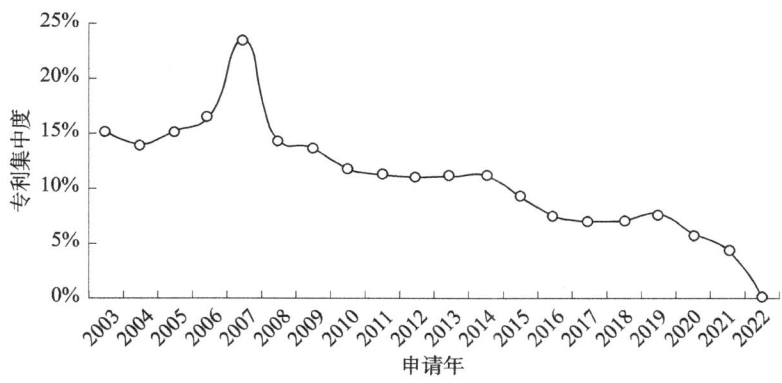

图5-18 涂料、油墨、颜料及类似产品领域全球技术垄断态势

从技术垄断性分析来看,该领域专利集中度在2007年以后逐年下降,说明有

越来越多的企业进入该领域，各企业间处于一种自由竞争的关系。企业此时入局，竞争可能会比较激烈。

6. 国内研发团队和人才分析

中国技术发明人排名第一的是深圳市海川实业股份有限公司的何唯平，高达1820件专利，主要是在涂料的应用研发方向，具有专门的研发团队和研发支持。该公司另一位主要的技术发明人是张杰。何唯平和张杰分别带领的两个研发团队均隶属该公司，是专利技术发展的主要推动力量，合作关系比较密切，主要研发侧重点都在涂料领域。这两个研发团队在行业内的影响力和被认可度颇高，该企业在涂料领域的研发实力比较强劲。

7. 小结

在涂料、油墨、颜料及类似产品领域中，主要创新主体在国外，主要是日本。日本四家大型企业主要技术应用体现在油墨印刷方向，国内主要技术研究方向为颜料和涂料。

5.3 涂料、油墨、颜料及类似产品市场发展分析

涂料、油墨、颜料及类似产品的产业链如图 5-19 所示。

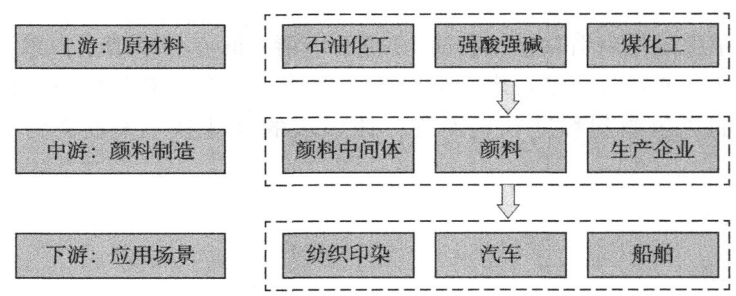

图 5-19 涂料、油墨、颜料及类似产品的产业链

5.3.1 上游分析

（1）资源储备丰富，环境承压大。涂料、油墨、颜料及类似产品的上游段主要是石油化工衍生出来的芳烃有机物以及生产使用的强酸强碱类。芳烃的生产属于石化行业下游，随着我国社会经济的不断进步与发展，石油化工企业对芳烃的需求量逐渐增大，所以在此基础上会加大对芳烃生产技术的研究。就目前我国芳烃生产技术的发展情况来看，该技术在创新引进与吸收研发的基础上，已经取得

了较为可观的进步与发展，也在相关行业内取得了较大的成功，同时我国的芳烃生产技术也已经达到了国际领先水平。举例来说，目前我国乌鲁木齐石化分公司安装了芳烃的生产装置，该装置在应用的过程中率先实现了独立安装、自主生产芳烃，这也是国内首个自主生产芳烃的化工公司，打破了少数跨国公司的垄断地位。除此之外，在甲苯歧化与烷基转移工艺方面，上海石油化工研究院先后开发成功 ZA 型及 HAT 型两种催化剂。ZA 型催化剂达到 2002 年国外同类催化剂水平，HAT 型催化剂达到目前国际先进水平。我国对于芳烃生产的主要技术手段为催化重整技术，并且该项技术在应用研究过程中，随着对其技术手段以及细节的研究和把握，我国自行开发的半再生催化重整工业和工程技术已经达到了国际先进水平，并且在此基础上进行了升级的创新研究。自 2015 年以来，多家民营及海外资本陆续进入芳烃生产，导致芳烃产量提高及储备丰富，促进下游染料行业发展。

（2）政府环保监察承压较大，高污染化工类项目受限。

2019 年 11 月，根据国家发展和改革委员会网站公布的《产业结构调整指导目录（2019 年本）》，鼓励染料、有机颜料及其中间体清洁生产、本质安全的新技术（包括发烟硫酸连续磺化、连续硝化、连续酰化、连续萃取、连续加氢还原、连续重氮偶合等连续化工艺，催化、三氧化硫黄化、绝热硝化、定向氯化、组合增效、溶剂反应、过氧化氢氧化、循环利用等技术，以及取代光气等剧毒原料的适用技术，膜过滤和原浆干燥技术）的开发和应用。限制新建纯碱（井下循环制碱、天然碱除外）、烧碱（废盐综合利用的离子膜烧碱装置除外）、30 万吨/年以下硫黄制酸（单项金属离子≤100ppb 的电子级硫酸除外）、20 万吨/年以下硫铁矿制酸、常压法及综合法硝酸、电石（以大型先进工艺设备进行等量替换的除外）、单线产能 5 万吨/年以下氢氧化钾生产装置。淘汰用火直接加热的涂料用树脂、四氯化碳溶剂法制取氯化橡胶生产工艺，100 吨/年以下皂素（含水解物）生产装置，盐酸酸解法皂素生产工艺及污染物排放不能达标的皂素生产装置，以及铁粉还原法工艺。

同年，中共山东省委办公厅下发《关于严禁投资建设"两低三高"化工项目的紧急通知》，严禁引入"两低三高"项目，全面排查整顿省内的化工投资项目。山东化工企业从整治前的 199 家下降至 85 家，数量下降明显。伴随着环保政策的进一步推进，上游强酸强碱生产企业通过兼并收购等方式，促进行业集中度大幅提升，与下游染料工业等需求企业的销售与合作关系将发生改变，大型企业间的强强联合将成为未来发展方向。

5.3.2 中游分析

1. 中国染料中间体在国际市场占绝对优势

世界染料中间体发展至今其重心逐渐转向亚洲地区，目前染料及颜料中间体主要生产地区是中国和印度。印度在染料及其中间体的生产规模和品种在国际市场所占比例都小于中国,其中间体每年出口的品种数小于100种,仅为中国的60%不到,出口量仅为中国的15%左右。

当前中国染料中间体主要发展的方向有:

(1) 苯系列衍生物的开发。作为染料中间体重要构成部分的苯系列染料中间体,近年来我国重点对苯系列衍生物染料中间体产品进行开发,并取得了一定成果。

(2) 杂环类和多环类中间体的开发。由于杂环系中间体其合成的新型材料及有机颜料具有可以对蒽醌型染料及有机颜料进行取代的特征,所以近些年来其市场的需求越来越大,已经取得相对较好的成果,并且有一部分品种已经开始投放市场。

(3) 含氟化合物的开发。由于市场对于氟苯胺及氟氯苯胺和三聚氰胺等品种的需求量不断增长,所以对含氟化合物的开发越来越受到重视。

2. 贸易进口下降,出口持续增加

根据中国海关数据显示:2020年1—12月,中国涂料、油墨、颜料等进口数量为73.3万吨,进口金额为495 929万美元;出口数量为279.8万吨,出口金额为784 411万美元,见表5-7。

表5-7 2020年中国涂料、油墨、颜料等进出口数量、金额统计

时间	进口数量/万吨	进口金额/万美元	出口数量/万吨	出口金额/万美元
1—2月	10.6	65 999	37.1	101 608
3月	6	41 122	34.8	100 188
4月	5.1	38 078	21.6	67 567
5月	5.3	47 184	16	52 239
6月	6.2	38 577	18.1	54 847
7月	6.3	39 806	22.3	60 623
8月	5.7	38 393	25.7	65 357
9月	6.5	44 173	25.4	65 024
10月	6.6	42 561	24.3	63 041
11月	7.2	46 076	27.5	72 926
12月	7.8	53 960	26.9	80 990

根据中国海关数据显示:2015—2020年,中国涂料、油墨、颜料等进口数量在2017年达到最高值,此后逐年递减,进口数量呈现萎缩状况;2015—2020年,中国涂料、油墨、颜料等出口数量与出口金额总体呈上升趋势。如图5-20和图5-21所示。

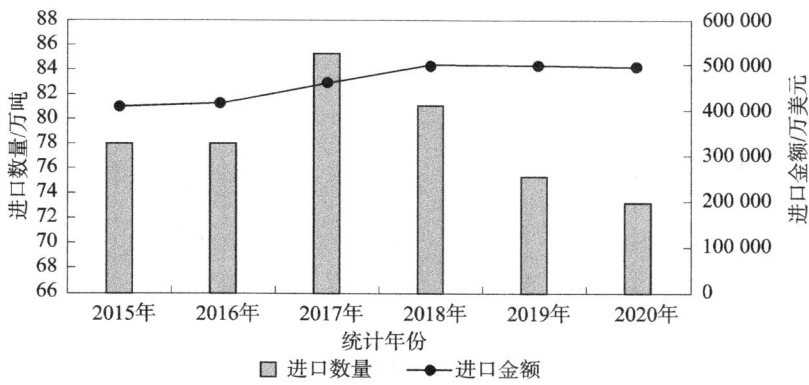

图 5-20 2015—2020 年中国涂料、油墨、颜料等进口统计

图 5-21 2015—2020 年中国涂料、油墨、颜料等出口统计

根据中国海关数据统计可知：2015—2020 年，中国涂料、油墨、颜料等出口金额大于进口金额，进出口顺差规模较大；2015—2020 年，中国涂料、油墨、颜料等进口平均单价逐年上涨，每年的出口平均单价均小于进口平均单价。如图 5-22 和图 5-23 所示。

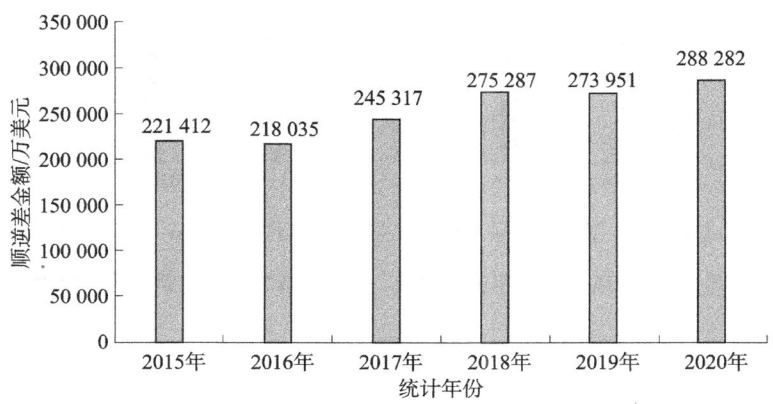

图 5-22 2015—2020 年中国涂料、油墨、颜料等顺（逆）差统计

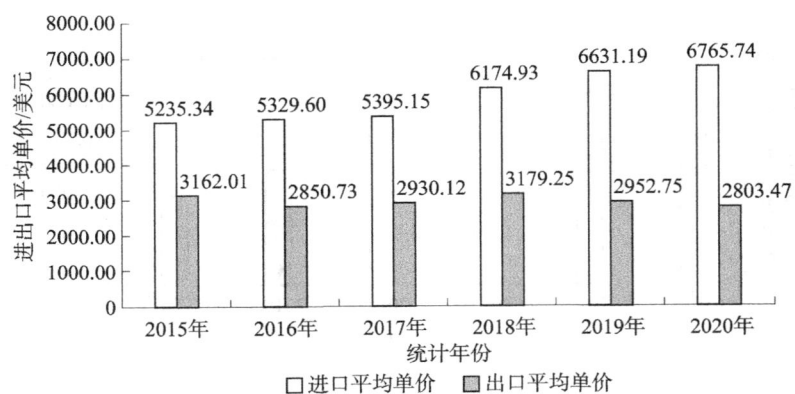

图 5-23　2015—2020 年中国涂料、油墨、颜料等进出口数量、金额统计

3. 相关企业发展状况

截至 2021 年 11 月，我国涂料、油墨、颜料及类似产品制造行业共有上市企业 3459 家。2020 年，全国相关企业数目增长放缓，大部分企业主要用于满足自身生产，市场流通缩减，生产成本增加，行业内企业扩张意愿不足，对未来的预期不乐观。

对相关企业进行分析后得知，该领域 2017 年企业总数为 84 745 家，总数量在 2018 年达到顶峰后，开始逐年下降。截至 2020 年年底，涂料、油墨、颜料及类似产品制造行业企业总数量降至 56 142 家（图 5-24），且各方向均有不同程度的下降。对相关企业进行财务分析后发现（表 5-8、表 5-9），企业整体处于盈利状态，说明该领域发展增速放缓，但是仍然具有一定的发展前景。

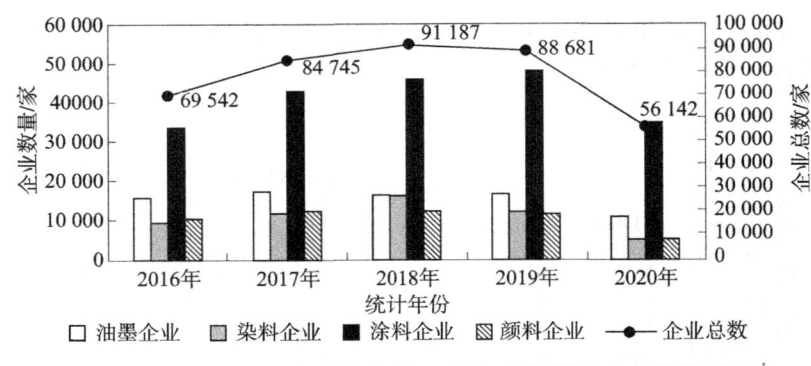

图 5-24　2016—2020 年中国涂料、油墨、颜料等企业新增数量统计

表 5-8 2021 年中国涂料、油漆等企业财务状况

代码	代码名称	涨跌/%	市值/亿元	PE	PB	PS	ROE/%	营收/亿元	盈利/亿元	营收 CAGR/%	盈利 CAGR/%
603737.SH	三棵树	-0.71	465	193	19.19	4.18	9.94	111	2.41	46.29	41.8
603378.SH	亚士创能	2.65	77	36.44	3.33	1.59	9.13	48	2.1	37.28	40.52
688157.SH	松发股份	1.23	90	95.62	7.8	18.56	8.16	4.85	0.94	32.4	47.36
300192.SZ	科德教育	4.12	26	40.03	2.18	2.93	5.46	8.81	0.64	21.6	170.69
603823.SH	百合花	0.33	48	15.93	2.51	2.01	15.78	24	3.04	9.89	24.98
300225.SZ	金力泰	-2.96	77	—	7.91	8.06	4.73	9.54	-0.33	3.52	24.46
300905.SZ	宝丽迪	1.53	38	35.87	3.02	5.08	8.43	7.51	1.06	10.81	44.14
603110.SH	东方材料	2.92	82	122.75	11.94	20.14	9.73	4.08	0.67	1.64	-3.29
688129.SH	东来技术	-0.31	23	26.45	2.78	5.1	10.53	4.55	0.88	-2.24	2.09
000565.SZ	渝三峡 A	1.59	25	28.42	1.98	5.17	6.95	4.82	0.88	-50.68	-12.11
300522.SZ	世名科技	-1.04	46	39.21	5.8	6.99	14.78	6.6	1.18	17.16	20.18
688571.SH	杭华股份	-0.12	27	22.24	2	2.39	9.01	11	1.22	0.89	12.09
300665.SZ	飞鹿股份	-1.44	17	88.87	3.03	2.52	3.41	6.58	0.19	28.77	-7.64
002256.SZ	兆新股份	-1.81	71	—	5.23	18.66	—	3.82	-1.76	-14.11	-28.71
002319.SZ	乐通股份	-3.13	30	—	23.06	9.01	—	3.37	-0.05	-16.07	-11.78
0408.HK	叶氏化工	-0.74	19	4.24	0.63	0.16	14.9	121	4.45	1.58	21.06
1932.HK	中漆集团	0.00	4	—	0.82	0.54	—	6.95	-0.06	-10.55	—
4612.JP	Nippon Paint 立3涂料	-0.16	1621	46.27	3.17	3.02	6.86	537	35	8.88	6.35

续表

代码	代码名称	涨跌/%	市值/亿元	PE	PB	PS	ROE/%	营收/亿元	盈利/亿元	营收CAGR/%	盈利CAGR/%
4613.JP	Kansai Paint 关西涂料	-1.45	384	25.5	2.28	1.71	8.93	224	15	-3.2	4.2
SHW.US	Sherwin-Williams 宣伟	0.16	5492	43.72	31.97	4.37	73.13	1256	126	7.01	5.52
PPG.US	PPG Industries	-1.04	2407	26.45	6.03	2.3	22.79	1045	91	-2.11	-12.74
AXTA.US	Axalta CoatingSystems 艾仕得	-0.88	475	26.52	5.16	1.71	19.46	278	18	-5.13	49.08
MAS.US	Masco 马斯科	0.23	1066	35.29	—	2.03	—	524	30	-2.02	31.93
RPM.US	RPM 立帕麦	-1.54	773	26.52	6.77	1.97	25.53	393	29	4.69	—
SIKA.SW	sika 西卡	0.24	1639	23.01	6.54	2.76	28.43	594	71	8.03	8.61
AKZA.NA	Akzo Nobel 阿克苏诺贝尔	-0.71	1294	22.36	3.28	1.93	14.69	672	58	-3.9	-8.85
APNT.IN	Asian Paints 亚洲1涂料	-0.40	2570	—	24.13	13.9	24.57	185	—	7.95	—
BRGR.IN	Berger PaintsIndia 伯爵涂料	-0.96	259	42.3	8.8	4.47	20.79	58	6.13	8.88	16.02
KNPL.IN	Kansai NerolacPaints	0.26	202	—	5.86	4.67	14.51	43	—	1.81	—
TOA.TB	TOA PaintThailand	-1.47	131	34.92	5.8	4.04	16.6	33	3.76	1.21	5.91
4617.JP	Chugoku MarinePaints 中国涂料	-0.68	25	20.92	0.79	0.54	3.79	46	1.2	-0.22	—
090350.KS	Noroo PaintCoatings 纳路涂料	-6.76	13	14.64	0.7	0.34	4.78	37	0.87	5.25	-15.16
000390.KS	Samhwa PaintsIndustrial. 三利涂料	-2.78	12	60.17	0.76	0.38	1.27	32	0.2	4.17	49.89

表 5-9 中国染料、颜料等企业财务状况

代码	代码名称	涨跌/%	市值/亿元	PE	PB	SR	ROE/%	营收/亿元	盈利/亿元	营收CAGR/%	盈利CAGR/%
600352.SH	浙江龙盛	0.16	413	10.27	1.37	2.45	13.31	169	40	1.1	19.07
002440.SZ	闰土股份	-0.33	104	11.57	1.12	1.79	9.72	58	9	-4.79	-5.53
603980.SH	吉华集团	-0.16	43	18.09	0.95	1.91	5.24	22	2.36	-9.31	-16.6
603188.SH	亚邦股份	0.00	29	—	1.32	4.56	—	6.43	-4.9	-41.38	—
300067.SZ	安诺其	-0.24	44	45.19	1.92	4.11	4.25	11	0.96	-9.28	10.69
300727.SZ	润禾材料	-0.96	41	49.54	6.2	3.91	12.52	10	0.82	15.54	3.99
002054.SZ	德美化工	0.78	43	25.9	1.77	2.16	6.85	20	1.65	-12.84	62.74
301019.SZ	宁波色母	0.94	36	30.68	3.81	7.38	12.41	4.91	1.18	15.32	36.03
300586.SZ	美联新	-0.58	63	—	5.12	3.83	9.56	16	-0.09	48.41	-8.42
605566.SH	福莱特	-1.55	42	20.79	4.03	3.8	19.41	11	2	24.61	16.9
603790.SH	雅运股份	-0.10	19	29.77	1.67	2.11	5.62	9.13	0.65	-3.1	-21.51
300798.SZ	鸡股份	-0.82	40	60.77	3.23	4.28	5.32	9.43	0.66	-10.98	-40.65
301036.SZ	双乐股份	1.16	35	27.22	2.23	2.42	8.18	14	1.29	14.59	38.52
300758.SZ	七彩化学	-1.20	64	33.53	3.84	5.16	11.46	12	1.92	22.19	19.28
002010.SZ	传化智联	-0.41	295	16.45	1.91	0.91	11.61	325	18	3.93	47.99
6616.HK	环球新材国	-1.28	60	33.2	4.72	9.54	14.21	6.31	1.81	33.73	38.36
ACET.US	Aceto艾切托	3.58	20	—	1.45	32.54	—	0.62	-3.52	-70.69	—

5.3.3 下游分析——染料行业成为出口大国

"十三五"时期,染料行业牢固树立创新、协调、绿色、开放、共享的新发展理念,大力推进供给侧结构性改革,提高效益质量,以创新驱动发展作为染料工业发展的新动力,不断调整升级染料产业结构,努力促进传统染料工业向绿色生态染料工业迈进,有效推动染料工业高质量发展。到2019年年底,全国染料生产企业约450家,可生产的染料品种达1200多个,每年生产的品种有700多个,其中分散染料、活性染料和酸性染料品种均超过100个,染料年产量占全球的70%以上,成为全球染料生产和出口大国。

5.4 涂料、油墨、颜料及类似产品行业政策分析

目前国内对涂料、油墨、颜料及类似产品的相关政策文件见表5-10,主要集中在扩大规模生产、增加产品盈利、提倡绿色生产、严格处理产品生产及使用过程中产生的危废物、贯彻执行环境保护政策等方面。

表5-10 政策文件

发布时间	发文部门/机构	文件名称	涉及内容
2021年	国家市场监督管理总局	《2021年度实施企业标准"领跑者"重点领域》	涂料、油墨、颜料及其类似产品为2021年度实施企业标准领跑者重点领域
2021年	生态环境部等8部门	《关于加强自由贸易试验区生态环境保护推动高质量发展的指导意见》	鼓励新项目采用符合国家有关低VOCs含量产品规定的涂料等,推动现有企业进行源头替代
2021年	国家市场监督管理总局	《全国重点工业产品质量安全监管目录》	内墙涂料、外墙涂料、防水涂料、地坪装饰材料、儿童房装饰用水性木器涂料列入重点安全监管目录
2021年	中国涂料工业协会	《中国涂料行业"十四五"规划》	"十四五"期间,涂料全行业经济总量保持稳步增长,总产值年均增长,总产值年均增长4%左右,到2025年,涂料行业总产值预计增长到3700亿元左右;产量按年均4%增长计算,到2025年,涂料行业总产量预计增长到3000万吨左右,并且到2025年,环境友好的涂料占总涂料的70%。企业规模化方面,到2025年,销售额在100亿元以上的涂料生产企业达到2家以上,销售额在50亿元以上的涂料生产企业达到8家以上,销售额在10亿元以上的涂料生产企业达到20家以上,前100家涂料生产企业的涂料产量占总产量的60%以上

续表

发布时间	发文部门/机构	文件名称	涉及内容
2021年	全国人民代表大会	《中华人民共和国国民经济和社会发展第十四个五年规划和2035年远景目标纲要》	提出完成重点地区危险化学品生产企业搬迁改造,重视新污染物治理,全面实施排污许可制,加快推动绿色低碳发展
2021年	生态环境部	《涂料油墨工业污染防治可行技术指南》	提出了涂料油墨工业的废气、废水、固体废物和噪声污染防治可行技术
2020年	生态环境部	《2020年挥发性有机物治理攻坚方案》	做好制药、涂料、油墨、胶黏剂等行业排放及VOCs无组织排放控制标准,全面实施准备工作,帮扶指导企业加快实施达标排放改造
2020年	生态环境部	《印刷工业污染防治可行技术指南》	在污染企业预防技术部分重点提到了植物油基胶印油墨替代技术、辐射固化油墨替代技术、水性油墨替代技术、UV光油替代技术
2019年	生态环境部	《重点行业挥发性有机物综合治理方案》	工业涂料、包装印刷等行业要加大源头替代力度,化工行业要推广使用低(无)VOCs含量、低反应活性的原辅材料,加快对芳香烃、含卤素有机化合物的绿色替代
2020年	财政部、国家税务总局	《关于提高部分产品出口退税率的公告》	颜料及以其为基本成分的制品(产品编码:32041700)出口退税率提高到13%
2019年	国家发展和改革委员会	《产业结构调整指导目录(2019年本)》	限制类:新建硫酸法钛白粉、铅铬黄、1万吨/年以下氧化铁系颜料、溶剂型涂料(鼓励类的涂料品种和生产工艺除外)、含异氰脲酸三缩水甘油酯(TGIC)的粉末涂料生产装置
			鼓励类:高固着率、高色牢度、高提升性、高匀染性、高重现性、低沾污性以及低盐、低温、小浴比染色用和湿短蒸轧染用的活性染料,高超细旦聚酯纤维染色性、高洗涤牢度、高染着率、高光牢度和低沾污性(尼龙、氨纶)、高耐碱性、低毒低害环保型、小浴比染色用的分散染料,聚酰胺纤维、羊毛和皮革染色用高耐洗、高氯漂、高匀染、高遮盖力的酸性染料,高色牢度、功能性还原染料,高色牢度、功能性、低芳胺、无重金属、易分散、原浆着色的有机颜料,采用上述染料、颜料生产的水性液态着色剂

5.5 涂料、油墨、颜料及类似产品发展前景预测

5.5.1 涂料类产品发展方向

涂料无论是传统的以天然物质为原料的涂料产品，还是现代发展中以合成化工产品为原料的涂料产品，都属于有机化工高分子材料，所形成的涂膜属于高分子化合物类型。我国涂料行业发展历程正朝着环保性、经济性、高性能三大方向发展，大力发展的是低含量溶剂、水性化及无溶剂化、粉末、UV光固化涂料。涂料行业的发展阶段如图5-25所示。

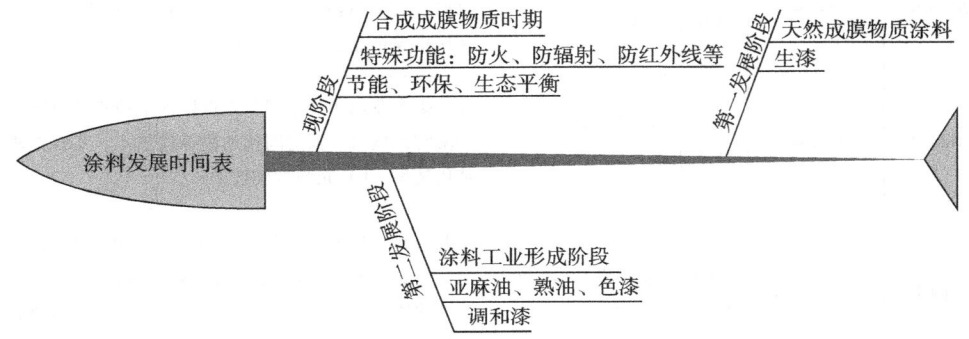

图5-25 涂料行业发展阶段

近年来，我国涂料行业一直致力于开发低污染、高固体分或无溶剂（包括粉末、光固化）涂料、水性涂料（耐高温隔热保温涂料和耐高温防腐涂料）；开发低环境风险的防污技术和防污涂料；开发非铅、铬的防锈颜料及替代品；开发钛白粉、氧化铁颜料的清洁生产工艺；积极制定涂料行业清洁生产工艺评价标准等，以推动涂料行业新工艺、新材料和新技术的发展。另外，近几年开发的玻璃节能涂料、辐射散热降温涂料、防晒隔热涂料、耐高温封闭涂料、高效耐污损太阳热吸收涂料等新型涂料，也为涂料行业在"低碳"道路上带来了新的发展机遇。

水性涂料、粉末涂料以及固化涂料3种科技的综合利用，可以有效地满足未来智能住宅在隔热保温、采光、净化空气、自我清洁等多种功能方面的智能需求，对于涂料行业的"低碳"发展有促进作用。另外，使用生物原料技术制造涂料产品也是涂料行业"低碳"化的途径之一，包括使用可再生的原料或可生物分解的原料，如图5-26所示。

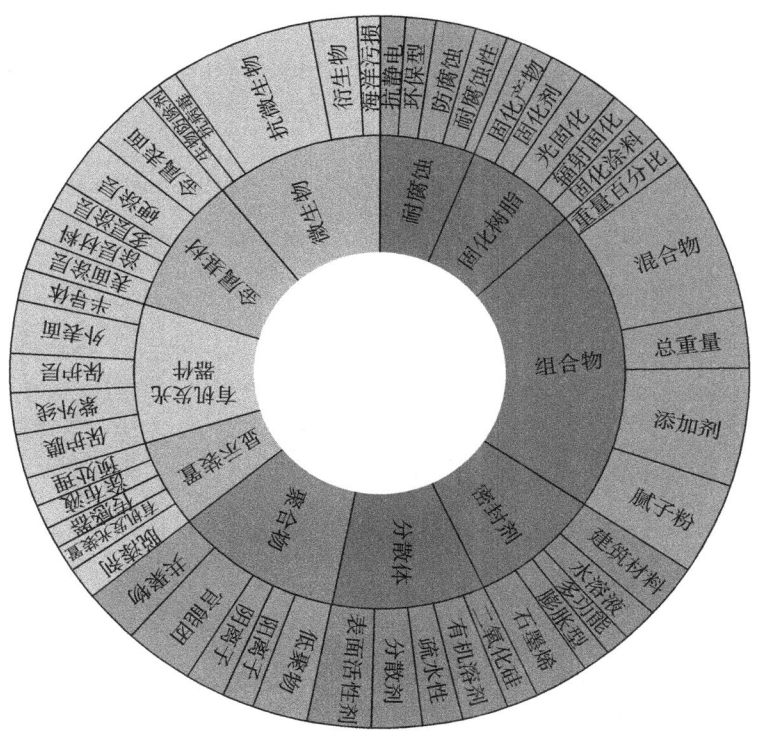

图 5-26 涂料技术拆分

5.5.2 印染类产品发展方向

根据海关总署和国家统计局数据显示，目前国内染料研发占比中，排名前三位的分别为酸性染料、活性染料、分散染料，预示着当前研究的一个发展趋势；国内进口染料结构中，分散染料最多，其次为活性染料、酸性染料，表明当前国内对不同类型染料的需求程度不同。目前国内在染料生产上，分散染料要多于活性染料。预期未来重点研发方向将在活性染料方向，并且会朝着新材料、生物材料方向延伸；针对新型纤维如 PTT 纤维、聚乳酸纤维、大豆纤维、竹纤维和各种多元新型混纺织物，皮毛等下游最新需求发展新产品、新牌号；生产高档、多功能荧光增白剂系列品种；对功能高分子产业进行相应产品的开发；研究染料、颜料在高新技术方面的应用新技术，如图 5-27 所示。

随着染料行业的快速发展以及环境保护政策日益紧迫的形势下，降低"三废"排放量和提高治理水平已成为行业可持续发展的重要环节，也引起了业内人士的高度重视。因此，在开发清洁生产工艺、综合利用工艺和引用环保新技术方面应该引起注意。

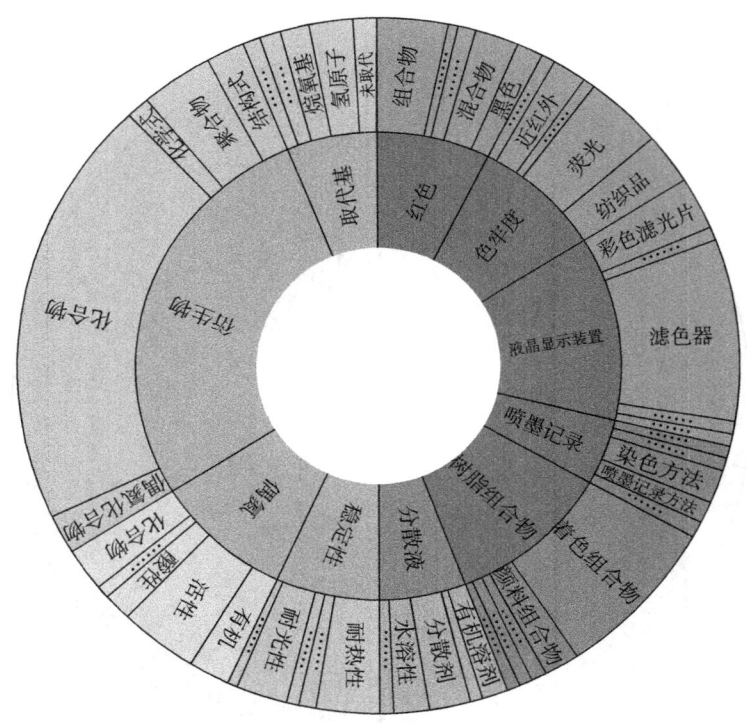

图 5-27　印染类产品技术研发技术拆分

总体来说，作为龙头染料工厂，在长期战略规划中对于市场供需平衡的影响更加值得研究，因此在下游需求未出现明显提升的情况下，老牌染料生产企业不会贸然释放新增产能。与此同时，染料行业技术升级改造已成必然趋势，清洁生产，循环利用以及生产连续化、自动化技术将会受到高度重视。

6 农药产业链分析

6.1 农药产品定义及分类

按《中国农业百科全书·农药卷》的定义,农药主要是指用来防治危害农林牧业生产的有害生物(害虫、害螨、线虫、病原菌、杂草及鼠类)和调节植物生长的化学药品,但通常也将改善有效成分物理、化学性状的各种助剂包括在内。

广义上的农药是指用于预防、消灭或者控制危害农业、林业的病、虫、草和其他有害生物,以及有目的地调节植物、昆虫生长的化学合成,或者来源于生物、其他天然物质的一种物质或者几种物质的混合物及其制剂。包括预防、控制仓储以及加工场所的病、虫、鼠和其他有害生物,预防、控制危害河流堤坝、铁路、码头、机场、建筑物,以及其他场所的有害生物所使用的物质及其制剂。

农药按照主要成分进行分类,如图6-1所示。

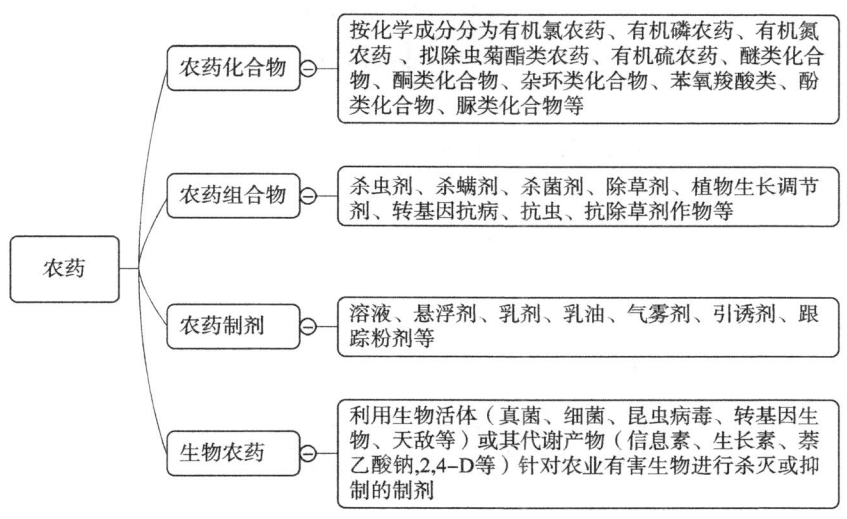

图6-1 农药的分类

6.2 农药产品专利发展分析

6.2.1 技术市场趋势分析

1. 市场地域分析

通过农药领域技术地域分布分析（图6-2），技术来源国家（地区、组织）的专利数量排名依次是中国、美国、欧洲专利局、日本。中国处于行业领先地位，其次是美国。中国近年来进行了大范围的专利申请，专利数量具有绝对优势。再来看技术应用国家（地区、组织）的专利数量分布（图6-3），排名依次是中国、美国、世界知识产权组织、日本。中国跃居第一位，一方面说明中国市场庞大，远未达到饱和状态；另一方面也体现了中国对农药领域的重视。

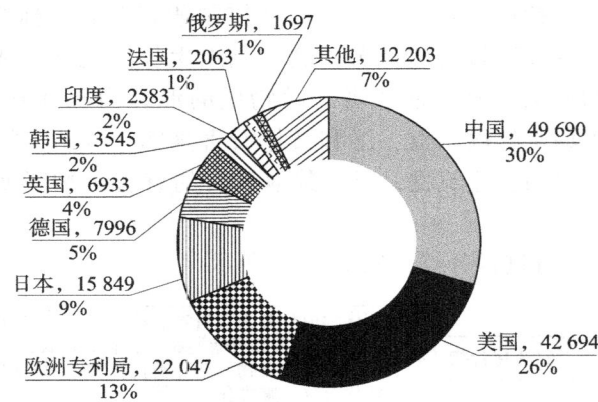

图6-2 农药领域技术来源国家（地区、组织）分布（单位：件）

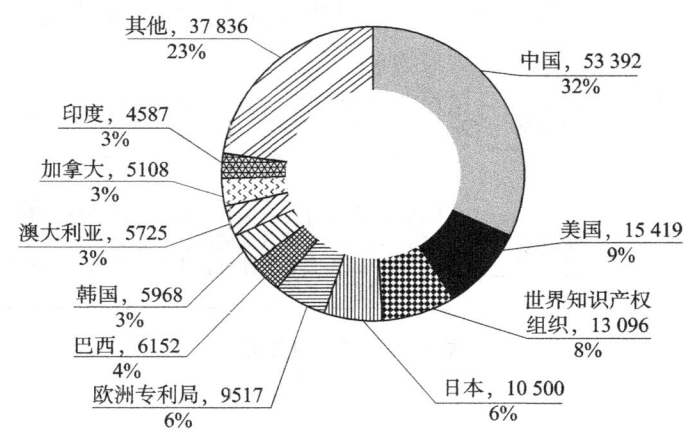

图6-3 农药领域技术应用国家（地区、组织）分布（单位：件）

2. 技术趋势分析

从农药领域技术来源国家（地区、组织）专利技术研发数量趋势（图6-4）来看，美国在2013年达到顶峰之后，开始呈现下滑趋势。美国于20世纪初开始开展农药管理立法工作，颁布了大量有关农业管理的联邦法案，经过不断修订和完善，形成了联邦及各州法规相结合的农药管理法律法规体系。现行有效的最重要的三部联邦农药法规是《联邦杀虫剂、杀菌剂及灭鼠剂法》《联邦食品、药品和化妆品法》及《食品质量保护法》，归属于美国环境保护署、食品与药品管理局及农业农村部共同管理。2010年后，由于经济形势的低迷以及美国对环境保护政策的颁布，导致农药类产品的专利研发数量开始下滑。并且由于技术的成熟，各大农药跨国公司出于成本的考虑，不仅将农药产能转移至发展中国家，也会选择与发展中国家的一些在工艺、技术、环保、成本方面具有优势的农药企业建立战略合作关系，进行相关原药的采购。

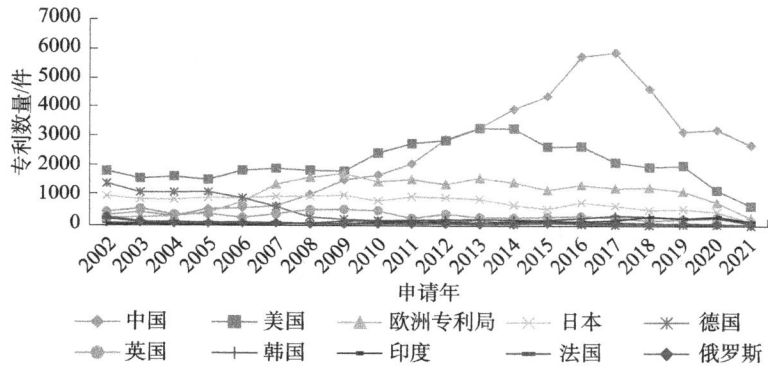

图6-4 2002—2021年农药领域技术来源国家（地区、组织）专利技术研发数量趋势

对于中国来说，专利数量从2012年开始超过美国并且持续快速增加，在2017年达到顶峰，2018年持平。之后呈现下滑趋势，可能是因为时间较短，专利申请并未公开导致的。2004—2016年中国连续十三年发布以"三农"为主题的中央一号文件，强调"三农"问题在中国社会主义现代化建设时期"重中之重"的地位，多次指出要加强农作物病虫害防治工作，积极发展安全、低毒、高效农药，推进农药产品更新换代，引导农民合理使用化肥农药。

同时，从技术应用国家（地区、组织）的角度来看（图6-5），中国作为技术来源国和技术应用国的专利数量曲线基本一致。近年来，由于农药滥用严重，致使国家相继出台了一系列产业政策，如控制农药的施用，逐步淘汰高毒、高残留农药，鼓励农药企业收购兼并等。以上政策对于品种结构良好的大型优势农药企业的发展起到了促进作用。我国是世界第一人口大国，农药产业仍有相当广阔的市场前景。

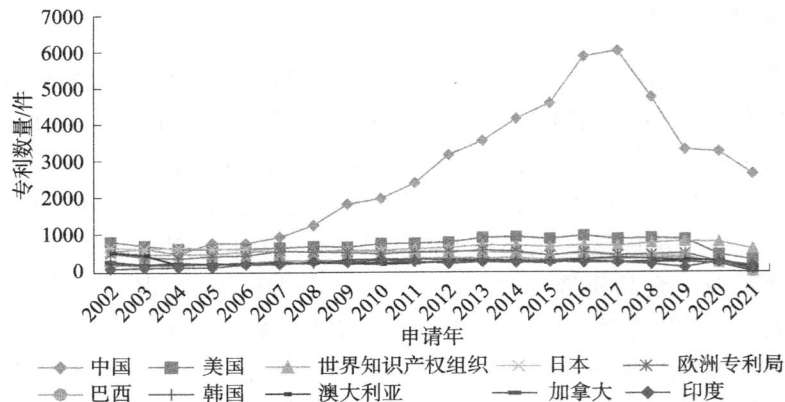

图6-5　2002—2021年农药领域技术应用国家（地区、组织）专利技术研发数量趋势

3. 申请和授权趋势分析

农药制造属于专利密集型产业，产业的发展严重依赖专利的获取和运用。随着我国国家知识产权战略的发展，农药企业（创新主体）对专利制度的了解也在逐渐加深，但是却远远没有达到熟练掌握、灵活运用专利制度，有效保护研发成果的要求。农药创新从研究开发到上市推广不仅需要高昂的研发经费做支撑，还需要缜密的专利申请布局策略作保障。从农药原药及其制备工艺、中间体及其制备工艺、复配组合物、使用方法，到制剂及其制备工艺均属于专利保护的客体。

对该技术领域的专利申请量以及授权占比进行分析，2018—2021年的申请数据除外，整体还是呈现上升趋势，说明该领域还是有较大的发展空间。专利授权占比逐年降低，一定程度上说明该项技术已经比较成熟，技术创新难度增大，如图6-6所示。

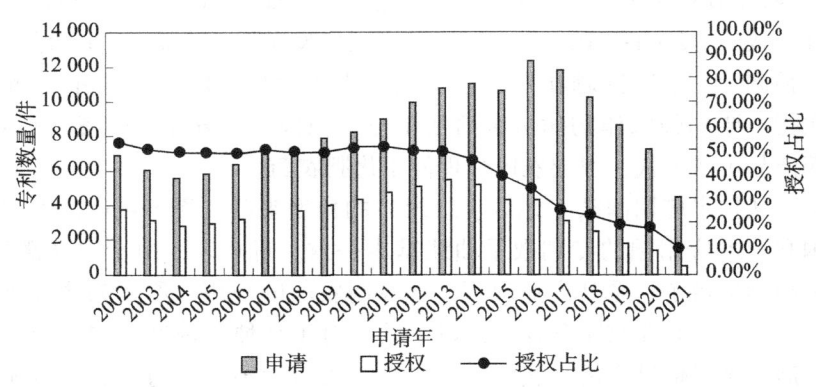

图6-6　2002—2021年农药领域专利申请趋势

4. 技术生命周期分析

通过对农药领域技术生命周期进行分析（图6-7）可知，农药领域专利申请人数量、专利数量在2007—2010年都呈上升的趋势。2013—2017年出现回旋。20世纪60~90年代，全球农药工业处于高速成长阶段。自20世纪90年代以后，全球农药市场的规模和格局逐渐成形，开始进入成熟阶段。2015年，由于不利天气及农产品价格走低，农药市场需求低迷，全球农药市场出现下滑。短暂上升之后持续下降，出现这种情况的原因可能：一是受不利天气影响，如北美洪水、印度及澳大利亚干旱等；二是受中美贸易战的影响；三是受欧盟管理层加强农药监管（2019年1月1日起，欧盟将正式禁止含有化学活性物质的320种农药在其境内销售）的影响。整体来看，该领域进入一个技术瓶颈期，需要新的技术创新点来丰富行业发展。

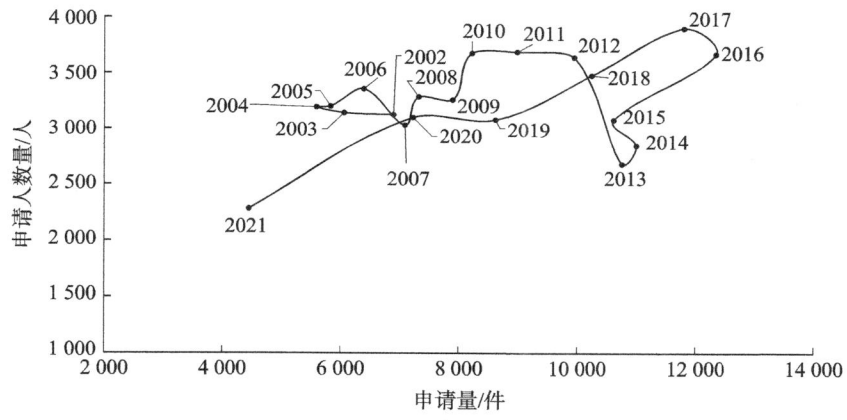

图6-7 农药领域技术生命周期

5. 中国市场各地区排名

对中国各地区农药领域专利申请进行分析，排名靠前的分别是江苏、山东、广东和安徽，大多为中国南方的省份，如图6-8所示。

对农药领域中国各地区专利申请趋势进行分析（图6-9），可以发现基本都是在2008年之后开始快速增长。中国农药发展大致分为4个阶段：依赖进口阶段、自生产和进口并存阶段、发展壮大阶段及严重过剩阶段。在2008年之前，处于发展壮大阶段，在这之后，全球农药过保护专利集中释放，多数品种转移到中国，具有代表性的产品是草甘膦。产能快速扩增的速度远远大于需求增长的速度，导致我国农药产能严重过剩。目前，中国已成为农药生产量全球第一的国家。江苏、山东、广东、安徽等对中国农药生产贡献较大的省份，均有几家龙头企业带动发展。

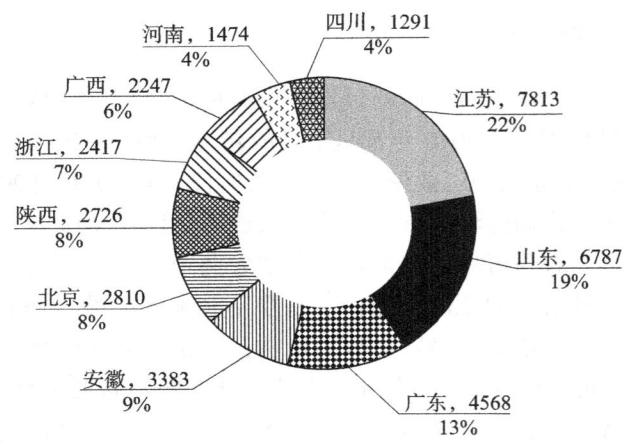

图6-8 农药领域中国各地区专利数量分布（单位：件）

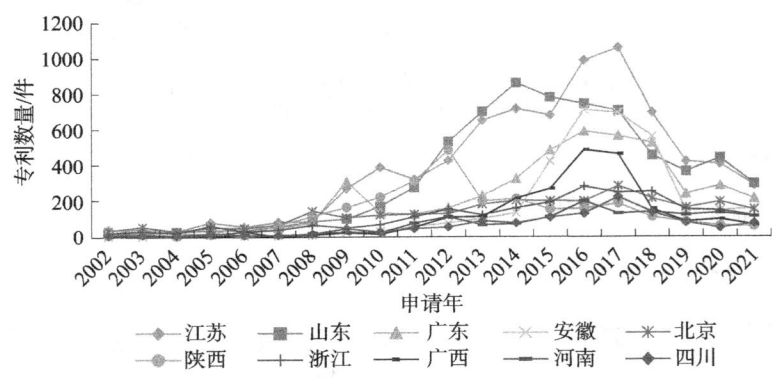

图6-9 2002—2021年农药领域中国各地区专利申请趋势

6. 小结

通过对农药市场的技术趋势分析，发现美国竞争实力最强，其次为中国、日本。中国在该领域市场产能过剩且高精细的研发能力稍逊色，加之国内对环境保护力度的加大，因此对农药生产的要求进一步提高。目前该领域进入一个技术增长乏力的阶段，低污染环保型产品的需求日益提高。中国国内对农药的研发主要聚集在南部，这些地方农作物种植面积广，产品需求量大，北方缺乏相应规模的企业。

6.2.2 技术趋势分析

1. 技术分布

通过对农药领域全球专利申请地势图进行分析（图6-10），可以看到，当前在农药领域研究的热门方向即推出的高地有植物生长调节剂类、生态肥料以及石墨烯新材料等。

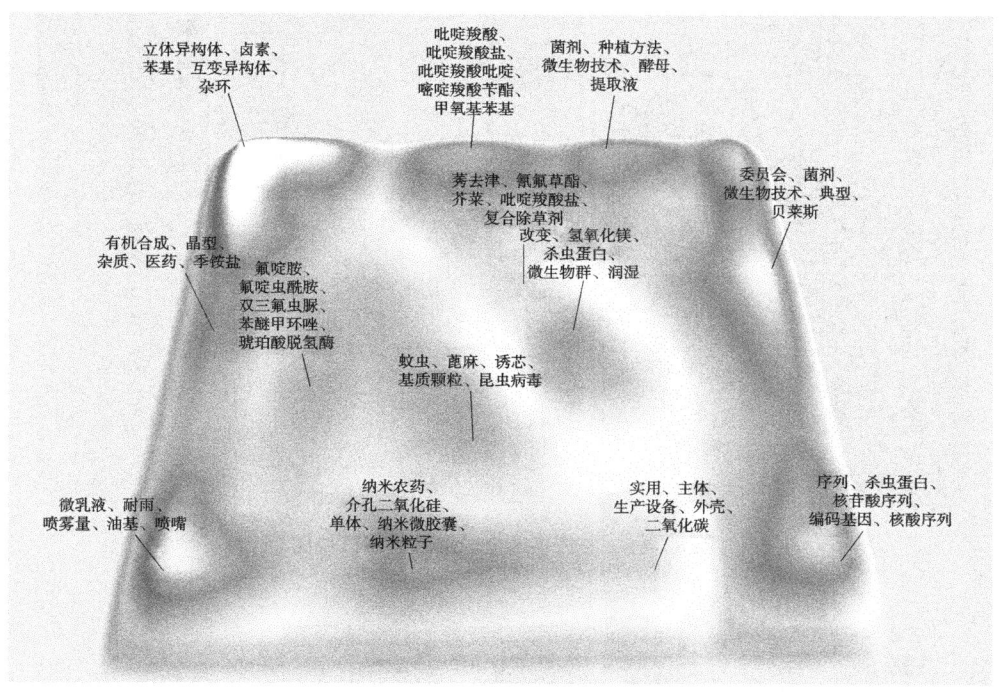

图6-10　农药领域全球专利申请地势图

2. 技术焦点

从农药领域全球技术焦点来看（图6-11），最主要的研究方向是含有杂环化合物的杀虫剂、杀生剂、引诱剂，其次为按照形态对害虫进行针对性的杀灭，两者所占比例接近。大连市当前的研究重点除了上述两个方向外，还多了一个杀菌剂，其他方向所占比例较为接近。

3. 领域地图

对农药领域全球技术领域图进行分析（图6-12），其中大气泡代表某一技术领域的专利总数，小一点的气泡代表一定数目的专利。图中组合物、化合物所占比重最大，其次是除草剂和杀虫剂。农药的制备主要是多种有机物的协同作用，因此组合物和化合物等代表合成方法的专利数量最多。对专利数量申请最多的几家企业进行专利布局分析，其中巴斯夫欧洲公司申请专利数目最多，但是并没有把某个领域的气泡全部占满，未能实现技术垄断。其他各研究方向，除提取物、抗微生物、消毒剂、有效成分外，几家公司均有上榜，并形成了一定规模。整体来看垄断态势并不是很明显。建议抓住此机遇，以技术垄断姿态进入，进行技术布局。

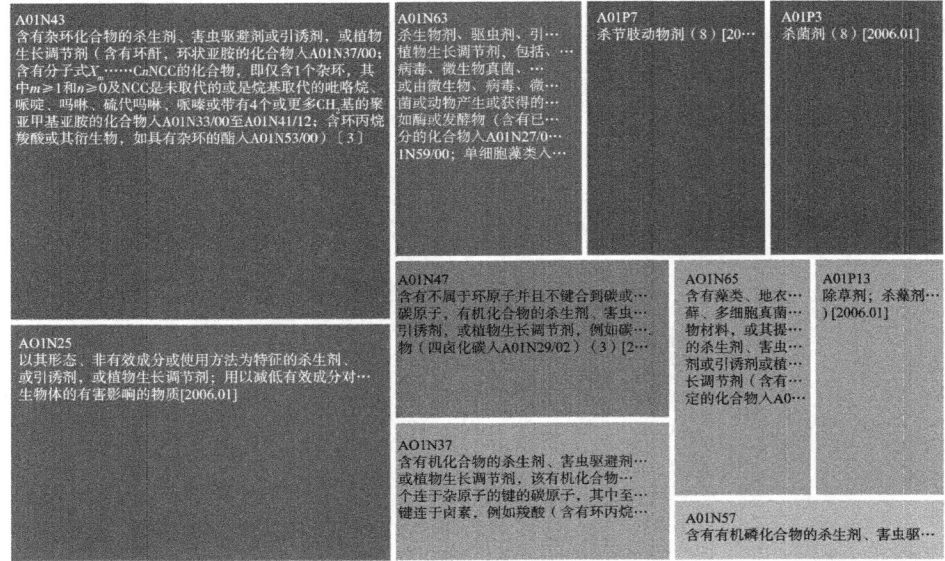

图 6-11 农药领域全球技术焦点区块图

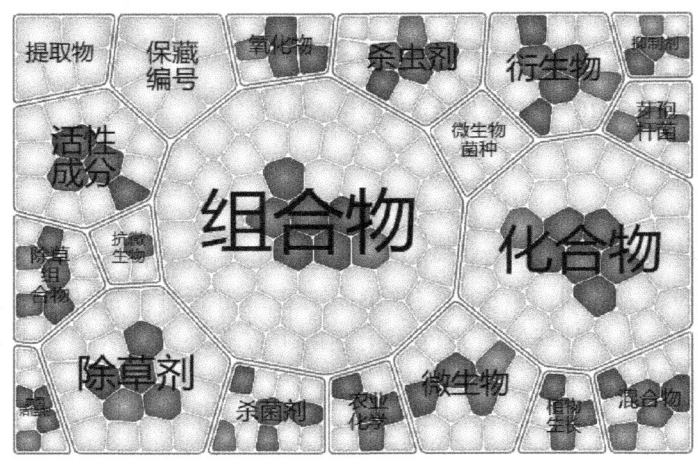

每个格子32件专利

图 6-12 农药领域全球技术领域图

4. 重点发展方向

对农药领域当前的热门主题词进行检索分析（图6-13），从全球来看，主要技术方向集中在农药的制备方法组合物、化合物上，应用方向上主要集中在杀虫、杀菌、除草等传统方向上。

6 农药产业链分析

图6-13 农药领域全球创新词云图

5. 技术分支申请趋势

从全球技术分支申请趋势来看，含有杂环的杀生剂一直是研究的热点。但是从2017年之后，开始出现下滑态势（图6-14、图6-15）。

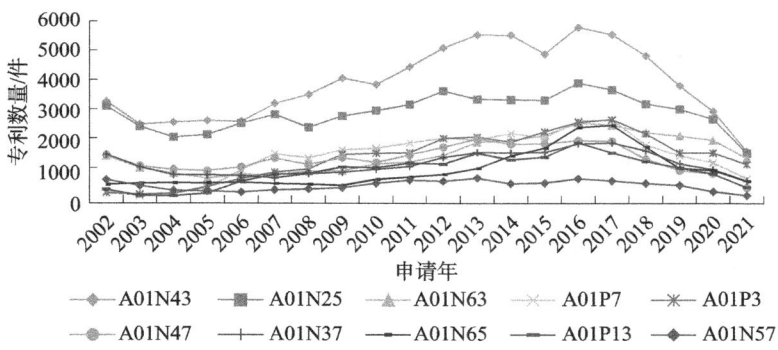

图6-14 2002—2021年农药领域全球各技术分支专利申请趋势

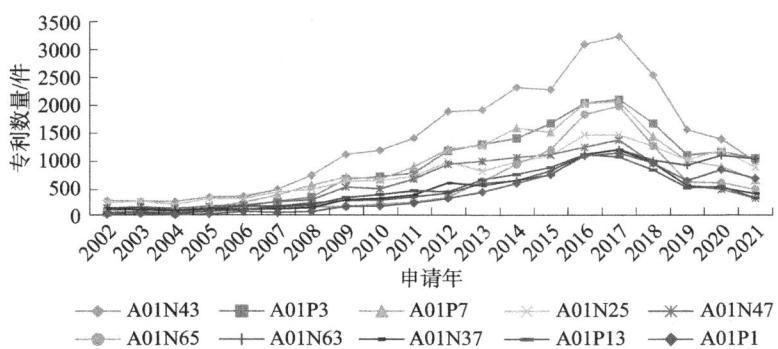

图6-15 2002—2021年农药领域中国各技术分支专利申请趋势

本领域技术分类定义见表 6-1。

表 6-1 技术分类定义

IPC 分类号	定义
A01N43	含有杂环化合物的杀生剂、害虫驱避剂或引诱剂，或植物生长调节剂（含有环酐，环状亚胺的化合物入 A01N37/00；含有分子式 $Xm……CnNCC$ 的化合物，即仅含 1 个杂环，其中 $m \geq 1$ 和 $n \geq 0$ 及 NCC 是未取代的或是烷基取代的吡咯烷、哌啶、吗啉、硫代吗啉、哌嗪或带有 4 个或更多 CH_2 基的聚亚甲基亚胺的化合物入 A01N33/00 至 A01N41/12；含环丙烷羧酸或其衍生物，如具有杂环的酯入 A01N53/00）〔3〕
A01N25	以其形态、非有效成分或使用方法为特征的杀生剂、害虫驱避剂或引诱剂，或植物生长调节剂；用以减低有效成分对害虫以外的生物体的有害影响的物质 [2006.01]
A01N37	含有机化合物的杀生剂、害虫驱避剂或引诱剂，或植物生长调节剂，该有机化合物含带有 3 个连于杂原子的键的碳原子，其中至多有两个键连于卤素，例如羧酸（含有环丙烷羧酸或其衍生物，例如环丙烷羧基腈入 A01N53/00）〔3〕[2006.01]
A01N47	含有不属于环原子并且不键合到碳或氢原子的碳原子，有机化合物的杀生剂、害虫驱避剂或引诱剂，或植物生长调节剂，例如碳酸的衍生物（四卤化碳入 A01N29/02）〔3〕[2006.01]
A01P3	杀菌剂〔8〕[2006.01]
A01P7	杀节肢动物剂〔8〕[2006.01]
A01N65	含有藻类、地衣、苔藓、多细胞真菌或植物材料，或其提取物的杀生剂、害虫驱避剂或引诱剂或植物生长调节剂（含有已确定的化合物入 A01N27/00 至 A01N59/00）〔3, 2009.01〕[2009.01]
A01N59	含有元素或无机化合物的杀生剂、害虫驱避剂或引诱剂，或植物生长调节剂〔3〕[2006.01]
A61K31	含有机有效成分的医药配制品〔2〕
A01P1	消毒剂；抗微生物化合物或其组合物〔8〕[2006.01]
A01P13	除草剂；杀藻剂〔8〕[2006.01]
A01P21	植物生长调节剂〔8〕[2006.01]

根据 2016 年全球生物技术/转基因作物发展态势报告，2016 年转基因作物的全球种植面积达到峰值 1.851 亿公顷，比 2015 年的 1.797 亿公顷增加了 540 万公顷，同比增加了 3.0%；中国化工集团公司于 2017 年 6 月 8 日宣布，对全球第一大农药公司瑞士先正达的收购已完成交割；陶氏化学公司（陶氏）与纳幕尔杜邦公司（杜邦）于 2017 年 8 月 31 日成功完成对等合并。合并后的实体为一家控股公司，名称为"陶氏杜邦"。草甘膦是否致癌争论落幕，最终批准将 2017 年 12 月 15 日到期的草甘膦使用期限延长 5 年。

6.2.3 竞争对手分析

1. 创新主体排名分析

对农药领域技术创新主体进行分析（图 6-16），从全球来看，德国两家企业巴斯夫欧洲公司、拜尔农作物科学股份有限公司分别位于第一、第二，实力雄厚；美国有两家公司上榜，美国陶氏益农公司和纳幕尔杜邦公司；日本两家住友化学株式会社、石原产业株式会社；英国一家辛根塔有限公司；一家总部在瑞士的中资企业先正达参股股份有限公司。进一步促成美国、欧盟和中国"三足鼎立"的全球农化行业格局的形成。

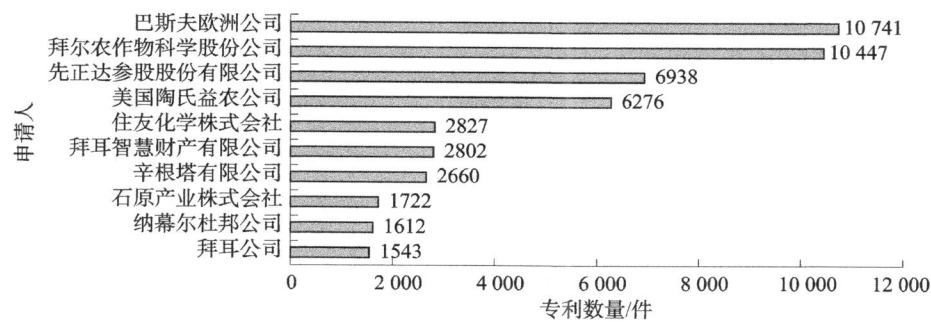

图 6-16　农药领域全球创新主体专利数量排名

农药领域中国本土创新主体中，广东中迅农科股份有限公司、南京华洲药业有限公司、陕西美邦农药有限公司国内排名前三（图 6-17）。广东中迅农科股份有限公司设立于 2002 年，公司位于广东省惠州市仲恺国家高新技术产业园区，是一家专注于农药制剂的研发、生产、销售以及为农户提供专业植保技术服务的农化科技企业，公司是国家高新技术企业，2011 年被中国化工协会农药专业委员会认定为"中国农药企业 100 强"中专业制剂类农药产品生产商第三名，"中国农药企业成长品牌 100 强"第一名，入选"2010 CV Awards 年度最具潜力企业 100 强"；南京华洲药业有限公司主要经营医药中间体、化工产品研发、销售及相关技术；陕西美邦农药有限公司成立于 1998 年，注册资本近 3000 万元，是一家集农药研发、生产、销售及农业技术推广服务于一体的现代化企业集团，公司总部位于陕西省西安市高新区科技路中段金桥国际广场，集团下设数个子公司。

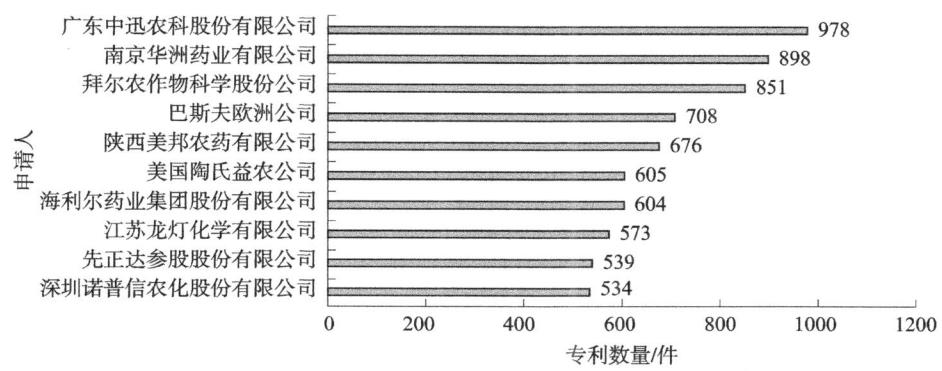

图 6-17　农药领域中国创新主体排名

2. 创新主体创新战略分布

农药领域全球创新主体创新战略雷达图显示（图6-18）：巴斯夫欧洲公司主要在国际化和质量优化上布局；拜尔农作物科学股份公司主攻专业化和合作化；美国陶氏益农公司主要在市场、数量上推进，解决产品售卖问题上发力；先正达参股股份有限公司在学术驱动和多样化上发力；住友化学株式会社在质量提升、市场推动、多样化上布局。

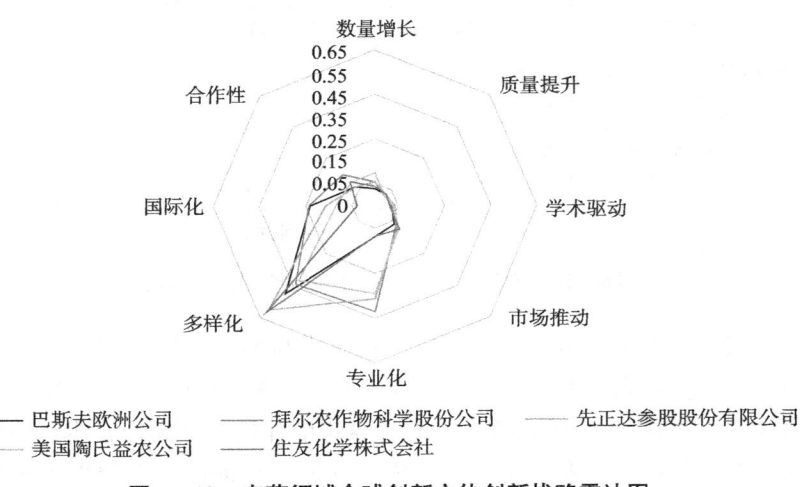

图6-18 农药领域全球创新主体创新战略雷达图

农药领域中国创新主体创新战略雷达图显示（图6-19）：广东中迅农科股份有限公司在市场、专业、多样化、学术驱动发展推动较多，其他方向基本没有任何行动；南京华洲药业有限公司主要在专业、学术驱动、质量提升和数据增长上发力；拜尔农作物科学股份公司在合作性、国际化、多样化和数量增长上进行推进；巴斯夫欧洲公司在国际合作、多样化等方面推进。

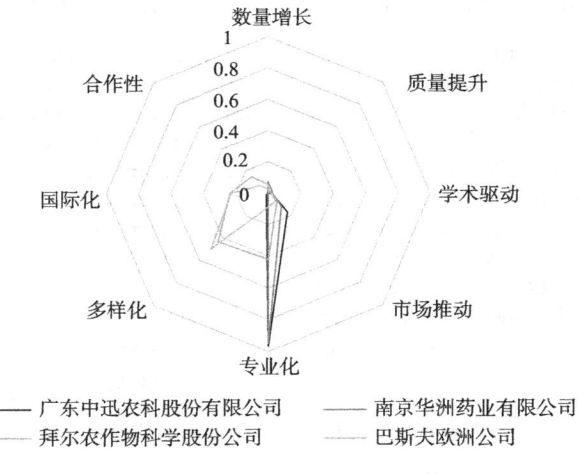

图6-19 农药领域中国创新主体创新战略雷达图

6 农药产业链分析

3. 主要创新主体的专利布局的地域分布

从农药领域全球创新主体的专利布局的地域分布（图 6-20）发现，整体上呈现一种直角发散分布，以巴斯夫欧洲公司为主导，对几个重要国家都进行了技术布局，从美国开始依次递减，其他创新主体的布局方式类似，除却在所属国的重点布局，基本都是以美国、世界知识产权组织、欧洲专利局等逐渐减少的方式布局。纵向来看，美国是进行技术布局最多的国家，其次是欧洲专利局、日本和中国。

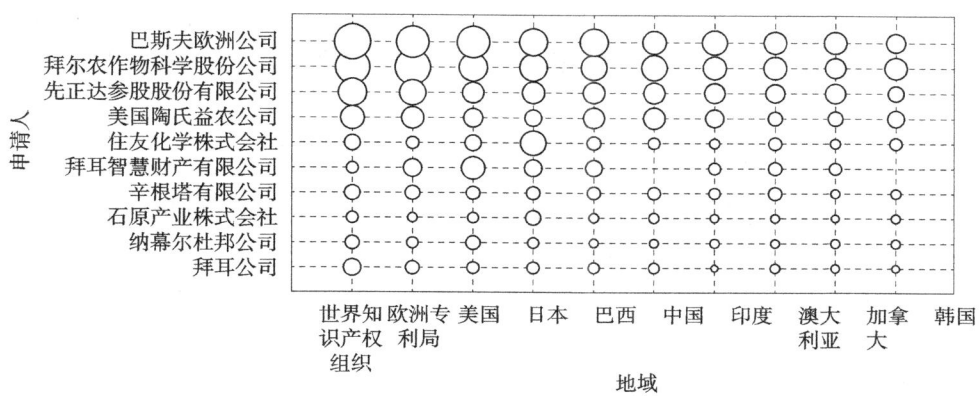

图 6-20 农药领域全球创新主体的专利布局的地域分布

4. 主要创新主体技术分布

对全球及中国主要创新主体的技术分布进行对比发现（图 6-21、图 6-22），目前全球以及中国的主要创新主体的研究方向排名第一的都是 A01N43（含有杂环化合物的杀生剂、害虫驱避剂或引诱剂，或植物生长调节剂）。

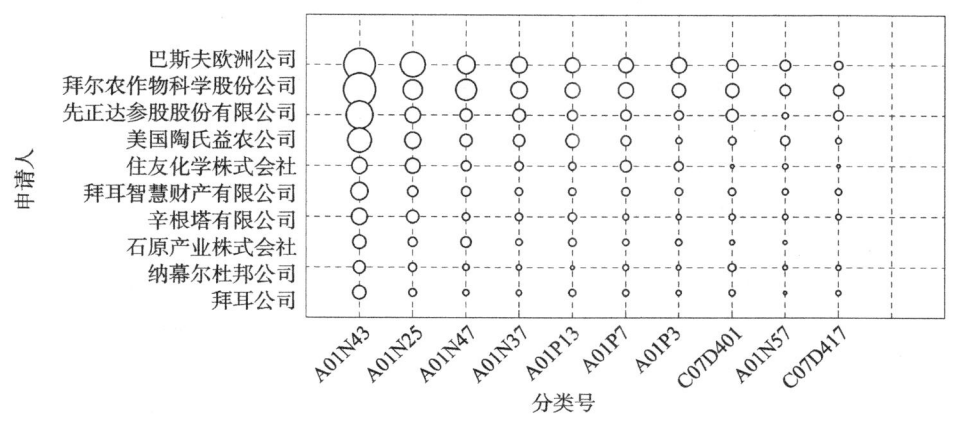

图 6-21 农药领域全球创新主体技术分布

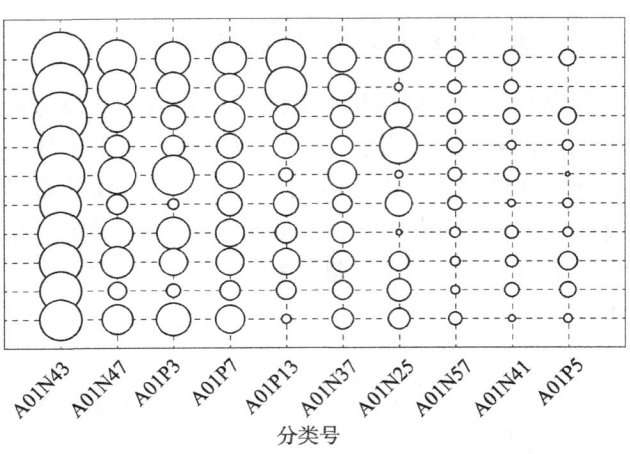

图 6-22　农药领域中国主要创新主体技术分布

目前农药领域的主要合成原料还是有机物居多。在这之后的侧重点有所不同，全球排名第二的是 A01N25，更有针对性的杀虫剂。

国内排名第二的是 A01N47（含有不属于环原子并且不键合到碳或氢原子的碳原子，有机化合物的杀生剂、害虫驱避剂或引诱剂），其次是杀菌剂、杀节肢动物剂、除草剂。

本领域中国创新主体技术分类的定义见表 6-2。

表 6-2　技术分类定义

IPC 分类号	定义
A01N43	含有杂环化合物的杀生剂、害虫驱避剂或引诱剂，或植物生长调节剂
A01N25	其形态、非有效成分或使用方法为特征的杀生剂、害虫驱避剂或引诱剂，或植物生长调节剂；用以减低有效成分对害虫以外的生物体的有害影响的物质
A01N47	含有不属于环原子并且不键合到碳或氢原子的碳原子，有机化合物的杀生剂、害虫驱避剂或引诱剂，或植物生长调节剂，例如碳酸的衍生物
A01N37	含有机化合物的杀生剂、害虫驱避剂或引诱剂，或植物生长调节剂，该有机化合物含带有 3 个连于杂原子的键的碳原子，其中至多有两个键连于卤素，例如羧酸
A01P7	杀节肢动物剂
A01P3	杀菌剂
A01P13	除草剂；杀藻剂
A01N57	含有有机磷化合物的杀生剂、害虫驱避剂或引诱剂，或植物生长调节剂
A01N41	含有有机化合物的杀生剂、害虫驱避剂或引诱剂，或植物生长调节剂，该有机化合物含有键合到杂原子上的硫原子
A01N53	含有环丙烷羧酸或其衍生物的杀生剂、害虫驱避剂或引诱剂，或植物生长调节剂

续表

IPC 分类号	定义
A01N51	含有机化合物的杀生剂、害虫驱避剂或引诱剂，或植物生长调节剂，该有机化合物具有下列原子排列 O—N—S, X—O—S, N—N—S, O—N—N 或 O—卤素，其中不考虑每一原子所带有的键的数目，并且这些原子排列中没有原子构成杂环的一部分
A01N63	杀生物剂、驱虫剂、引诱剂或植物生长调节剂，包括微生物、病毒、微生物真菌、动物，或由微生物、病毒、微生物真菌或动物产生或获得的物质，如酶或发酵物
A01N65	含有藻类、地衣、苔藓、多细胞真菌或植物材料，或其提取物的杀生剂、害虫驱避剂或引诱剂或植物生长调节剂
A01P21	植物生长调节剂

5. 垄断性分析

对农药领域的技术垄断程度进行分析后发现，专利集中度除 2013 年突然上升达到 29.04% 之外，其余年份基本呈现下滑趋势，如图 6-23 所示。

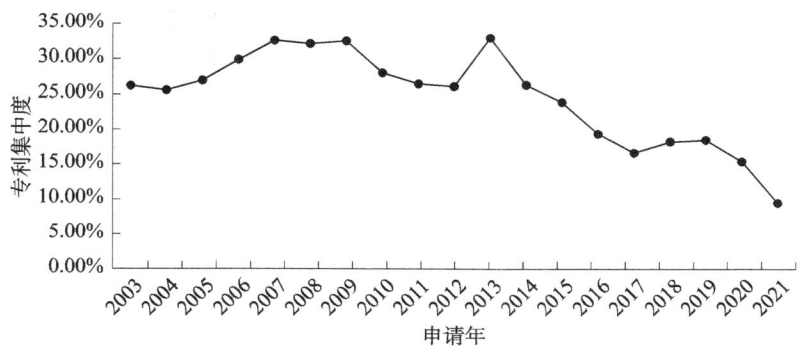

图 6-23 农药领域全球技术垄断态势

2013 年，国际农药行业精彩纷呈：印度审批缓慢阻碍先正达新品引入；纳幕尔杜邦公司为美国玉米种植带设计的新型除草剂上市；孟山都与拜耳农作物科学股份公司签订交换技术许可协议；欧盟拟修订多种作物中茚虫威的最大残留限量；巴斯夫欧洲公司制剂工厂在江苏如东奠基；诺普信拟与马克西姆·阿甘合作开展"AK 业务"；拜耳农作物科学股份公司推出生物杀菌剂 Serenade Optimum；欧盟禁用 3 种烟碱杀虫剂，期限为 2 年。国际业务合作和大厂之间的合并收购等，促成了该时间点垄断度的上升，不过在此之后，依然是下滑趋势，说明有越来越多的企业涌入进来。整体上看，农药领域由几家大型企业占据领导地位，小型企业则呈现百花争芳的态势，垄断度都不高，对企业入局有益。

6. 研发团队及技术人才分析

在该技术领域的主要研发团队中，国内的广东中迅农科股份有限公司属于公司团队内部合作，暂无与外部的合作关系。其他主要研发团队是巴斯夫欧洲公司技术团队。整体来看，各技术团队除本公司旗下外，与外界公司的合作关系并不是很密切。

国内技术发明人中陈佛箱、张志伟、朱刚均隶属于广东中迅农科股份有限公司，公司研发实力雄厚。

7. 小结

农药领域，德国拜尔公司、巴斯夫欧洲公司，美国陶氏化学公司，中国先正达参股股份有限公司属于行业龙头地位，研发实力雄厚，技术布局范围宽，研究更加深入。其他小型农药企业竞争关系不是特别大，研发方向也不是特别明朗，行业垄断度逐年降低，建议中小企业联合科研院所进行产品落地生产。

6.3 农药产品市场发展分析

对农药产业链进行上中下游梳理（图6-24），农业农药产业链的上游主要为苯、烯烃、醇、酯类等化工原料，通过合成加工成为中游的农药中间体、农药原药。最终生成不同配比的制剂，终端应用于下游的农林牧业及非农等领域。农药主要用来防治危害农作物的害虫、杂草和病菌，实际使用的农药产品是由农药原料药和农药助剂制成的农药制剂，其中农药原药起主要作用，称为有效成分或活性成分。农药除了用于预防、消灭和控制农林牧业的病虫草和其他危害外，还在卫生领域用于杀菌、杀虫等。

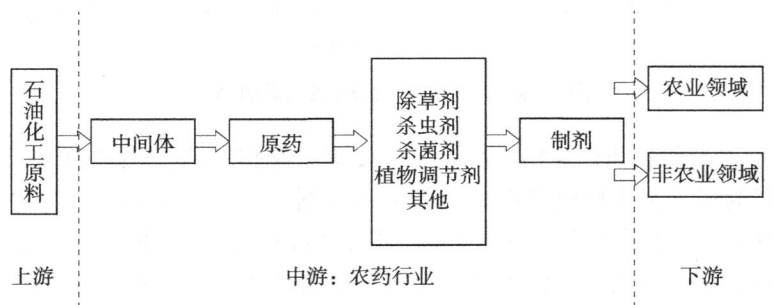

图6-24 农药的产业链

6.3.1 上游分析

农药产业链的上游主要由黄磷、液氯等无机原料和甲醇、三苯等基本有机原料产业所构成。上游黄磷材料价格缓慢回升，使得农药中间体成本上升，下游化学农药原药产量下降。在上下游影响下，农药中间体产量趋于下降。

6.3.2 中游分析

1. 农药中间体行业营收、净利润大幅回升

根据国家统计局统计，我国农药总产量 2016 年达到近 380 万吨高峰。2015 年起，随着农业农村部"到 2020 年实现化肥、农药使用量零增长"政策的实施，特别是一批高毒农药品种被逐步淘汰，高效低毒品种市场占有率不断提高，农药总产量稳步下降。2021 年，化学农药原药产量同比增长约 8%，杀菌剂、除草剂产量同比增加，杀虫剂产量略降，但从结构上来看，杀虫剂、除草剂占比下降，杀菌剂比例升高。2021 年，我国农药出口形势依然向好，出口量虽然有所下降，但依然超过 200 万吨，同时由于出口价格上涨，出口金额同比增长。

据中国农药工业协会统计，2021 年我国农药价格指数（CAPI）呈强势上涨势头，草甘膦、草铵膦、酰胺类等除草剂产品成交价格的持续上涨，是农药和除草剂价格指数保持正增长的主要驱动力。杀虫剂吡虫啉、啶虫脒价格上涨显著，杀菌剂戊唑醇等品种价格上涨显著。尤其是下半年以来，在能耗双控、限产限电的政策影响下，基础原材料价格大幅上涨，叠加安全事故时有发生、疫情散发、北方面临取暖季的开工率限制，多因素导致产品供应不足，原药价格持续高位，出现了农化市场延续近 10 年来疯狂上涨的局面，主要原药产品价格基本达到了自 2010 年以来的新高，12 月 CAPI 创历史新高，达到 165.28。

2021 年，全行业规模以上企业实现营业收入同比增长约 20%，增速比 2020 年回升 13.5%。利润总额同比增长 28%，增速回升超 27%。化学农药制造业和生物化学农药及微生物农药制造业营收和利润都实现同比增长，且增速均比 2020 年大幅回升。

2. "双碳"目标政策及多重因素影响下，农药原药价格普涨

2021 年，全球主要生产国停工现象增多，大量海外订单转入国内，企业生产用电量大增；同时，在"双碳"目标推动下，各地降碳减排、能耗双控和限电限产政策频出，能源供应紧张，基础原材料价格大幅上涨；多因素叠加，导致农药产品供不应求，原药价格持续攀升，农化市场呈现近 10 年来疯狂的上涨态势。据中国农药工业协会监测的近百种农药价格数据来看，85.57% 的品种价格上涨，其中 29.90% 的品种价格涨幅超 40%。

3. 农药制剂绿色高质量发展

我国农药制剂加工从 20 世纪 50 年代左右开始形成工业规模。与欧美发达国家相比，我国农药制剂加工起步晚，曾长期处于落后状态。我国当时主要以三氯类杀虫剂固体剂型为主，到 20 世纪末，制剂产量达 150 万吨，乳油占 50%，可湿性粉剂、粉剂共占 25%，年耗甲苯、二甲苯等有机溶剂约 40 万吨。20 世纪 80 年代后，为满足生产和环境安全的需求，中国政府开始主导农药制剂行业向水基化、粒状化等环境友好型新剂型的研究，并将此列入了国家"十五""十一五""十二五"科技支撑计划。中国农药制剂行业的研究开始进入快速发展期，大量环境友好型新剂型产品不断涌现，形成新、老剂型并存的局面。

第三代农药制剂的发展理念是开发绿色、高效、安全、精准的农药制剂技术，这与我国"十四五"提出的"绿色高质量发展"相符合。政府于 2010 年开始引导第三代农药制剂技术的开发，经过数十年的发展，我国农药制剂行业将一、二、三代制剂技术相融合，已经取得了许多阶段性的成果，并开发了一批一流制剂产品，逐渐成为全球最大的原药生产国和出口国。现有登记农药企业 1896 家（截至 2020 年 12 月），登记有效成分 714 种，登记产品 41 885 个。我国微毒、低毒农药数量登记占比稳步上升，登记的环境友好型剂型数量逐步增加，悬浮剂更是连续多年成为登记数量最多的剂型。2020 年我国乳油的登记数量仍占有 15% 的比例（图 6 - 25），微囊悬浮剂（7 个）、超低容量液剂（1 个）、泡腾片剂（1 个）等高效、绿色农药制剂的登记数量明显不足，我国农药制剂与国际先进水平还有较大差距。因而我国需与国际先进制剂技术接轨，掌握前沿农药制剂研究动向，聚焦农药制剂研发的关键问题，开发绿色生态高效制剂产品，实现农业可持续发展。

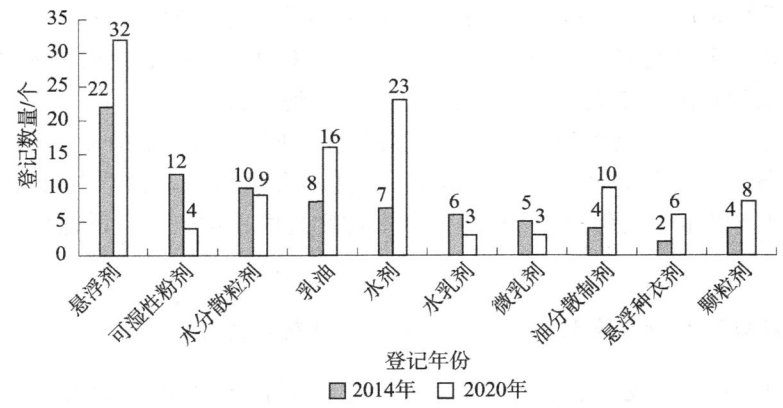

图 6 - 25 2014 和 2020 年我国主要登记农药产品剂型与该年度新增登记数量

4. 贸易进口下降，出口持续增加

根据国家统计局数据显示（图 6 - 26、图 6 - 27）：2020 年 1—12 月中国农药进口数量为 11 万吨，进口金额为 91 055 万美元；2020 年 1—12 月农药出口数量为 251.4 万吨，出口金额为 762 437 万美元。2015 年农业部门提出农药使用零增长行动，之后我国农药需求稳中有降，受全球经济波动和供需动态关系不匹配等影响，大部分原药价格呈下降趋势，但 2020 年第四季度以来，受化工周期波动等影响，大部分原药价格呈反弹上涨趋势。

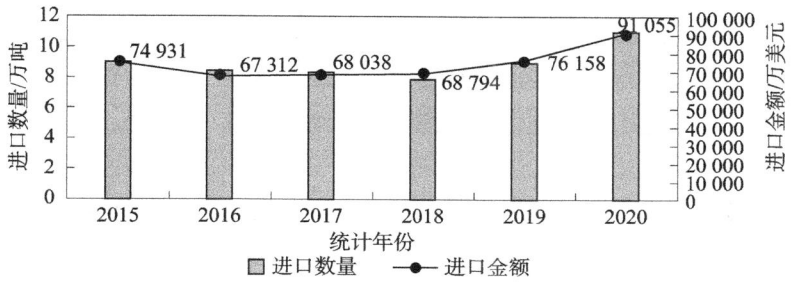

图 6-26　2015—2020 年中国农药进口统计

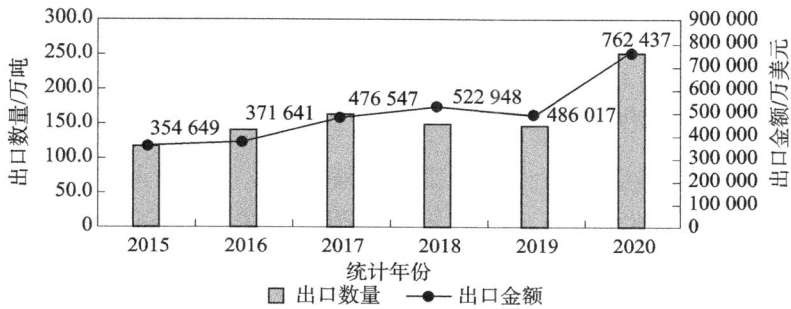

图 6-27　2015—2020 年中国农药出口统计

根据国家统计局统计可知（图 6-28、图 6-29）：2015—2020 年中国农药出口金额大于进口金额，进出口顺差规模较大。中国出口农药平均单价远远低于进口单价，这与我国的产业链生产结构有很大关系，跨国公司通过掌握原创原药，掌握大量制剂登记与销售渠道占据食物链上层，中国企业主要为其做中间体、原药加工，全球约 60% 的原药来自中国，制剂生产较少。并且由于中国自主研发能力较弱，需要进口较多高精细农药类产品，因此导致进出口贸易顺差大，平均单价低的现象。

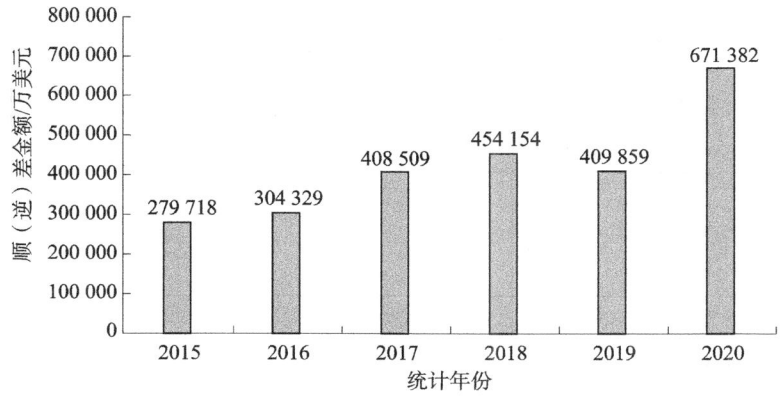

图 6-28　2015—2020 年中国农药贸易顺（逆）差金额统计

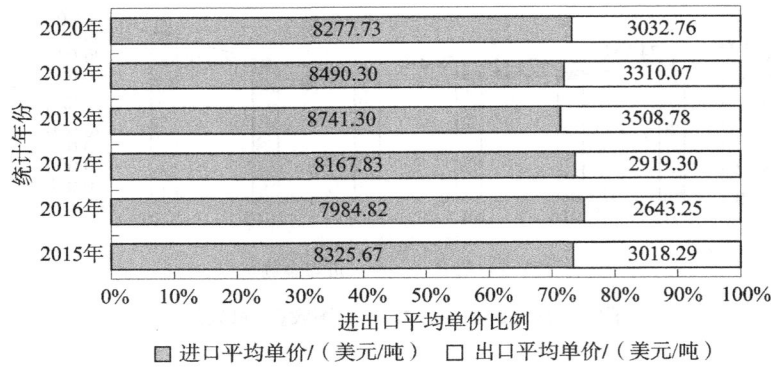

图 6-29 2015—2020 年中国农药进出口平均单价对比统计

5. 相关企业发展状况

2016—2021 年中国农药企业新增数量统计如图 6-30 所示。截至 2021 年 11 月，农药行业上市企业 626 家。2019 年和 2020 年，全国相关企业新增数目下降，大部分企业主要用于满足自身生产，市场流通缩减，生产成本增加，行业内企业扩张意愿不足，对未来的预期不乐观。

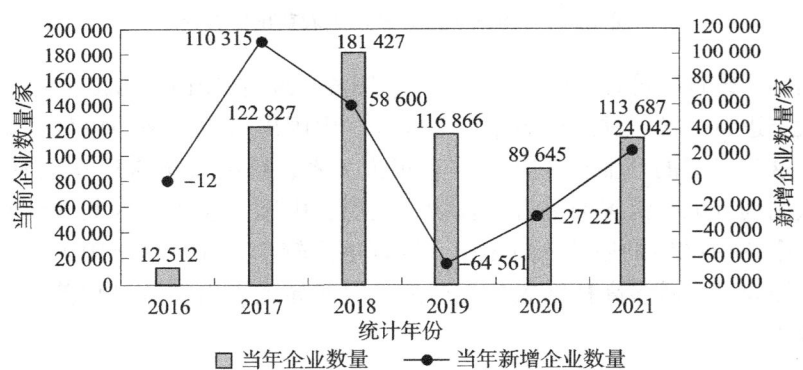

图 6-30 2016—2021 年中国农药企业新增数量统计

对相关企业进行财务状况统计分析，统计结果见表 6-3。

表 6-3 农药代表性企业最新投资动向

代号	代号名称	涨跌/%	市值/亿元	PE	PB	PS	ROE/%	营收/亿元	盈利/亿元	营收CAGF/%	盈利CAGR/%
00553.SZ	安道麦A	1.25	188	152.27	0.89	0.63	0.59	300	124	6.09	-38.89
600486.SH	扬农化工	-1.85	404	33.62	5.99	3.64	17.81	111	12	30.36	28.14
000525.SZ	红太阳	-5.01	46	—	1.15	1.13	6.73	41	-213	-7.44	—

续表

代号	代号名称	涨跌/%	市值/亿元	PE	PB	PS	ROE/%	营收/亿元	盈利/亿元	营收CAGF/%	盈利CAGR/%
600596.SH	新安股份	-3.85	229	11.27	2.89	1.33	25.63	172	20	19.82	3.16
301035.SZ	润丰股份	-1.24	141	30.74	3.12	1.73	10.15	82	4.59	13.04	18.7
002258.SZ	利你化学	1.71	157	19.42	3.47	2.66	17.87	59	8.07	17.24	15.05
002004.SZ	华邦健康	0.14	141	21.44	1.43	1.22	6.68	116	6.58	5.8	8.82
603599.SH	广信股份	0.74	178	14.97	2.74	3.68	18.28	48	12	13.19	20.41
002215.SZ	诺普信	-0.34	54	25.66	2.05	1.32	8	41	2.12	13.55	-18.52
002496.SZ	ST辉丰	-2.41	43	48.29	154	3.35	3.19	13	0.83	-25.38	—
600389.SH	江山股份	-2.77	111	18.6	5.42	1.81	29.11	61	5.99	12.64	10.39
603639.SH	海利你	-0.89	83	21.63	2.88	2.57	13.32	32	3.85	26.63	12.44
002749.SZ	国光股份	1.24	39	24.19	2.84	3.14	11.75	12	162	16.31	-2.67
002391.SZ	长青股份	-0.79	50	23.07	1.11	1.5	4.8	33	2.15	10.24	-5.07
002942.SZ	新农股份	1.15	26	20.39	2.24	2.36	10.99	11	128	13.88	32.1
605033.SH	美邦股份	1.84	22	23.85	2.4	3.03	10.07	7.06	0.91	10.45	8.75
003042.SZ	中农联合	1.47	27	38.74	1.69	1.68	4.35	16	0.69	11.81	0.97
600500.SH	中化国际	2.57	243	9.35	1.68	0.32	18.01	750	26	-4.64	-22.06
603810.SH	丰山集团	0.80	21	14.31	1.51	1.34	10.55	16	145	5.87	30.11
603585.SH	苏利股份	0.12	31	16.69	1.45	1.52	8.71	20	184	2.28	-8.02
002734.SZ	利民股份	-1.87	47	16.67	1.73	1.05	10.38	45	2.82	45.54	41.13
300575.SZ	中旗股份	-1.05	49	28.27	3.1	2.5	10.97	19	172	12.86	18.69
603086.SH	先达股份	-3.07	22	16.32	1.29	1.08	7.89	21	137	19.21	16.93
600731.SH	湖南海利	-2.90	40	13.97	2.44	1.77	17.44	23	2.83	18.5	90.7
002513.SZ	蓝丰生化	0.18	19	—	1.71	1.42	—	13	-0.38	-10.16	-25.22
600796.SH	钱江生化	-2.22	17	82.35	2.81	3.33	3.41	5.18	0.21	-2.79	-49.97
833819.NG	颖泰生物	0.35	70	19.35	1.48	1.66	7.66	66	3.6	0.46	3.71
BAS.GR	BASF巴斯	-1.58	187	0.46	0.07	0.03	14.42	5366	408	-2.83	—

2020年以来，农药产业代表性企业的投资动向主要包括收购公司拓展业务、通过对子公司增资的方式投资农药生产基地项目。农药产业代表性企业最新投资动向见表6-4。

表 6-4 农药企业最新投资动向

企业	时间	投资动向
扬农化工	2021/02	先正达集团向中化国际出售扬农集团 39.88% 股权,扬农集团向先正达集团出售扬农化工 36.17% 股份。交易完成后,中化国际将拥有扬农集团 79.88% 股权,先正达集团系将拥有扬农化工 36.17% 股份,扬农集团不再持股扬农化工
	2020/11	2020 年 11 月公告,公司控股股东扬农集团拟将持有的扬农化工 36.17% 股份转让给先正达集团,交易完成后公司控股股东将变更为先正达集团。未来公司有望与先正达集团加强合作,在研发、订单保障等方面协同,利于公司长远发展
润丰股份	2021/07	山东潍坊润丰化工有限公司在深交所创业板上市
利尔化学	2020/10	计划在广安建设 3000 吨 L-草铵膦、在绵阳建设 2 万吨 L-草铵膦,将巩固在全球草铵膦行业的领先地位
安道麦	2021/06	股权收购安道麦辉丰(江苏)有限公司,公司持有安道麦辉丰(江苏)有限公司 51% 股权,安道麦辉丰(江苏)有限公司成为公司的控股子公司

6.3.3 下游分析

农药中间体下游为农药,其需求量可从农药产量中体现,农药可应用于农业与非农领域。其中,非农领域包括家用、林业、园林等领域。

随着农业农村部"到 2020 年实现化肥、农药使用量零增长"政策的实施,特别是高毒有机磷农药品种(其中绝大部分为杀虫剂)被逐步淘汰,近几年农药总产量保持稳定。同时,我国农药原药产量保持稳定也与我国化肥农药减量增效取得成效有关。经科学测算,2020 年我国水稻、小麦、玉米三大粮食作物化肥利用率达 40.2%,比 2015 年提高 5%;农药利用率 40.6%,比 2015 年提高 4%;2020 年有机肥施用面积超过 5.5 亿亩次、比 2015 年增加约 50%;三大粮食作物病虫害统防统治覆盖率达到 41.9%,比 2015 年提高 8.9%。

6.4 农药产品行业政策分析

目前国内对农药行业的相关政策文件见表 6-5。主要集中在扩大规模生产,增加产品盈利;提倡绿色生产,严格处理产品生产及使用过程中产生的危废物,贯彻执行环境保护政策等。

表6-5 农药行业政策文件

发布时间	发文部门	文件名称	涉及内容
2021年	国家卫生和健康委员会、农业农村部、国家市场监督管理总局	《食品安全国家标准食品中农药最大残留限量》	(1) 新增部分农药残留限量2985项。(2) 修订农药残留限量194项。(3) 新增农药品种81种。(4) 修订部分农药残留物监测定义和每日允许摄入量（ADI）。(5) 新增或修订食品名称。(6) 调整部分配套农药残留检测方法
2020年	农业农村部	《2020年农药管理工作要点》	(1) 在生产环节，严格准入条件，优化生产布局，控制新增企业数量，督促相关农药企业按照规定进入化工园区或工业园区。(2) 在农药登记方面，重点开展氟虫腈、莠去津、多菌灵、草甘膦等已登记15年以上的农药品种周期性评价。(3) 完善农药登记审批绿色通道政策，为生物农药、高毒农药替代产品、特色小宗作物用药登记创造良好环境。(4) 按照5年内分期分批淘汰现存的10种高毒农药的目标要求，开展高毒高风险农药淘汰工作。(5) 大力推广应用生物防治、生态控制、理化诱控等绿色防控技术，通过生物农药替代化学农药，低毒农药替代高毒农药等措施，大力推广高效植保机械和专业化统防统治，强化科学用药技术集成应用，不断提高农药利用率，实现农药减量增效
2020年	农业农村部	《2020年种植业工作要点》	确保农药利用率提高40%以上；推进农药包装废弃物回收工作，因地制宜探索回收模式，划分生产企业、经营单位和使用者的回收义务，鼓励使用者自发回收农药包装废弃物，引导专业化统防统治组织开展农药包装废弃物回收服务；完善农药登记审批"绿色通道"政策，为生物农药、高毒农药替代产品、特色小宗作物用药登记和企业兼并管理创造良好环境
2020年	农业农村部	《关于不在我国境内使用的出口农药产品登记有关事项的公告》	在境外取得农药登记或取得进口国（地区）进口许可的产品，符合相应条件的，农药生产企业可以申请仅限出口农药登记
2019年	农业农村部	全国农药管理工作会议农药行业"四化"目标	到2025年，我国农药发展要努力实现"四化"目标：生产集约化，化学农药企业进驻工业园区比例70%以上，培育大中型企业集团100个；经营专业化，创建农药经营标准化门店10 000家，全面推行开方卖药持证上岗；使用科学化，安全使用技术普及率达到80%以上，淘汰现有高毒农药10种；管理现代化，建立健全公共管理体系、技术支撑体系和社会化服务体系，提升现代农药管理水平

续表

发布时间	发文部门	文件名称	涉及内容
2019年	国家发展和改革委员会	《产业结构调整指导目录（2019年本）》	将"高效、安全、环境友好的农药新品种、新剂型、专用中间体、助剂的开发与生产，定向合成法手性和立体结构农药生产，生物农药新产品、新技术的开发与生产"作为鼓励类项目，优先发展
2021年	辽宁省人民政府	《辽宁省农药管理实施办法》	政府鼓励研制、生产和使用安全、高效、经济的农药；任何单位和个人不得生产、经营或者使用国家明令禁止或者撤销杀虫剂登记的农药；申请农药注册登记，应当先行申请农药田间试验

6.5 农药产品发展前景预测

按照"控、压、限、移、减、管"六字方针（控制农药企业数量、压减登记农药产品数量、限制使用高毒高风险农药、引导农药企业进入化工园区、减少化学农药用量、强化农药市场监管），应深入推进农药零增长行动，以供给侧结构性改革为主线，以提质增效为中心，严格行业准入管理，推行绿色生产方式，进一步优化产业布局和产品结构，推动技术创新和产业转型升级，转变农药产业的发展方式，减少环境污染，促进农药产业持续稳定健康发展，建立健全农药的监督管理体系及产品追溯系统，满足农业生产需求，增强粮食安全的保障能力，重塑农药产业在国内外的影响力和竞争力。

1. 绿色农业兴起，规范农药生产，发展绿色农药化学品

目前中国的灌溉效率仅为40%，远低于发达国家80%以上的灌溉效率，造成了对水资源的严重浪费。专家指出，在强调粮食产量的时代，尽管中国实现了粮食多年增产，但在增产的同时也付出了牺牲环境的代价。因此，只有在打好污染防治攻坚战、保障生态安全的前提下"解决好种子和耕地问题"，推进生物育种产业化应用，中国的粮食安全才能得到切实可靠的保障。这也给我国农药发展提出了方向，即发展高效、安全、经济、环保的农药。从国际上看，高效、安全、低污染和环境相容性的农药也已成为全球研发热点。如印楝素农药是植物源农药产品群中的重要农药原体，是国际公认的绿色农药，产品竞争优势明显。

2. 防范国际风险，促进高质量对外贸易

随着全球产业链的调整重构，国际市场竞争加剧，贸易环境风险将持续存在。《"十四五"全国农药产业发展规划》中提到，以国内大循环为主体、国内国际双循环相互促进的新发展格局日趋明显,共建"一带一路"和国际合作的深入推进,为我国农药企业开拓国际市场,促进优势产品出口,开展服务贸易,扩大境外布局提供了良好发展机遇。在这种关键节点,农药产业需不断地提升农药产业质量效益和国际竞争力,从质量要效益,适应新的发展格局。

3. 调整优化农药产业结构

通过兼并、重组、股份制改造等方式,组建大型农药企业集团,推动形成具有特色的大规模、多品种农药生产企业集团。农药产品结构调整的重点是优化产品结构,发展安全高效、低风险、低残留、环境相容性好的农药新品种和新剂型,积极开拓非农业用农药市场,使农药产品结构更趋合理。重点发展针对农田恶性杂草的新型除草剂;重点发展针对常发性难治害虫,如地下害虫、线虫、检疫性害虫的杀虫剂;重点发展针对果树、蔬菜、设施农业的新型杀菌剂、病毒抑制剂和环保熏蒸剂;积极发展种子处理剂和植物生长调节剂;鼓励发展小宗作物用药、生物农药和非农业领域用药的新产品、新制剂。大力推动农药剂型向无尘化、控制释放等高效、安全的方向发展。支持开发、生产和推广水分散粒剂、悬浮剂、水乳剂、缓控释剂等新剂型,以及与之配套的新型助剂;降低粉剂、乳油、可湿性粉剂的比例,严格控制有毒有害溶剂和助剂的使用。鼓励开发节约型、环保型包装材料。

发展高端产能,把握生命科学纵深发展、生物新技术广泛应用和融合创新的新趋势,对接战略性新兴产业,以产出高效、产品安全、资源节约、环境友好为目标,研发新型农业生物制剂与重大产品。大力发展植物病虫害防控新技术、新产品,建立基于病虫基因组信息的绿色农药创制技术体系,创制一批生物新农药,推动农业生产绿色转型。培育和推广农药行业节能环保技术、节能环保产品和装备,鼓励建设节能环保产业公共技术平台和服务站,打造一批技术先进、配套完整、发展规范的农药产业示范基地与服务产业链。鼓励企业转型升级和信息化改造,引进高端先进制造工艺,推进农药智能制造应用,建设绿色农药制造体系。

4. 科学规划农药产业布局

从区位交通、市场需求、资源环境和安全管理等方面综合考虑,按照适度、有序的原则,推动城镇人口密集区、生态环境敏感区农药生产企业搬迁进入化工园区。制定化工园区外农药生产企业管理规范,从严控制位于化工园区外且暂不具备搬迁入园条件的重点农药生产企业。

7 化学试剂和助剂的产业链分析

7.1 化学试剂和助剂的定义及分类

化学试剂属于化工产品,是进行化学研究、成分分析的相对标准物质,是科技进步的重要条件。化学试剂广泛用于物质的合成、分离、定性和定量分析,可以说是化学工作者的眼睛,在工厂、学校、医院和研究所的日常工作中,都离不开化学试剂。化学助剂作为某一种行业所使用的化工添加剂,其种类繁多,一般包括金属加工助剂、塑料橡胶助剂、水处理剂等。

7.2 化学试剂和助剂专利发展分析

7.2.1 技术市场趋势分析

1. 市场地域分析

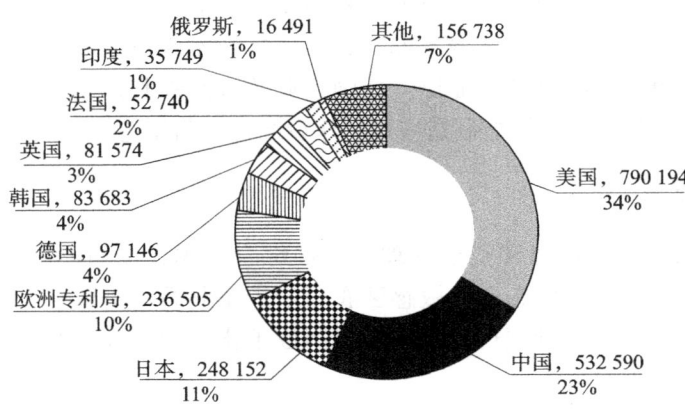

图7-1 化学试剂和助剂技术来源国家(地区、组织)分布(单位:件)

对化学试剂和助剂的技术研发国家(地区、组织)和技术应用国家(地区、组织)进行分析(图7-1、图7-2),从图中可以看到,主要研发国家为美国、中国、日本,美国处于行业领先地位;再从技术应用国家来看,排名前三的依次是中国、美国、日本。基本上技术研发国也是技术应用国。美国技术研发最多,中国技术应用最多,中国在该领域起步较晚,属于后起之秀。日本在该领域发展也十分迅速,申请总量位居第三,非常可观。

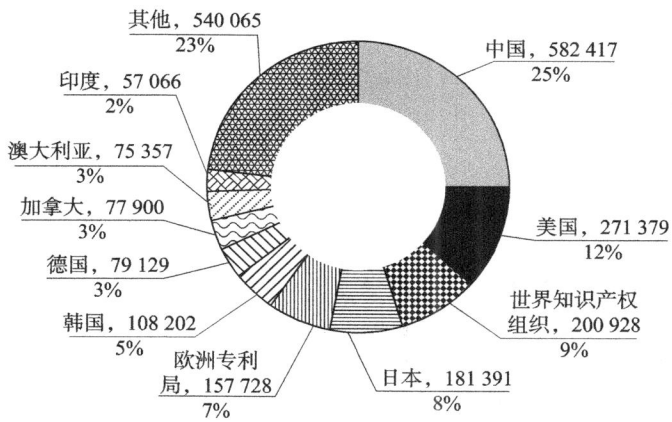

图 7-2 化学试剂和助剂技术应用国家（地区、组织）分布（单位：件）

2. 技术趋势分析

对化学试剂和助剂技术来源国家（地区、组织）和技术应用国家（地区、组织）的专利技术研发数量趋势进行分析（图 7-3、图 7-4）。从技术来源国家（地区、组织）来看，美国一直处于领先地位，在 2013 年达到顶峰，之后开始出现下滑趋势。中国从 2007 年开始，专利数量一直呈快速增长趋势（近几年数据由于未完全公开不做考虑），说明中国对该领域的重视程度进一步加深，该领域得到快速发展。在技术应用国家（地区、组织）中，中国作为技术应用国和技术来源国的专利数量曲线基本一致，说明中国的技术研发主要应用在本国，市场空间大；美国相比技术来源的研发则少了很多，说明美国在进行技术转移和跨国合作，以产品出口为主。

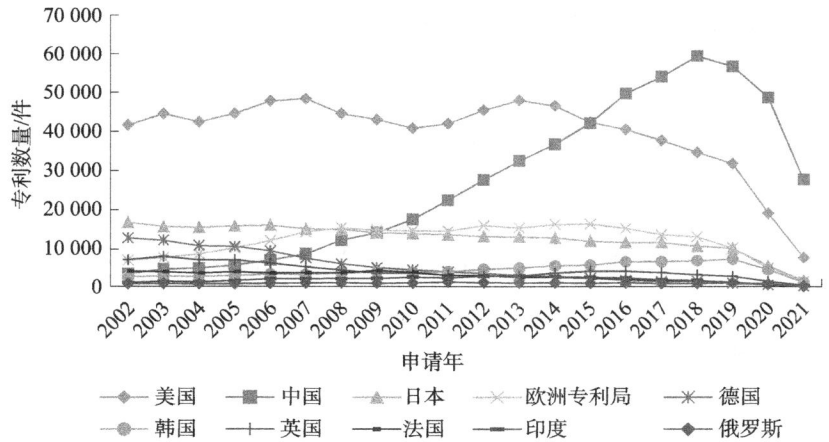

图 7-3 化学试剂和助剂技术来源国家（地区、组织）专利技术研发数量趋势

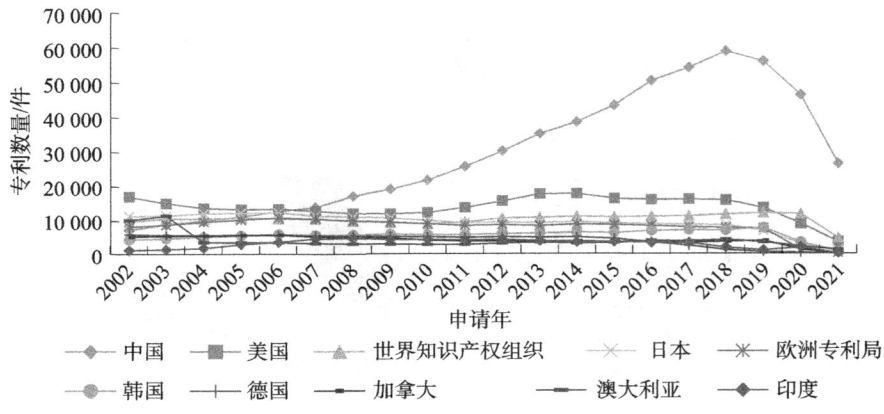

图7-4 化学试剂和助剂技术应用国家(地区、组织)专利技术研发数量趋势

3. 申请和授权趋势分析

对技术申请和授权进行分析(图7-5)可以看出,专利技术申请量2006—2013年逐年缓慢增加,说明该领域还是比较有发展前景的,技术研究热度还在持续。技术申请授权逐渐降低,说明该领域的技术壁垒逐渐增强,技术开发难度逐渐增大,如图7-5所示。

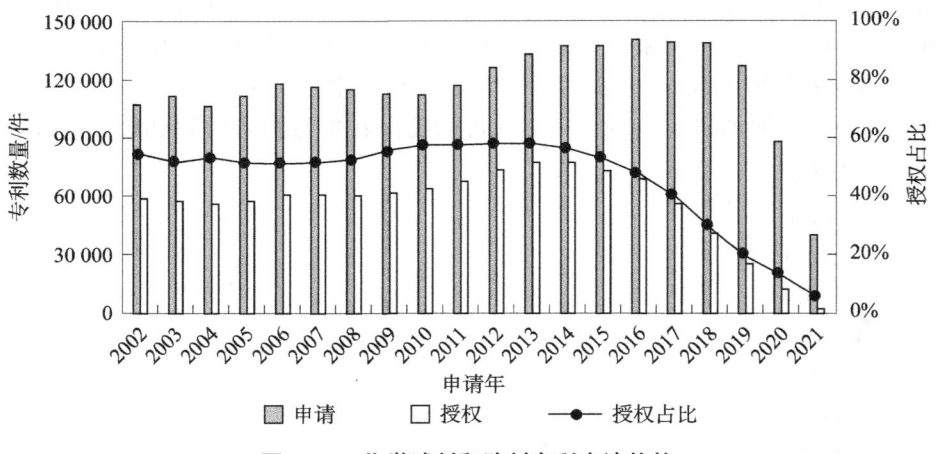

图7-5 化学试剂和助剂专利申请趋势

4. 技术生命周期分析

对该领域技术生命周期进行分析(图7-6)可以发现,化学试剂和助剂领域2002—2011年专利申请人数量、专利申请量一直呈现增长态势。2013—2019年专利申请人数量、专利申请量差别不大,处于震荡状态。说明该技术可能迈入成熟期,成熟期最主要的特点是产品进入大批量生产阶段并稳定地进入市场销售,经

过成熟期之后，随着购买产品的人数增多，市场需求趋于饱和。此时，产品得到普及并日趋标准化，成本低而产量大。销售增长速度缓慢直至转而下降，由于竞争的加剧，同类产品生产企业之间不得不在产品质量、花色、规格、包装服务等方面加大投入，在一定程度上增加了成本。

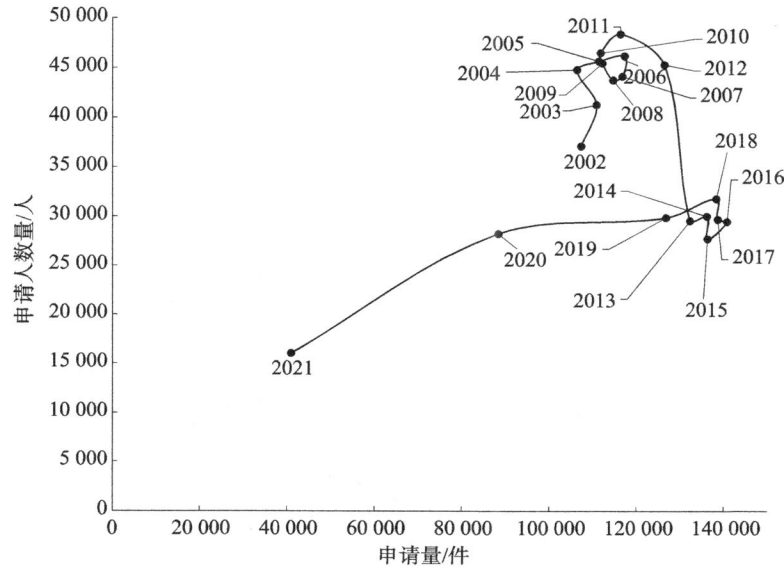

图 7-6　化学试剂和助剂技术生命周期

5. 中国市场分布

对中国行业分布进行分析（图 7-7），排名前几位的分别是江苏、北京、浙江、山东和广东，整体位于东部沿海位置。沿海地区外贸进出口方便，高校也比较密集，整个行业发展较为快速，尤其是江苏一带。

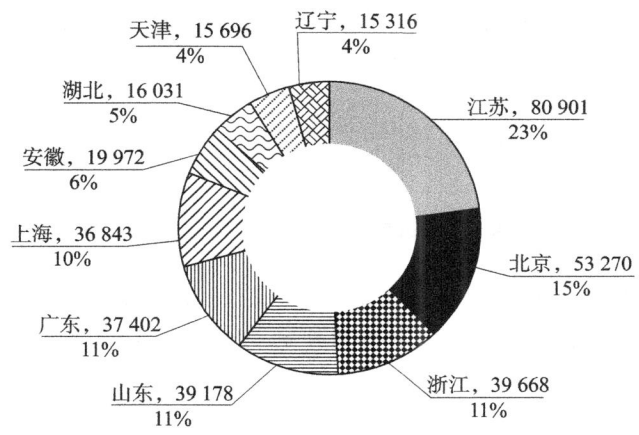

图 7-7　化学试剂和助剂中国各地区专利数量分布（单位：件）

6. 小结

化学试剂和助剂领域，国际上研发实力较为雄厚的主要是美国、中国和日本。美国开始研究时间早，中国属于后起之秀，近年来才开始关注发展。国际上化学试剂和助剂领域研究起始时间早，目前行业处于技术增长乏力期，创新能力逐渐变弱，需要不断进行创新才能保持增长动力。

7.2.2 技术趋势分析

1. 技术分布

对化学试剂和助剂全球技术地势进行分析，主要高地聚焦在生物试剂上，而国内技术焦点集中在催化剂试剂方面，如图7-8和图7-9所示。

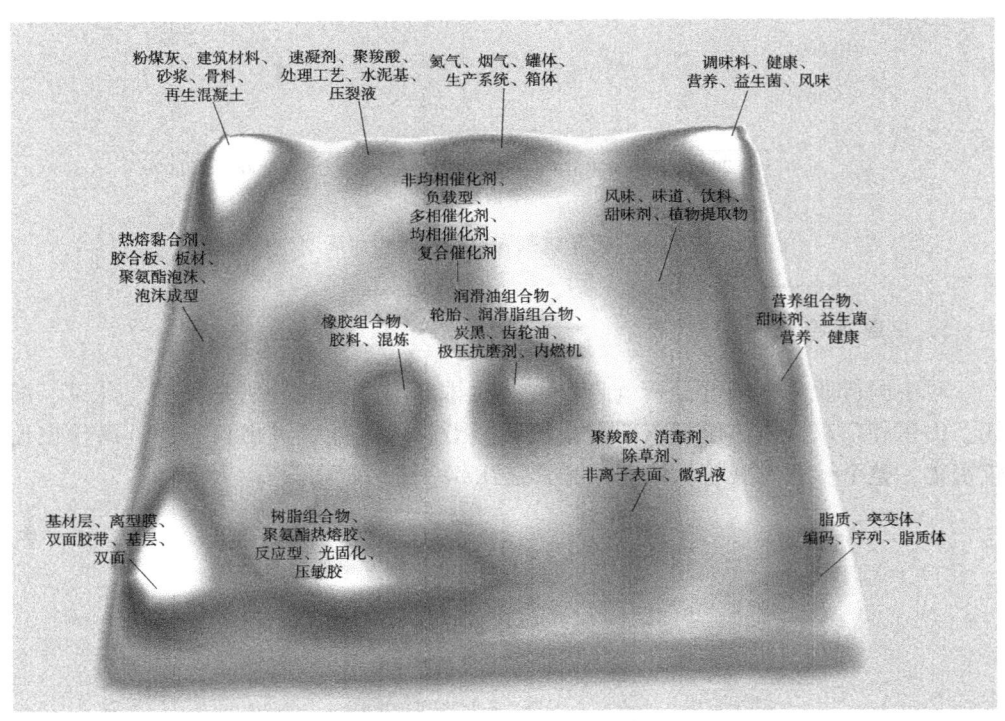

图7-8 化学试剂和助剂全球专利申请地势图

对技术聚焦区块图进行分析（图7-10、图7-11）后发现，目前国外、国内的主要研究方向很大一部分在医药制剂和酶制剂上，生物化学是未来发展的大方向。

7 化学试剂和助剂的产业链分析

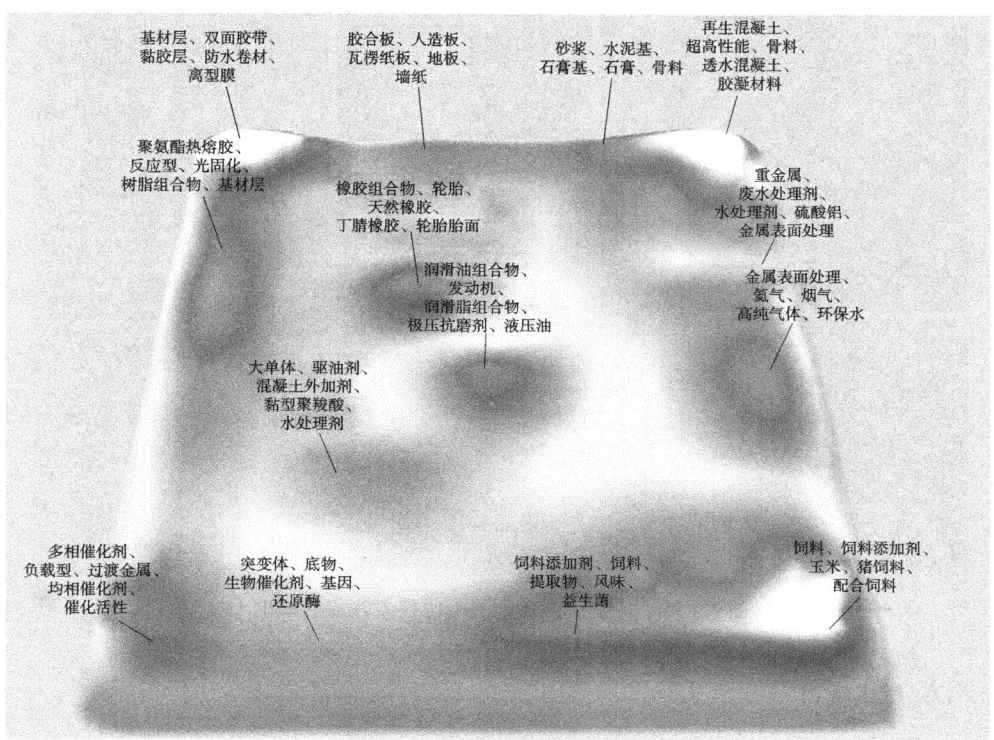

图 7-9 化学试剂和助剂中国专利申请地势图

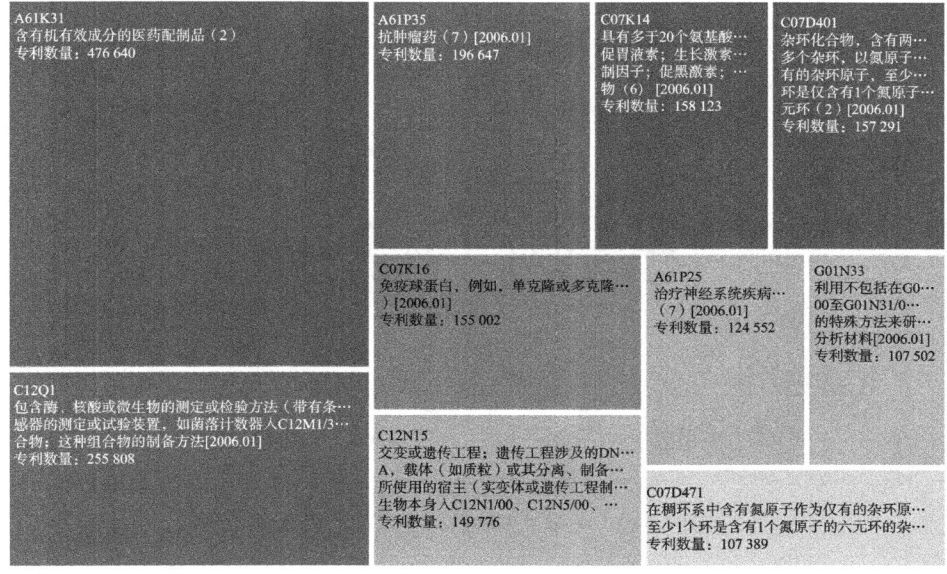

图 7-10 化学试剂和助剂全球技术焦点区块图

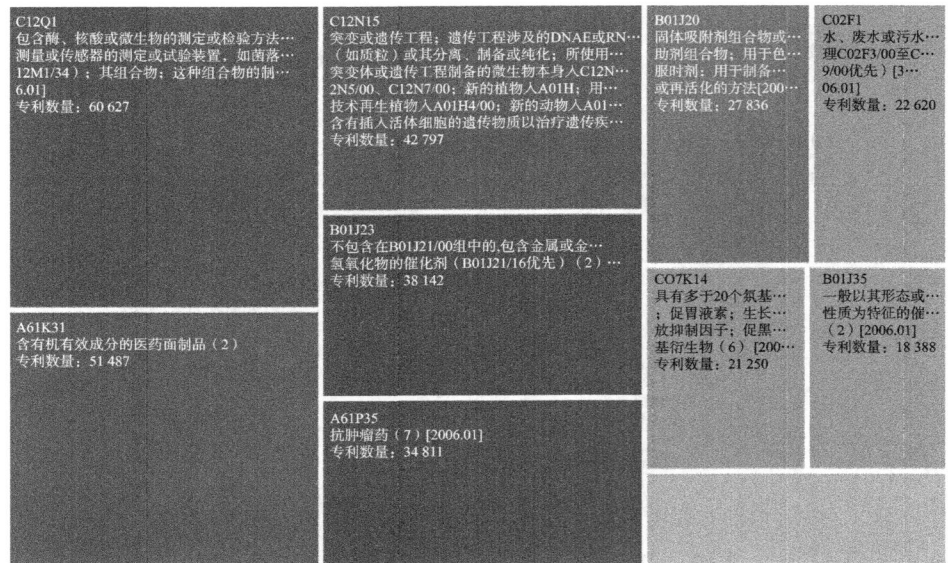

图 7-11　化学试剂和助剂中国技术焦点区块图

2. 领域地图

从化学试剂和助剂全球数据分析来看（图 7-12），最大的气泡为化合物、组合物和催化剂。说明对试剂和助剂的组成研究是最多的，具体方向上催化剂的制备是最为关注的。

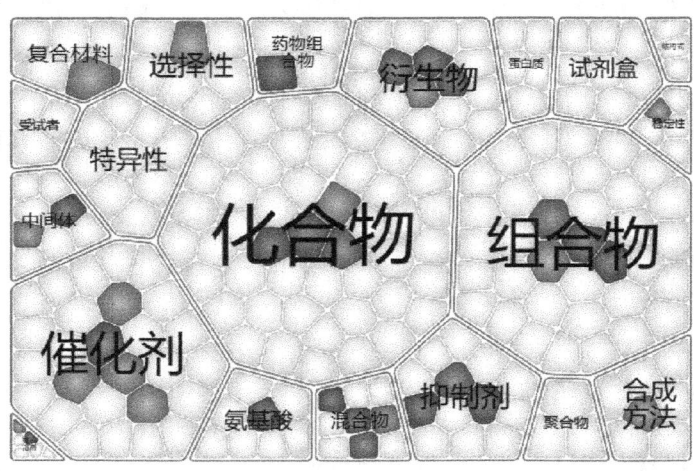

每个格子23件专利

图 7-12　化学试剂和助剂全球技术领域图

3. 重点发展方向

除了化合物、组合物外，全球和中国的重点关注点主要在催化剂、衍生物方面，如图 7-13 和图 7-14 所示。

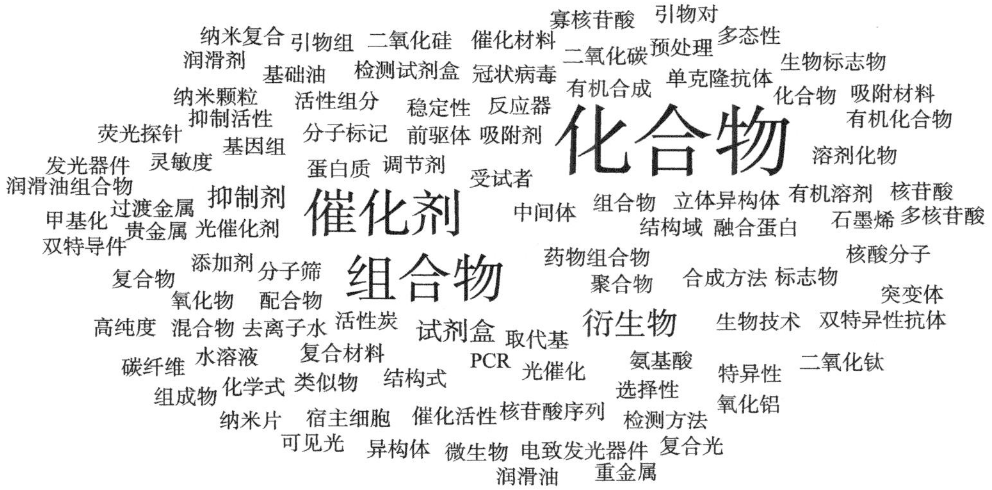

图 7-13　化学试剂和助剂全球创新词云图

图 7-14　化学试剂和助剂中国创新词云图

4. 技术分支申请趋势

对化学试剂和助剂各技术分支的申请趋势进行分析（图 7-15），从全球数据来看，A61K31 医药配置成分一直处于遥遥领先地位，不过从 2014 年开始呈现下滑趋势，即便如此，仍维持在申请数量的第一位；其他几个研究分支，包括微生物、酶制剂的研究逐渐呈现上升趋势。中国在该领域的研究，除 A61K31 医药配置成分起步较早，其他几个技术分支主要从 2007 年开始呈现快速增长的态势。中国入局较晚，但是发展势头很足，新近主要热门研究领域有酶制剂、基因工程制剂等，与国际大趋势相吻合，如图7-16所示。

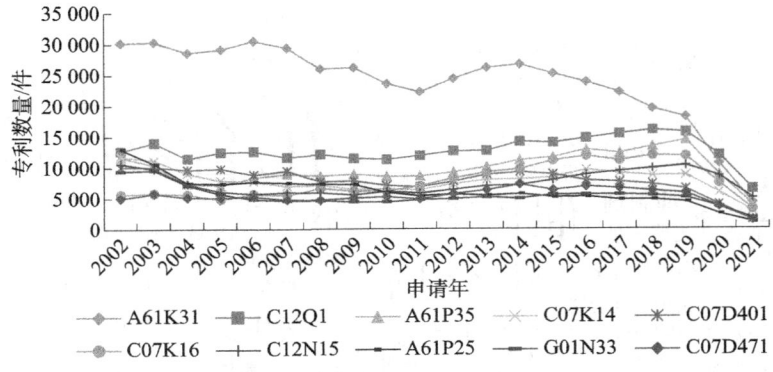

图7-15　化学试剂和助剂全球各技术分支专利申请趋势

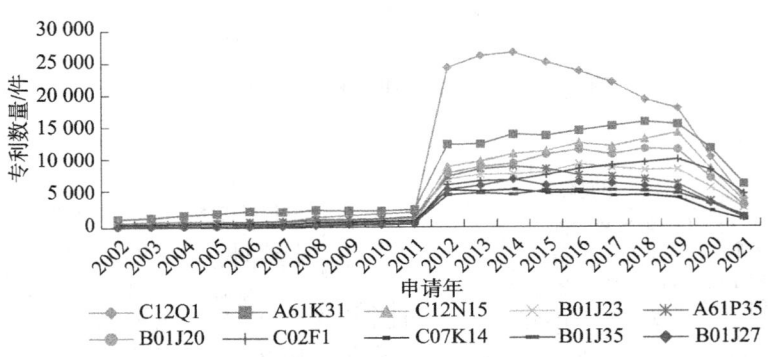

图7-16　化学试剂和助剂中国各技术分支专利申请趋势

本领域技术分类定义见表7-1。

表7-1　技术分类定义

IPC 分类号	定义
A61K31	含有机有效成分的医药配制品〔2〕
C12Q1	包含酶、核酸或微生物的测定或检验方法（带有条件测量或传感器的测定或试验装置，如菌落计数器入C12M1/34）；其组合物；这种组合物的制备方法〔2006.01〕
A61P35	抗肿瘤药〔7〕〔2006.01〕
C07K14	具有多于20个氨基酸的肽；促胃液素；生长激素释放抑制因子；促黑激素；其衍生物〔6〕〔2006.01〕
C07D401	杂环化合物，含有两个或更多个杂环，以氮原子作为仅有的杂环原子，至少有1个环是仅含有1个氮原子的六元环〔2〕〔2006.01〕
C07K16	免疫球蛋白，例如，单克隆或多克隆抗体〔6〕〔2006.01〕

续表

IPC 分类号	定义
C12N15	突变或遗传工程；遗传工程涉及的 DNA 或 RNA，载体（如质粒）或其分离、制备或纯化；所使用的宿主（突变体或遗传工程制备的微生物本身入 C12N1/00、C12N5/00、C12N7/00；新的植物入 A01H；用组织培养技术再生植物入 A01H4/00；新的动物入 A01K67/00；含有插入活体细胞的遗传物质以治疗遗传疾病的药剂的应用，基因疗法入 A61K48/00，一般肽入 C07K）〔3，5，6，2006.01〕
A61P25	治疗神经系统疾病的药物〔7〕[2006.01]
G01N33	利用不包括在 G01N1/00 至 G01N31/00 组中的特殊方法来研究或分析材料 [2006.01]
C07D471	在稠环系中含有氮原子作为仅有的杂环原子、其中至少 1 个环是含有 1 个氮原子的六元环的杂环化合物，C07D451/00 至 C07D463/00 不包括的〔2，5〕[2006.01]

7.2.3 竞争对手分析

1. 创新主体排名分析

对全球创新主体进行分析（图 7-17），排名第一的是巴斯夫欧洲公司，远超过其他创新主体。排名前 10 中，德国企业 3 家，瑞士企业 3 家，美国企业 1 家，日本企业 1 家，法国企业 1 家，中国企业 1 家。说明当前该领域主要还是国外企业进行把控，中国企业规模和体量相对来说较弱。

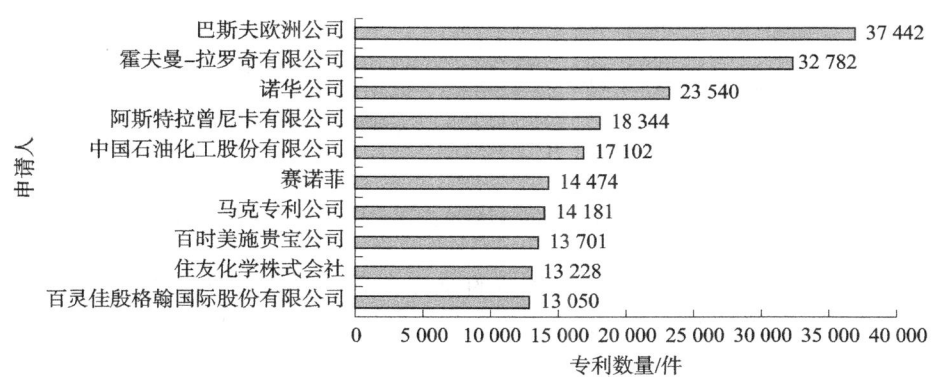

图 7-17 化学试剂和助剂全球创新主体排名

在中国化学试剂和助剂领域，排名靠前的是中国石油化工股份有限公司，其次是各类高校，排名前 10 中没有民营企业上榜（图 7-18）。这进一步说明在该领域的研究创新能力不足，企业缺乏自主创新意识或者研发难度大，资金不充裕。

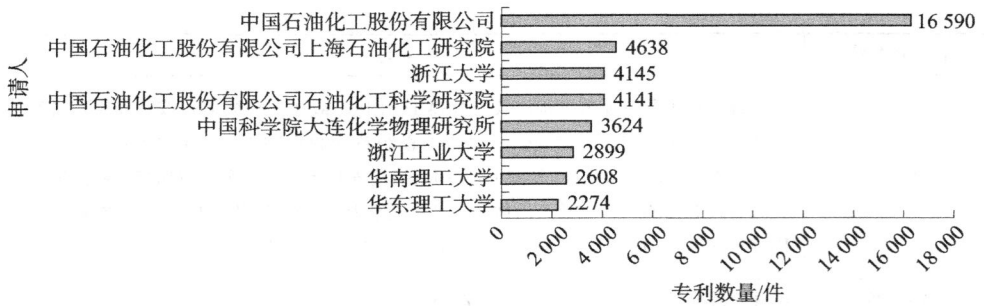

图 7-18 化学试剂和助剂中国创新主体排名

2. 创新主体创新战略分布

选择国际上技术研发比较靠前的几家企业进行创新战略分析（图 7-19），从 8 个不同的维度对比各个公司研发策略。按每件申请显示一个公开文本的去重规则进行统计，并选择公开日最新的文本计算。

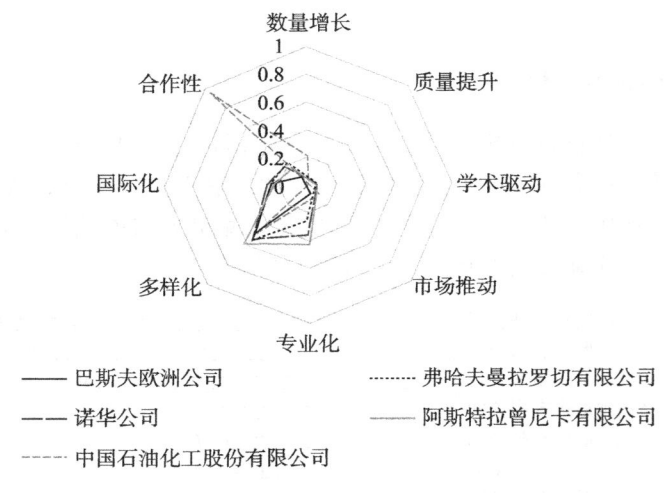

图 7-19 化学试剂和助剂全球主要企业创新战略雷达图

对当前国际上试剂和化学助剂领域的龙头企业进行创新战略分析，巴斯夫欧洲公司目前主要在质量提升、国际化和多样化上发力，以产品的售卖为主；弗哈夫曼拉罗切有限公司的创新战略方向比较多，除了学术驱动外，还在市场推动、多样化和国际化进行了相关布局；诺华在质量提升、市场推动、专业化、多样化和国际化都进行了重点研究；阿斯特拉曾尼卡的创新策略跟诺华比较相近；中国石油化工主要在数量增长、合作性、市场推动和多样化进行了发力，国际化方向基本没有。

国内企业中国石油化工股份有限公司旗下公司除市场推动外，其他各方向都进行了相应的策略布局；反观浙江大学在该领域，主攻市场进行产品的市场化、商业化;中国科学院大连化学物理研究所与浙江大学主要趋势一样,只是创新指数稍低(图7-20)。

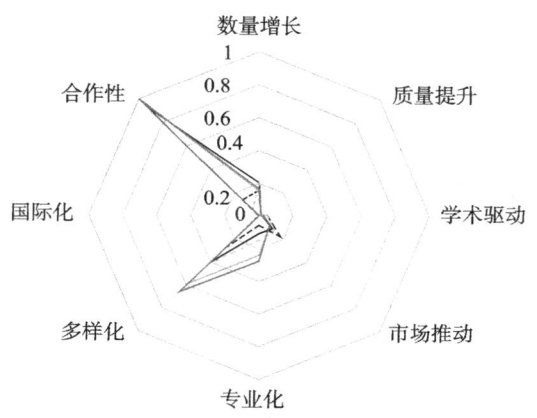

—— 中国石油化工股份有限公司　　　　　　----- 浙江大学
—— 中国石油化工股份有限公司石油化工科学研究院　…… 中国科学院大连化学物理研究所
—— 中国石油化工股份有限公司上海石油化工研究院

图7-20　化学试剂和助剂中国主要企业创新战略雷达图

3. 主要创新主体地域分布

化学试剂和助剂全球主要创新主体在中国、日本、美国布局的专利最多(表7-2),这与前述技术应用国数据相吻合。从表中我们看到各创新主体的专利布局整体比较均衡;但中国石油化工股份有限公司在本国的专利布局远高于其他国家,一方面说明中国本土市场比较广,另一方面也在一定程度上说明中国的技术并没有深耕海外,可能是技术壁垒高或者是技术创新度不够。

表7-2　化学试剂和助剂全球创新主体的专利布局的地域分布　　单位:件

申请人	中国	日本	欧洲专利局	世界知识产权组织	美国	韩国	德国	加拿大	印度	巴西
巴斯夫欧洲公司	3225	2695	3936	4412	4170	1866	2413	1115	1482	1643
霍夫曼-拉罗奇有限公司	2591	2385	2847	2357	254	1787	1246	2095	1144	1451
诺华公司	1351	1406	1687	1214	1597	1092	727	1129	884	958
阿斯特拉曾尼卡有限公司	1077	1314	1204	906	858	0	392	790	900	700
中国石油化工股份有限公司	16 590	130	7	3	7	164	32	5	3	1
赛诺菲	623	752	914	535	710	600	518	607	470	535

续表

申请人	中国	日本	欧洲专利局	世界知识产权组织	美国	韩国	德国	加拿大	印度	巴西
马克专利公司	1119	1521	1302	1094	1148	951	1159	654	338	355
百时美施贵宝公司	791	848	1208	1220	1767	586	569	418	570	349
住友化学株式会社	1144	3804	856	1198	1248	835	580	145	519	311
百灵佳殷格翰国际股份有限公司	478	972	1136	871	1169	397	630	763	362	341

中国主要创新主体企业占 5 家，科研院校占 5 家。外资企业有 2 家，说明它们比较注重中国市场和技术布局。

其中，中国石油化工股份有限公司在该技术领域总申请量为 25 369 件，浙江大学申请量为 4145 件，浙江工业大学申请量为 2899 件，华南理工大学申请量为 2608 件，华东理工大学申请量为 2274 件。整体来看，中国在该领域的创新性较高，后期可以加强高校企业联合。

4. 主要创新主体技术分布

全球主要创新主体技术分布（表 7-3）中，巴斯夫欧洲公司仅在两个领域进行专利技术布局。其他各创新主体研究方向比较一致，主要是在医药配制领域，其中霍夫曼-拉罗奇有限公司的相关技术申请数量最多。

表 7-3 化学试剂和助剂全球创新主体技术分布　　　　　单位：件

申请人	A61K31	C07D401	A61P35	A61P25	C07D413	C07D471	C07D403	C07D487	C07D417	C07D405
巴斯夫欧洲公司	0	1437	0	0	0	0	0	1139	0	0
霍夫曼-拉罗奇有限公司	18 008	6542	4993	6840	4713	4122	4319	4142	3578	2834
诺华公司	13 539	5208	5490	2004	3266	2842	3012	2487	2676	2579
阿斯特拉曾尼卡有限公司	12 425	5459	3931	4219	3272	1864	3127	1424	2840	2895
赛诺菲	8911	2718	3017	3544	1586	2727	1185	1720	1269	1197
马克专利公司	5529	2223	3472	1315	1465	1849	1737	1247	1203	1645
百时美施贵宝公司	8363	3456	2692	1483	2251	2700	2181	3018	2174	1575
住友化学株式会社	462	687	0	0	413	397	0	0	0	0
百灵佳殷格翰国际股份有限公司	8281	3601	1971	1442	2183	1839	1997	1591	1690	1994

化学试剂和助剂中国主要创新主体中,中石油化工股份有限公司专利申请数量最多,技术布局方向也最全(表7-4),主要是在金属或金属氧化物或氢氧化物的催化剂以及分子筛催化剂方向,其他布局方向也基本是围绕催化剂的制备。中国科学院大连化学物理研究所对催化剂的研究较为深入,处于行业的领先地位。

表7-4 化学试剂和助剂中国创新主体技术分布　　单位:件

申请人	B01J23	B01J29	C07C11	B01J35	B01J37	B01J27	B01J31	C07C15	C07C5	C07C1
中国石油化工股份有限公司	6410	5755	4453	2447	2215	2228	1972	2609	2263	2090
浙江大学	418	106	92	171	183	193	186	0	0	0
中国科学院大连化学物理研究所	903	557	287	271	365	351	450	216	123	275
浙江工业大学	368	0	0	174	205	206	258	0	0	0
华南理工大学	256	0	0	146	139	137	128	0	0	0
华东理工大学	290	94	0	95	114	128	153	0	0	66

5. 垄断性分析

对试剂及化学助剂领域进行专利集中度的分析(图7-21),从图中可以看到,集中度呈逐年下降的趋势,在2013年短暂的提升后至今呈下滑趋势。说明该领域不断有新的企业加入,竞争日渐激烈。这对企业未来发展有一定益处,可以尽早入局进行专利技术的布局,如图7-21所示。

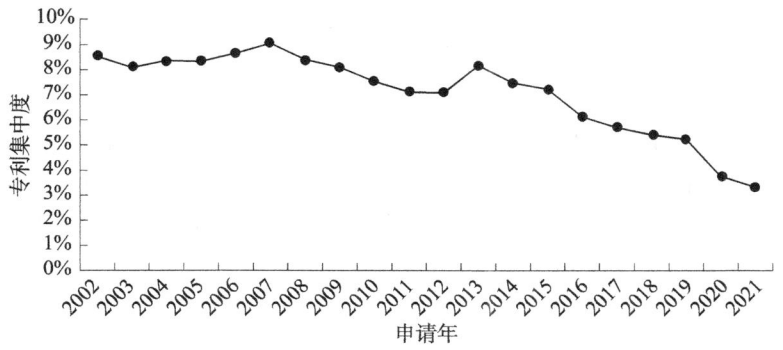

图7-21 2002—2021年化学试剂和助剂全球技术垄断态势

6. 研发团队和技术人才分析

对技术团队进行分析,张伟、张涛、王磊和王伟是有技术交叉合作的,四川轻化工大学的李伟属于自行研究状态,有自己的研发团队,与外界的合作关系并不密切。国外基诺米克健康公司的技术团体,主要是在自己队伍里进行相关研究。

技术发明人中，中国技术人才有 4 位，王磊隶属于青岛联吉生物医疗科技有限公司，张伟隶属于天康生物股份有限公司，王伟隶属于国网河南省电力公司电力科学研究院，张涛隶属于浙江劲方药业有限公司。除王伟外，其他 3 人的研究方向主要在生物制剂上。

7. 小结

化学试剂和助剂领域，行业龙头企业主要是巴斯夫欧洲公司等跨国企业，技术研究方向宽，技术应用布局中中国体量最大，说明中国还有较大的发展市场；整体行业的垄断度不高，适合新企业的加入。国际上该领域的主要研究方向是生物制剂、生物制药，国内和大连当地基本都以催化剂为主，重点研究领域相差比较大。众所周知，生物化学技术是一门比较复杂的学科，前期投入大，研发困难度也高，对整个精细化工领域的发展起到至关重要的作用，国家应该重视该领域的发展。

7.3 化学试剂和助剂市场发展分析

化学试剂和助剂是指为改善高分子材料加工性能、改进物理机械性能、增强功能或赋予高分子材料某种特有应用性能而加入目标高分子体系中的各种辅助物质。

化学助剂按照高分子基础材料的不同可分为塑料助剂、橡胶助剂、涂料助剂、纤维助剂、胶黏剂助剂和其他助剂等细分行业；化学助剂也可按照其实现的功能分为改善加工性能类、改善机械性能类、改善表面性能类、改善老化性能类等细分行业。

化学助剂行业基础原料主要为各种有机物、盐、酸、碱等基础化工材料，上游为基础化工原料制造业，高分子材料化学助剂产品主要用于塑料、橡胶、涂料等高分子材料的生产、加工和应用，下游为塑料等各类高分子材料的制造行业，如图 7-22 所示。

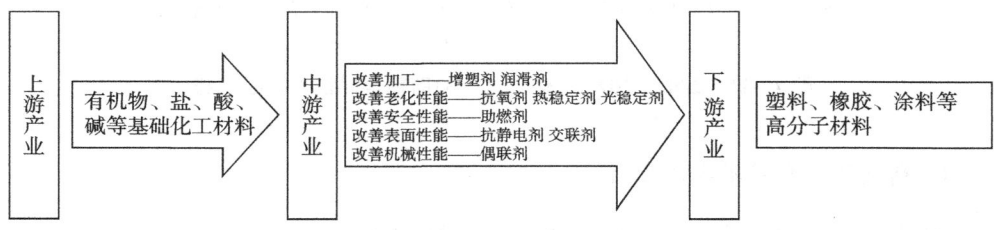

图 7-22 化学试剂和助剂产业链

1. 上游分析——石化资源储备丰富，部分原料需要引进

我国天然气、煤矿、石化产品等自然资源丰富，在化工助剂产业链的建设生产上具有一定的前提和保障。如水泥砂浆助剂中的氧化乙烯、环氧乙烷、醇酯类物质；橡胶制品助剂中的苯胶、丙自同、石脑油等；水处理剂中的丙烯、液体石蜡；塑料制品中苯酚、甲苯都为石油化工产品。我国炼化一体化项目快速发展，乙烷裂解制乙烯和丙烷脱氢制取丙烯项目纷纷上马，煤制烯烃装置建设如火如荼。

2. 中游分析——相关企业递减，产品结构单一

行业资源逐步向头部企业集中。近年来，多数中小企业经营困难，部分企业逐步被并购，行业集中度不断提升；预计未来，伴随着国内需求的增加，我国助剂行业有望迎来快速发展的契机。生产经营规范、技术先进的头部企业纷纷通过内生增长或外延并购的方式不断扩张，行业资源将逐步向头部企业集中。

未来企业将由单一产品供应商向综合服务供应商转变。当前国内助剂企业产品线单一，而国外巨头企业采用的经营策略是与大型树脂生产商和塑料加工企业紧密合作，共同解决终端用户的生产、经营、研发等各方面的问题。随着国内企业的不断发展，产品种类不断丰富，国内企业将逐步向综合服务供应商转型，产品种类多元化扩产，下游客户多元化导入，见表7-5。

表7-5 全球化学助剂发展市场分析

	国外化学助剂行业	中国化学助剂行业
行业发展阶段	成熟市场拥有进阶的商业模式，集中度高	国内化学助剂行业结构待升级
	发达国家依靠"品牌+渠道"的成熟商业模式占据了化学助剂产业链的高附加值环节	我国化学助剂制造工艺成熟，出口量大，但总体呈现产业大而不强、企业小而散的特征
市场空间	欧美化学助剂市场增长困难	我国互联网红利叠加，消费升级，市场容量巨大
	化学助剂销售趋于平稳，增速缓慢	随着互联网的普及，化学助剂市场空间巨大
行业渠道	最成熟的美国市场仍然以品牌销售为主	国内各渠道繁杂，部分依赖补贴和营收
	位于产业链下游的产品渠道是化学助剂产业价值高度集中的区域	国内化学助剂各类渠道繁杂多样，线上销售的渠道提升迅速

7.3.1 部分助剂发展情况

1. 抗氧化剂

抗氧化剂是指对高聚物受氧化并出现老化现象能起到延缓作用的一类化学物质。仅少量抗氧化剂的存在就可延缓或抑制聚合物氧化进程，从而阻止聚合物的老化并延长其使用寿命。抗氧化剂主要应用于塑料和橡胶领域。

中国抗氧化剂消费结构以受阻酚和有机亚磷酸酯为主，分别占比约49%和44%（图7-23）。中国抗氧剂生产厂家众多，大部分抗氧剂生产企业以生产受阻酚类、抗氧剂为主，产品种类较为单一。从企业来看，金海雅宝、松原百孚、巴斯夫欧洲公司高桥均是合资企业，具有先进的技术和生产管理经验；营口风光和临沂三丰产品主要供应中国石油化工集团有限公司，市场份额较为稳定；而利安隆等其他企业凭借灵活的机制和销售渠道不断开拓海外市场，并且逐步切入塑料、橡胶、涂料市场，实现多元化发展。伴随着下游烯烃行业的快速发展，预计未来，有资金优势和技术实力的企业将脱颖而出。

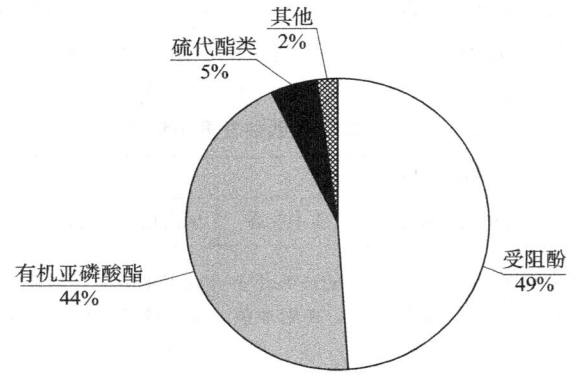

图7-23 中国抗氧化剂消费结构

2. 光稳定剂

光稳定剂是抑制或减缓由光氧化作用引起的高分子材料发生降解的助剂。主要应用于塑料、涂料、橡胶、化学纤维、胶黏剂等高分子材料及其他特种高分子材料，其中塑料是最大的下游应用领域。光稳定剂技术分解如图7-24所示。

从中国光稳定剂的消费产品构成来看，受阻胺类（HALS）是消费量最大的品种，占总消费量的62%。苯并三唑类占总消费量的21%，二苯甲酮类占比约17%（图7-25）。从产品毛利率来看，苯并三唑类和二苯甲酮类的毛利率高于受阻胺类。中国光稳定剂技术多为国内自主研发，但是国内企业产品线单一，多专注于某一类光稳定剂的生产。从企业来看，规模较大的宿迁联盛和振兴化工主要以受阻胺类为主；天津利安隆新材料股份有限公司通过收购浙江常山科润化学有限公司和衡水凯亚化工有限公司进入光稳定剂行业，产品种类涉及受阻酚和紫外线吸收剂；而浙江帝盛科技股份有限公司凭借技术优势聚焦高毛利率的紫外线吸收剂生产。

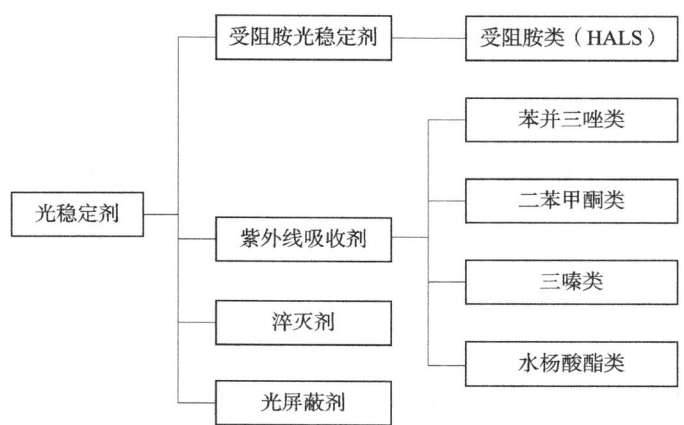

图 7-24 光稳定剂技术分解

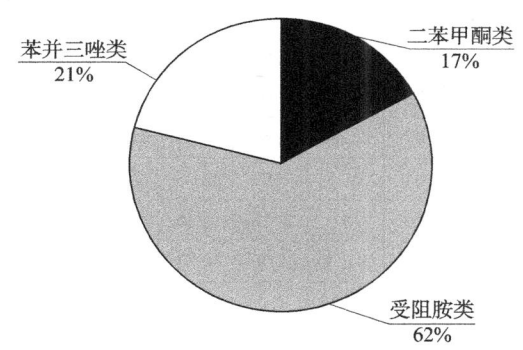

图 7-25 中国光稳定剂消费构成

7.3.2 相关企业发展状况

截至 2021 年 11 月，中国化学试剂和助剂行业上市企业 5633 家。2020 年，全国相关企业新增数量下降（图 7-26）。对相关企业进行财务状况统计分析，统计结果见表 7-6。

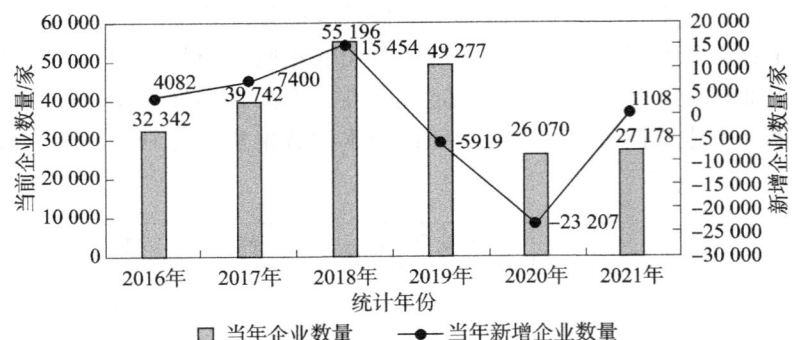

图 7-26 中国 2016—2021 年中国化学试剂和助剂企业新增数量统计

表 7-6 主要化学制剂公司财务状况

代码	代码名称	涨跌/%	市值/亿元	PE	PB	PS	ROE/%	营收/亿元	盈利/亿元	营收CAGR/%	盈利CAGR/%
002584.SZ	西陇科学	0.27	43	25.44	1.97	0.66	7.73	66	1.7	23.61	-14.14
603010.SH	万盛股份	-0.68	134	17.07	6.28	3.5	36.8	38	7.88	16.51	62.84
300121.SZ	阳谷华泰	1.06	39	13.36	2.13	1.52	15.93	26	2.94	5.87	-14.82
603181.SH	皇马科技	-0.49	107	23.75	4.91	4.52	20.68	24	4.49	4.97	29.41
002637.SZ	赞宇科技	0.65	81	13.82	2.09	0.75	15.09	107	5.83	4.15	29.31
688625.SH	呈和科技	-0.84	78	53.36	9.02	14.53	16.9	5.39	1.47	31.06	44.66
300596.SZ	利安隆	1.12	87	22.94	3.62	2.66	15.76	33	3.79	29.53	30.94
301037.SZ	保立佳	-1.04	24	39.8	2.92	0.78	7.33	31	0.6	11.15	49.45
300839.SZ	博汇股份	-1.77	26	151	3.18	2.15	2.1	12	0.17	39.03	-11.54
002476.SZ	宝莫股份	-0.43	28	182.38	3.36	4.57	1.84	6.17	0.15	2.96	16.81
300721.SZ	怡达股份	1.81	44	47.25	4.1	3.32	8.67	13	0.94	-6.1	—
300214.SZ	日科化学	-0.40	35	22.03	1.53	1.38	6.93	25	1.6	2.65	29.61
300243.SZ	瑞丰高材	-3.73	33	29.31	3.71	1.84	12.67	18	1.12	5.91	40.74
603650.SH	彤程新材	0.21	313	87.73	11.46	13.86	13.06	23	3.57	2.48	9.24
603041.SH	美思德	1.34	17	25.48	1.89	3.63	7.4	4.7	0.67	8.95	29.94
300387.SZ	富邦股份	1.88	19	54.18	1.51	2.95	2.79	6.39	0.35	6.79	0.3
603822.SH	嘉澳环保	0.57	31	40.28	3.56	2.09	8.84	15	0.77	11.7	-10
600746.SH	江苏索普	1.37	173	7.41	2.93	2.42	39.49	71	23	69.65	45.54
600281.SH	华阳新材	-1.22	33	122.69	6.45	11.03	5.25	3.01	0.27	-23.6	76.15
1619.HK	天合化工	0.00	237	7.68	—	3.89	—	61	31	-30.07	-45.12
IOSP.US	Innospec 英W.	1.12	138	23.68	2.19	1.57	9.25	88	5.854	-2.990	-12.81

7.3.3 下游分析：产业稳步发展

下游高分子材料的迅速发展带动助剂行业的需求增长。根据国家统计局数据显示（图 7-27、图 7-28 和图 7-29），2020 年我国塑料制品年产量 7603.2 万吨，橡胶制品年产量 739.8 万吨，化学纤维年产量 6167.9 万吨，预期未来一段时间还会保持稳定增长的态势。

图 7-27　2015—2020 年塑料制品产量及增速统计表

图 7-28　2015—2020 年合成橡胶产量及增速统计表

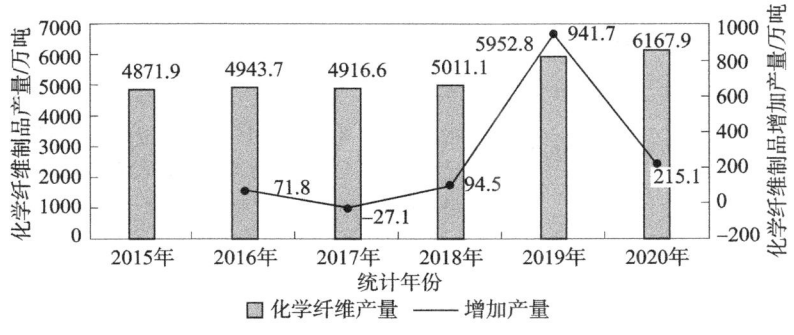

图 7-29　2015—2020 年化学纤维产量及增速统计

7.4 化学试剂和助剂行业政策分析

目前国内对化学试剂和助剂行业的相关政策文件（表7-7），主要集中在优化产品结构、注重环境保护等方面。

表7-7 政策文件

发布时间	发文部门/机构	文件名称	涉及内容
2015年	国务院	《中国制造2025》	支持企业开展工艺创新，培养工艺专业人才。加大基础专用材料研发力度，提高专用材料自给保障能力和制备技术水平。瞄准新一代信息技术、高端装备、新材料、生物医药等战略重点，引导社会各类资源集聚，推动优势和战略产业快速发展。集成电路及专用装备。着力提升集成电路设计水平，不断丰富知识产权（IP）和设计工具，突破关系国家信息与网络安全及电子整机产业发展的核心通用芯片，提升国产芯片的应用适配能力。掌握高密度封装及三维（3D）微组装技术，提升封装产业和测试的自主发展能力。形成关键制造装备供货能力。新材料。以特种金属功能材料、高性能结构材料、功能性高分子材料、特种无机非金属材料和先进复合材料为发展重点，加快研发先进熔炼、凝固成型、气相沉积、型材加工、高效合成等新材料制备关键技术和装备，加强基础研究和体系建设，突破产业化制备瓶颈。积极发展军民共用特种新材料，加快技术双向转移转化，促进新材料产业军民融合发展。高度关注颠覆性新材料对传统材料的影响，做好超导材料、纳米材料、石墨烯、生物基材料等战略前沿材料提前布局和研制。加快基础材料升级换代
2016年	国家发展和改革委员会	《战略性新兴产业重点产品和服务指导目录（2016版）》	将"新型石油化工催化剂，化工、医药及环保用催化剂，新型煤化工催化剂，高温燃料电池催化剂"等列入该目录
2018年	国家统计局	《战略性新兴产业分类（2018）》	将贵金属纳米催化材料、铑催化材料、钯催化材料、铂催化材料、贵金属化合物及均相催化剂、新能源汽车铂催化剂等列入战略性新兴产业分类目录

续表

发布时间	发文部门/机构	文件名称	涉及内容
2016年	工业和信息化部、国家发展和改革委员会、科学技术部、财政部	《新材料产业发展指南》	开展稀土三元催化材料、工业生物催化剂、脱硝催化材料质量控制、总装集成技术等开发，提升汽车尾气、工业废气净化用催化材料寿命及可再生性能，降低生产成本。开发绿色建材及新型耐火材料、生物可降解材料。推广应用金属材料表面覆层强化、工业部件服役延寿、稀贵金属材料循环利用等技术
2017年	科学技术部、教育部、中国科学院、国家自然科学基金委员会	《"十三五"国家基础研究专项规划》	催化科学：在催化理论、催化剂的理性设计与表征、催化新方法与新反应、资源的绿色催化转化与高效利用等相关催化领域中获得重大原始创新和重要应用成果，提高自主创新能力和研究成果的国际影响力；为解决能源、环境、资源以及人口健康等领域的关键问题提供物质基础以及技术支撑

各地方政府相继出台相关政策，提高行业渗透率。化学助剂行业成为政策红利的市场。

7.5 化学试剂和助剂发展前景预测

1. 行业趋于绿色化发展

响应国家"双碳"政策，从清洁生产工艺改造、同系列物的集中生产、中间体质量控制，广泛地引入治理污染设备及分离手段与设备的提升，落实绿色化学绿色生产的核心应用。

2. 标准化与定制化相互融合

伴随着科学技术迭代更新，化学制剂行业部分标准化已不再使用，更多是从定制化延伸出新的标准，使其标准化和定制化的界限越来越模糊。为了有效平衡政策导向层面、企业操作层面与消费者需求层面的矛盾，让化学助剂消费者既拥有足够的确定性也有足够的弹性成为新的趋势。

3. 信息化辅助平台加快行业转换

伴随着互联网、大数据、人工智能的普及应用，促使化学试剂和助剂行业快速向高质量、高环保、高效能方面转化，能够更好地解决行业痛点和问题，未来会有更多企业利用数据化平台，通过信息化、数据化，融合行业特性，更好地提升用户体验，给用户带来更多的便利。

8 医药产业链分析

8.1 医药的定义及分类

1. 行业定义

医药是预防或治疗或诊断人类和牲畜疾病的物质或制剂。药物按来源分为天然药物和合成药物两大类。医药也是预防疾病，治疗疾病，减少痛苦，增进健康，增强机体对疾病的抵抗力或帮助诊断疾病的物质。

医药行业是我国国民经济的重要组成部分，是传统产业和现代产业相结合，一二三产业为一体的产业。其主要门类包括化学原料药及制剂、中药材、中药饮片、中成药、抗生素、生物制品、生化药品、放射性药品、医疗器械、卫生材料、制药机械、药用包装材料及医药商业。医药行业对于保护和增进人民健康、提高生活质量、救灾防疫、军需战备以及促进经济发展和社会进步均具有十分重要的作用。

2. 行业分类

医药行业从运营情况来看，主要分为医药工业和医药商业两大类。其中医药工业可分为七大子行业，分别为化学原料药制造业、化学制剂制造业、生物制剂制造业、医疗器械制造业、卫生材料制造业、中成药制造业、中药饮片制造业。

8.2 医药专利发展分析

8.2.1 技术市场趋势分析

1. 市场地域分析

通过对 2002—2021 年医药领域技术地域分布的对比（图 8-1、图 8-2）可知，技术来源国家（地区、组织）中，美国、中国、欧洲专利局、日本，美国处于行业领先地位。中国由于近年来国家政策支持，以及相关学校研究机构的要求，进行了大范围的专利申请，导致专利数量具有绝对优势。在技术应用分布方面，排名依次是中国、美国、世界知识产权组织、日本、欧洲专利局。中国跃居第一，一方面说明中国市场广阔，远未达饱和状态；另一方面说明中国对医药领域的重视程度。美国在技术应用上进行了缩减，可能原因是美国对该领域的研究时间比较久，技术发展相对成熟，现在主要企业开始进行相关的跨国合并，将自己本国的业务输出到一些发展中国家，缩减本土的资源消耗、节省人工成本。

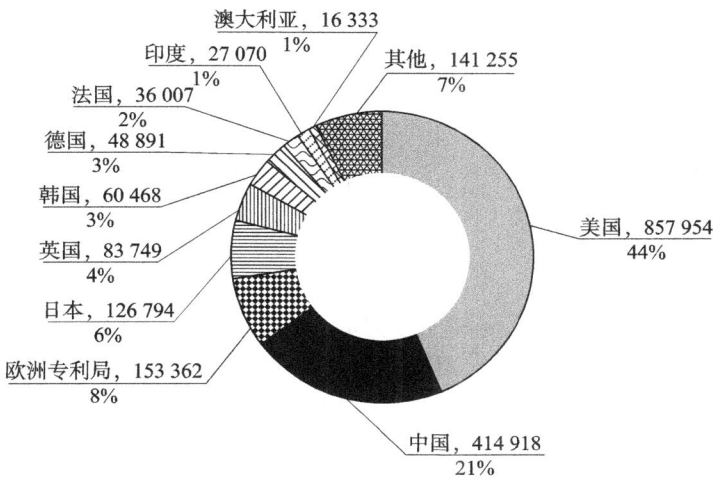

图 8-1 医药领域技术来源国家（地区、组织）分布（单位：件）

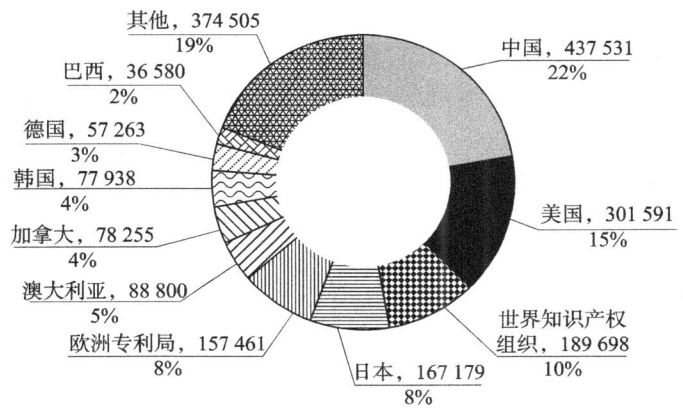

图 8-2 医药领域技术应用国家（地区、组织）分布（单位：件）

2. 技术趋势分析

从医药领域技术来源国家（地区、组织）专利技术研发数量趋势（图 8-3）来看，美国在 2006 年达到一个小的峰值后，开始逐步呈现下滑趋势。美国的药品管理制度是公认的严格而成功的管理制度，它经过近百年的发展演变逐步完善，形成了联邦及各州法规相结合的医药管理法律法规体系。美国现有的最重要的联邦医药法规是《联邦食品、药品和化妆品法》(the Federal Food, Drug and Cosmetic Act, FDCA)和《联邦管制物质法》(the Federal Controlled Substances Act, CSA),由美国食品药品监督管理局具体监督执行。2010年后,由于经济形势的低迷以及奥巴马医改计划通过,医药类研发数量开始下滑。各大医药跨国公司出于成本的考虑,不仅将医药产能转移至发展中国家,也会选择与发展中国家的一些在工艺、技术、环保、成本方面具有优势的医药企业建立战略合作关系,进行相关原药的采购。

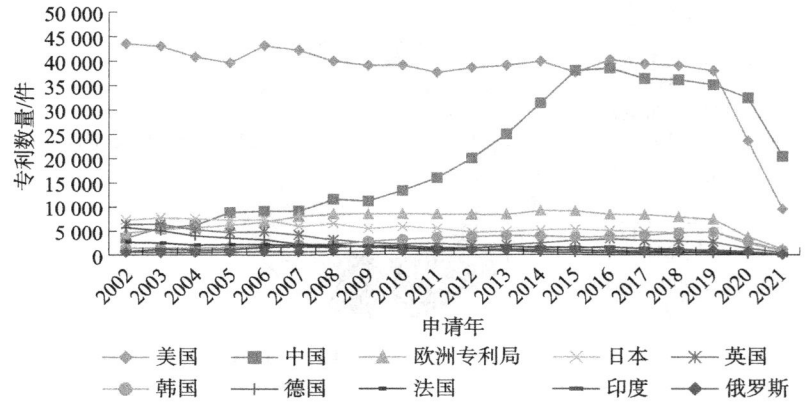

图8-3　2002—2021年医药领域技术来源国家(地区、组织)专利技术研发数量趋势

从医药领域技术应用国家(地区、组织)专利技术研发数量趋势(图8-4)来看,中国从2009年开始快速增长,在2016年达到顶峰,2019年之后呈现下滑趋势,可能是因为时间较短,专利申请并未公开导致的。目前,我国医药制造行业呈现良好发展态势。为了进一步推动医药制造行业的发展,国家陆续出台了一系列法律法规和政策,监督和规范药品的生产与其安全性,鼓励医药制造行业的创新和发展。

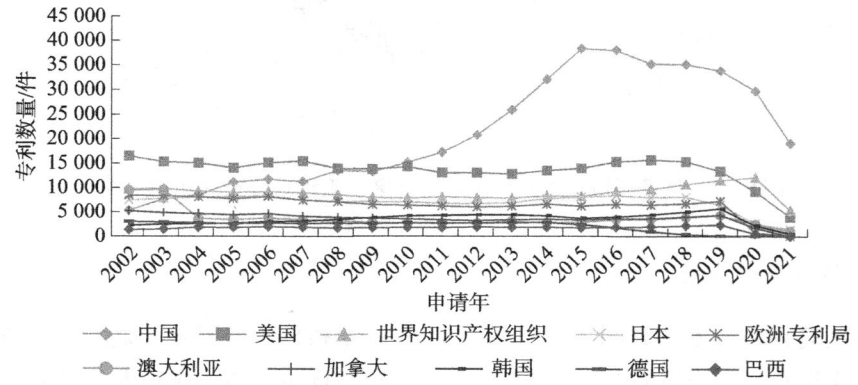

图8-4　2002—2021年医药领域技术应用国家(地区、组织)专利技术研发数量趋势

同时，从技术应用国家（地区、组织）的角度来看，中国作为技术应用国和技术来源国的专利数量曲线基本一致，近几年中国的医药行业因为受益多项国家政策而保持着良好发展的势头，而新医改贯穿了 2009 年全年中国医药行业的发展进程，这不仅使中国的医药行业在金融危机大背景萧条的情况下屹立不倒，还使中国医药产业工业总产值突破万亿元大关。虽然经历金融危机，中国的医药行业依然走在世界发展的前列。另外，城镇职工基本医疗保险制度的全面推进以及人口的自然增长、人口老龄化进程的加快，都增加了对医药产品的需求，从而拉动医药经济的适度增长。因此，该项目仍有相当广阔的市场前景。

3. 申请和授权趋势分析

医药制造属于专利密集型产业，产业的发展严重依赖专利的获取和运用。随着我国国家知识产权战略的发展，医药企业（创新主体）对专利制度的了解也在逐渐加深，但是却远远没有达到熟练掌握、灵活运用专利制度，有效保护研发成果的要求。

对全球技术申请量以及授权占比进行分析（图 8-5），在 2015 年达到顶峰之后，开始出现下降趋势，说明该领域的研究热度开始下降，技术趋于成熟。授权占比从 2013 年逐渐降低，说明该领域的技术壁垒增强，创新难度大。

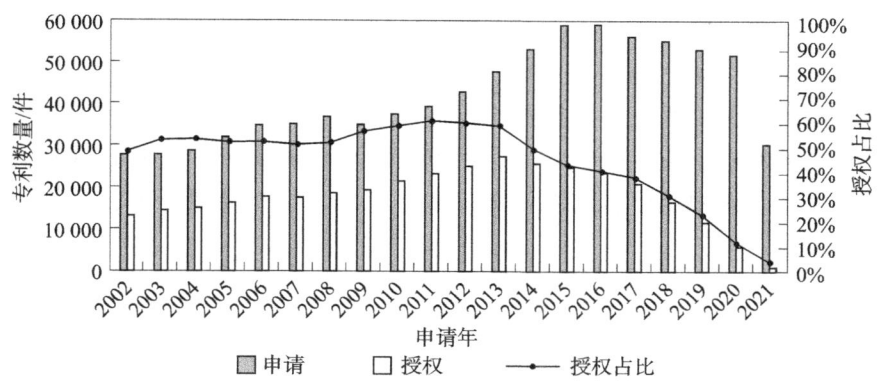

图 8-5　2002—2021 年医药领域专利申请趋势

医药创新从研究开发到上市推广不仅需要高昂的研发经费做支撑，还需要缜密的专利申请布局策略作保障。从医药原药及其制备工艺、中间体及其制备工艺、复配组合物、使用方法，到制剂及其制备工艺均属于专利保护的客体。

4. 技术生命周期分析

对全球医药领域技术申请生命周期进行分析（图 8-6），在 2011 年之前，该领域专利申请人数量和专利申请量均呈上升趋势。2011—2013 年，申请人数量逐渐降低，而专利申请量还在增加，说明当前领域新进入者减少，但是研究热还没有褪去；2016—2021年专利申请人数量和申请量均呈下降趋势。

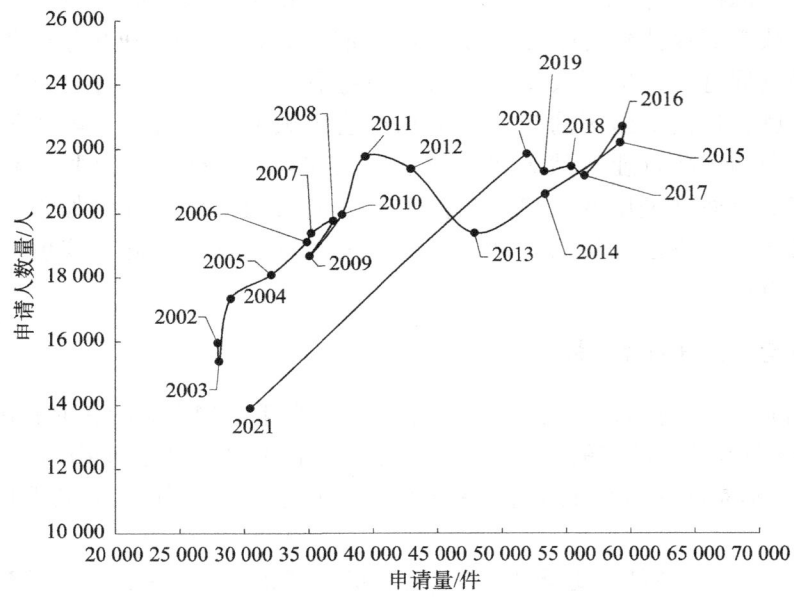

图8-6　医药领域技术生命周期

针对这种情况进行相应调查：20世纪60—90年代，全球医药工业处于高速成长阶段。自20世纪90年代以后，全球医药市场的规模和格局逐渐成形，开始进入成熟阶段。2015年是产生巨大变革的一年，这一年国内医药市场风云变化莫测，而公立医院改革、招投标、再注册等政策的雷霆之势席卷整个医药市场，对市场的冲击是往年少见的，这标志着国内医药市场的洗牌正式拉开了帷幕。整体来看，该领域目前进入一个技术增长乏力期，需要新的技术创新点来丰富行业发展。

5. 中国市场分布

对中国各主要地区行业专利申请进行分析（图8-7、图8-8），排名靠前的分别是山东、北京、江苏和广东，整体分布在中国南方。在全国各省份中，山东省在医药市场的地位较为突出。2008年，中国大陆地区共有19 712家医院，其中三级医院1192家。在各地区，山东省的医院总量、三级医院数量均为全国第一，一级、二级医院数量位于全国前列，山东省医疗市场在全国处于领先地位。在2012年之后，山东省快速发展，远超其他各省份。

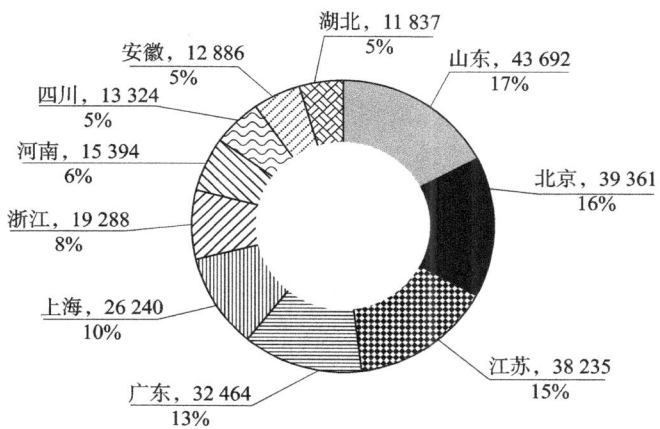

图 8-7 医药领域国内各地区专利数量分布（单位：件）

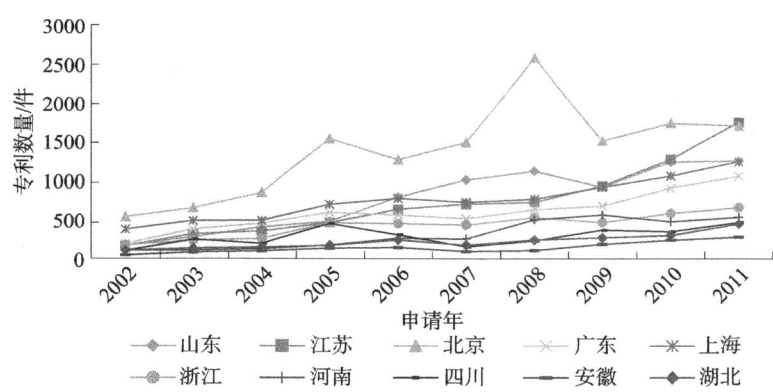

图 8-8 2002—2011 年医药领域中国各地区专利申请趋势

6. 小结

通过对医药市场的技术趋势分析可以看出，中国在该领域市场产能过剩，但是高精细的研发能力稍逊色，加之国内对环境保护更为严格，对医药生产的要求进一步提高；目前该领域进入一个技术增长乏力阶段，低污染环保型产品的需求日益提高。中国对医药的研发主要聚焦在山东、北京、江苏等地，原因是沿海城市经济外贸发达，而北京等城市科研实力雄厚。

8.2.2 技术趋势分析

1. 技术分布

医药领域全球技术聚焦点集中在立体异构体、干细胞、蛋白分子、纳米材料、中药材料和中药提取等相关技术领域，如图8-9和表8-1所示。

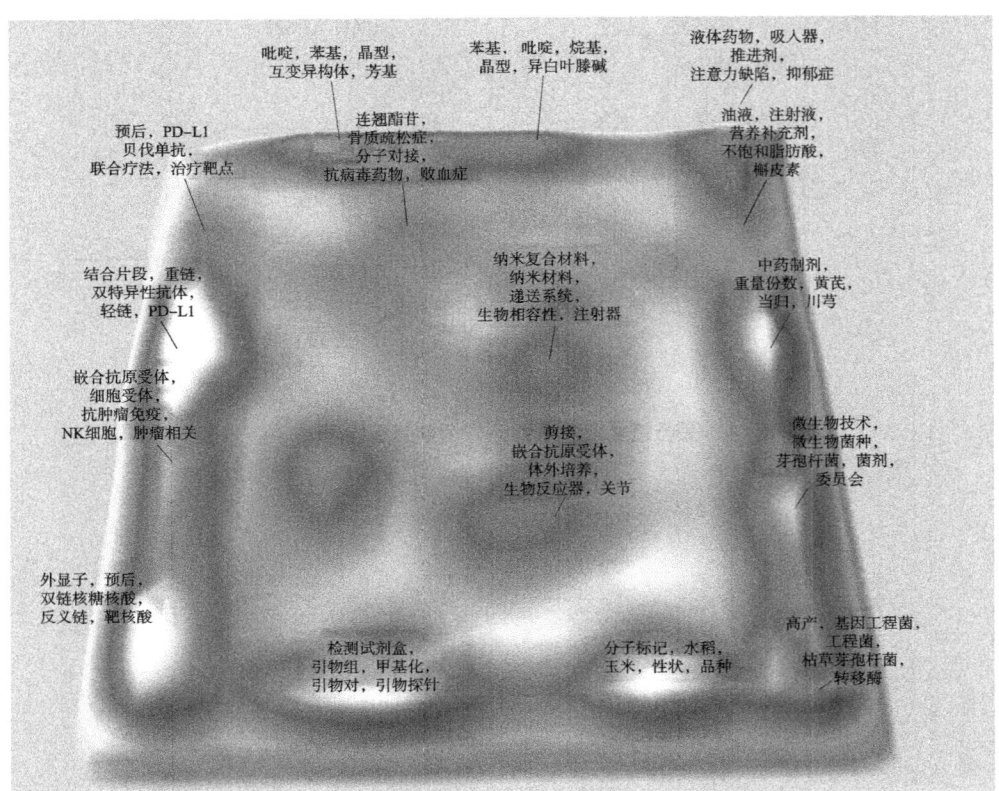

图8-9 医药领域全球专利申请地势图

表8-1 医药领域各技术分支专利数量

标签	专利数量/件
立体异构体，吡啶，互变异构体，杂芳基，溶剂合物	950
脂肪干细胞，人多能干细胞，诱导剂，杂化，双重激动剂	678
衣壳蛋白，汽车，非洲猪瘟病毒，毒株，AAV	964
结合片段，双特异性抗体，重链，轻链，可变区	517
早期诊断，编辑器，治疗靶点，子宫内膜癌，标记物	602
固体分散体，崩解剂，注射液，持续释放，无定形	930
纳米材料，生物相容性，微针，载药，磁性	671
引物组，分子标记，PCR，引物探针，扩增引物	535
黄芪，重量份数，中药制剂，中药材，药材	660
芽孢杆菌，委员会，枯草芽孢杆菌，菌剂，降解菌	544
分子标记，性状，品种，玉米，小麦	1317

2. 技术焦点

对医药领域全球技术焦点进行分析（图8-10），主要热门方向是含有机有效成分的医药配制品，其次是突变或遗传工程；遗传工程涉及的DNA或RNA，载体（如质粒）或其分离、制备或纯化，A61K31和C12N15两者所占比例接近。

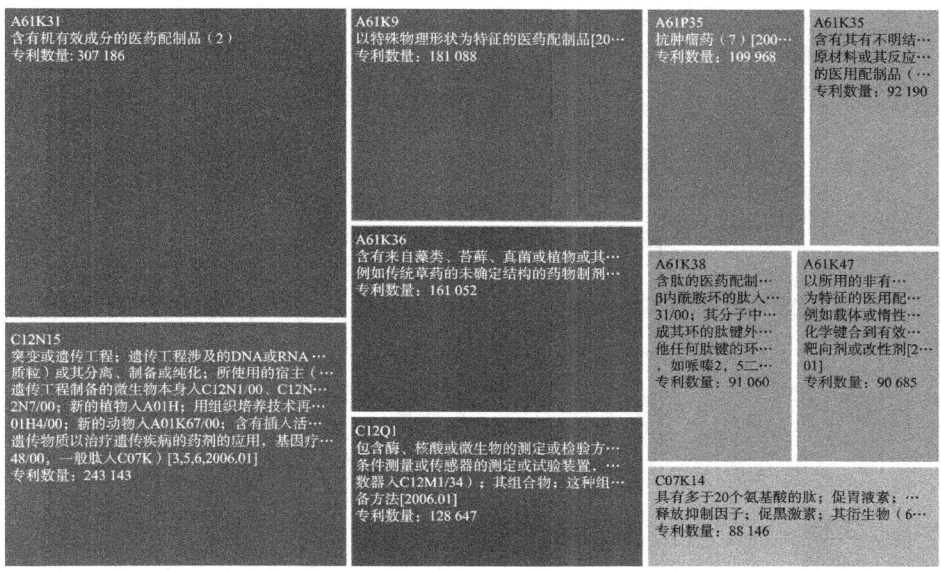

图8-10　医药领域全球技术焦点区块图

3. 技术领域图

对医药领域全球技术领域地图进行分析（图8-11），其中大气泡代表某一技术领域的专利总数，小一点的气泡代表一定数目的专利。图中组合物、化合物所占比重最大，其次是氨基酸和抑制剂。医药的制备主要是多种有机物的协同作用，因此组合物和化合物等代表合成方法的专利数量最多。对专利数量申请最多的几家企业进行专利布局分析，其中加利福尼亚大学董事会申请专利数目最多，但是并没有把某个领域的气泡全部占满，未能实现技术垄断。其他各研究方向，除基因工程、活性成分、试剂盒、提取物外，几家公司均有上榜，并形成一定规模。整体来看垄断态势并不是很明显。我国可以抓住这个机会，以技术垄断姿态进入，进行技术布局。

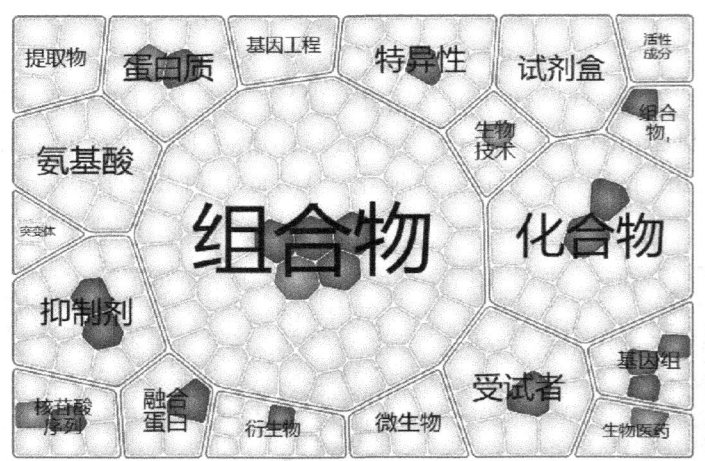

图 8-11　医药领域全球技术领域图

国内主要技术领域与国际大趋势基本一致（图 8-12），主要进行的是生物医药布局。

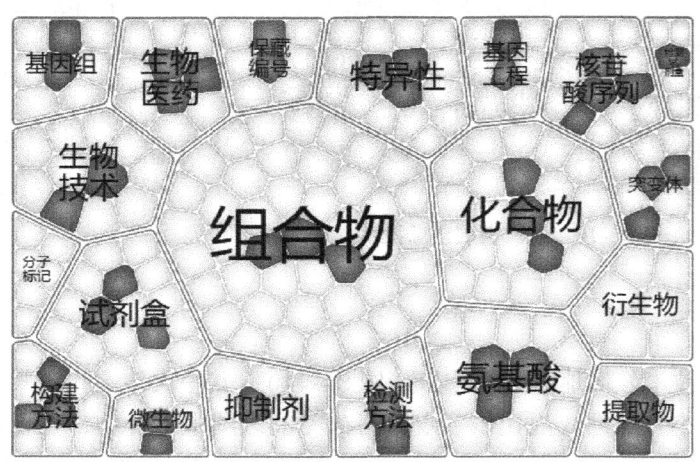

图 8-12　医药领域国内技术领域图

4. 重点发展方向

对当前的热门主题词进行检索分析，从全球来看，主要技术方向集中在组合物、化合物上（图 8-13），应用方向上主要集中在药物制剂、培养物等传统方向上。大连市除了组合物外，还在生物技术、中草药、中医药等领域进行了新方向的研究。

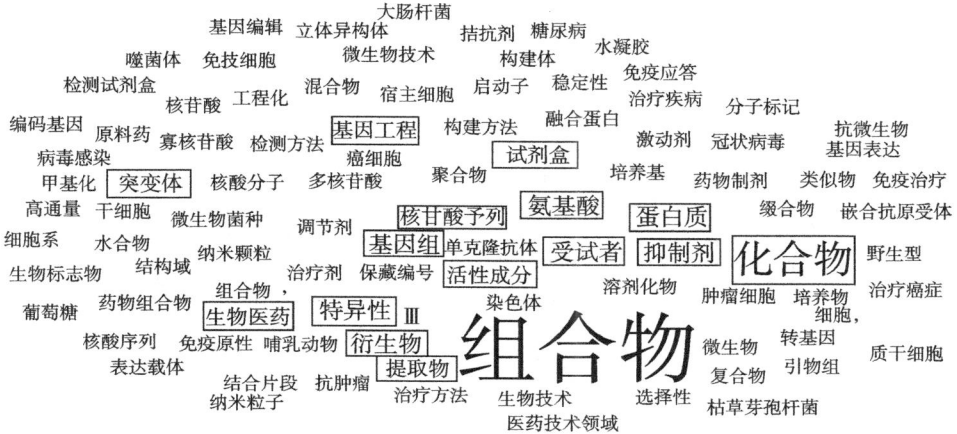

图 8-13 医药领域全球创新词云图

5. 技术分支申请趋势

对医药领域全球技术研究趋势进行分析（图 8-14），A61K31 含有机有效成分的医药配制品一直呈现稳定增长的趋势，整体波动不大。有机物一直是医药领域的重要原材料；C12N15 突变或遗传工程从 2009 年开始呈现一种较为快速的发展态势，这与国际上对基因诊疗技术的应用与开发有非常大的关系。还有一个比较明显的峰值曲线为 A61K36 植物提取药物的研究，该领域在 2015 年达到顶峰。

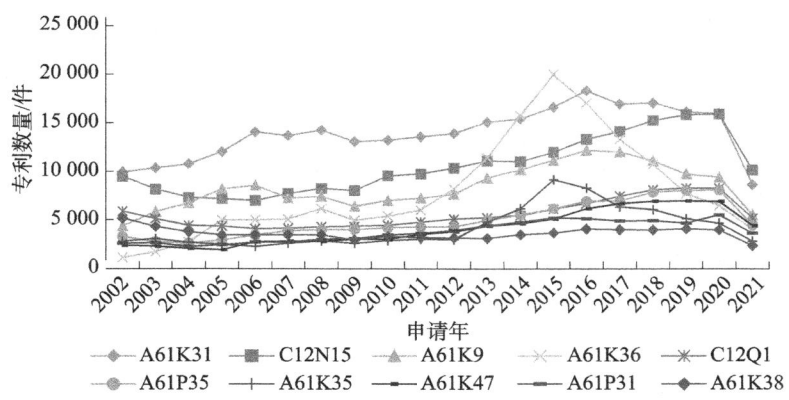

图 8-14 2002—2021 年医药领域全球各技术分支专利申请趋势

中国近些年开始恢复传统医药配制品，并不断进行创新研究，中药提取物以其安全无不良反应深受广大群众的喜爱。大连当地的整体技术申请趋势与国内基本一致，除了 2015 年对中药提取物的研究外，基因工程相关的医药开始逐步显现出来，如图 8-15 所示。

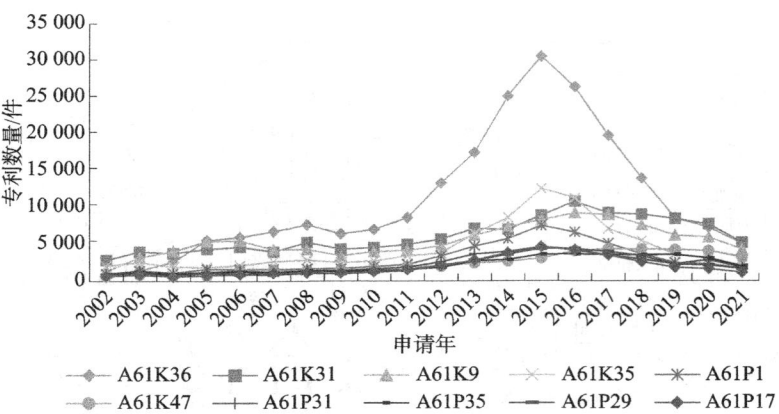

图 8-15　2002—2021 年医药领域中国各技术分支专利申请趋势

本领域中国创新主体的技术分类定义见表 8-2。

表 8-2　技术分类定义

IPC 分类号	定义
A61K31	含有机有效成分的医药配制品〔2〕
A61K35	含有其他不明结构的原材料或其反应产物的医用配制品〔2〕
A61K36	含有来自藻类、苔藓、真菌或植物或其派生物,例如传统草药的未确定结构的药物制剂〔8〕
A61K38	含肽的医药配制品（含 β 内酰胺环的肽入 A61K31/00；其分子中除形成其环的肽键外没有其他任何肽键的环状二肽,如哌嗪 2,5 二酮入 A61K31/00；基于麦角林的肽入 A61K31/48；含有按统计学分布氨基酸单元的大分子化合物的肽入 A61K31/74；含有抗原或抗体的医药配制品入 A61K39/00；特征在于非有效成分的医药配制品,如作为药物载体的肽入 A61K47/00）〔6〕
A61K47	以所用的非有效成分为特征的医用配制品,例如载体或惰性添加剂；化学键合到有效成分的靶向剂或改性剂［2006.01］
A61K9	以特殊物理形状为特征的医药配制品［2006.01］
A61P1	治疗消化道或消化系统疾病的药物〔7〕［2006.01］
A61P31	抗感染药,即抗生素、抗菌剂、化疗剂〔7〕［2006.01］
A61P35	抗肿瘤药〔7〕［2006.01］
C12N1	微生物本身,如原生动物；及其组合物（含有由原生动物、细菌或病毒得到的材料的药物的制备入 A61K35/66；从藻类材料制备药物的入 A61K36/02；从真菌中材料制备药物的入 A61K36/06；药用细菌的抗原或抗体组合物的制备,如细菌菌苗入 A61K39/00）；繁殖、维持或保藏微生物或其组合物的方法；制备或分离含有一种微生物的组合物的方法；及其培养基［2006.01］

续表

IPC 分类号	定义
C12N15	突变或遗传工程；遗传工程涉及的 DNA 或 RNA，载体（如质粒）或其分离、制备或纯化；所使用的宿主（突变体或遗传工程制备的微生物本身入 C12N1/00、C12N5/00、C12N7/00；新的植物入 A01H；用组织培养技术再生植物入 A01H4/00；新的动物入 A01K67/00；含有插入活体细胞的遗传物质以治疗遗传疾病的药剂的应用，基因疗法入 A61K48/00，一般肽入 C07K）[3, 5, 6, 2006.01]
C12Q1	包含酶、核酸或微生物的测定或检验方法（带有条件测量或传感器的测定或试验装置，如菌落计数器入 C12M1/34）；其组合物；这种组合物的制备方法 [2006.01]
C12R1	微生物 [2006.01]

8.2.3 竞争对手分析

1. 创新主体排名分析

对医药领域技术创新主体进行分析，从全球来看，排名第一的是诺华公司（图 8-16）。全球医药健康行业的跨国企业诺华公司是世界三大药企之一，总部设在瑞士巴塞尔。排名第二的是阿斯特拉曾尼卡有限公司，是全球领先的制药公司，由原瑞典阿斯特拉公司和原英国捷利康公司于 1999 年合并而成；作为一家以创新为驱动的全球性生物制药企业，其全球总部位于英国伦敦，全球约有 61 500 名员工，业务遍布全球 100 多个国家，公司在 17 个国家设立生产基地。排名第三的是德弗哈夫曼拉罗切有限公司（简称罗氏），其总部位于瑞士巴塞尔，是一家跨国医药研发生产商。该公司始创于 1896 年，现属于罗氏控股股份有限公司。罗氏在瑞士的巴塞尔，美国的纽特立、帕洛阿尔托、旧金山，英国的维尔维恩等地设有大型科研中心。其中，罗氏巴塞尔的医学免疫学研究中心和美国的基因研究中心是重要的实验机构。中国在全球前十排行榜中并未出现，整体实力不足。

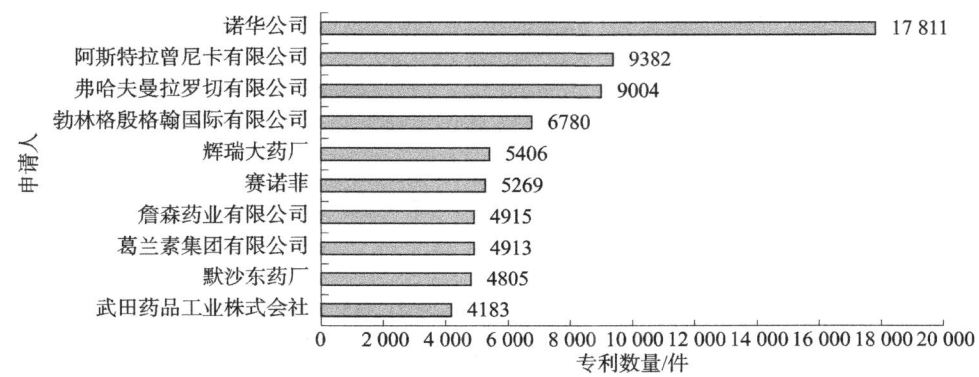

图 8-16 医药领域全球创新主体排名

中国医药研发专利申请排名前十中,有 8 家是高校及研究所,2 家外资企业(图 8 – 17)。中国企业并没在榜上,说明企业研发成果不及高校及研究所。

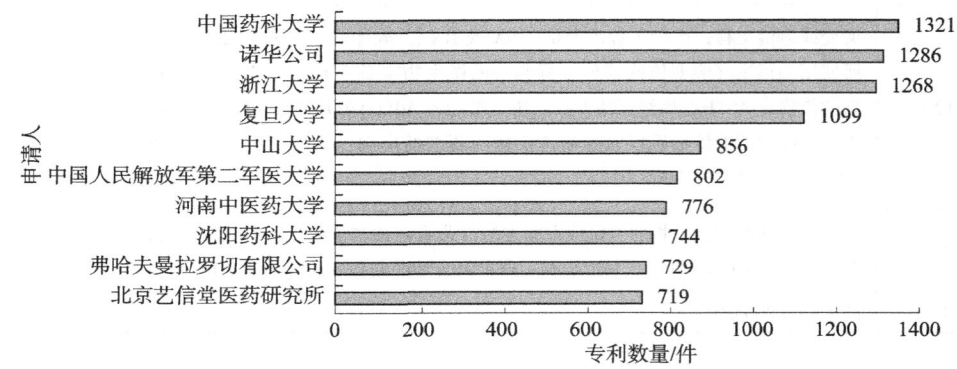

图 8 – 17 医药领域中国创新主体排名

2. 创新主体创新战略分布

对国际上几家大型医药企业进行创新战略分析(图 8 – 18)可知,诺华公司作为世界三大药企之一,在上述多样化、专业化、国际化、合作性、市场推动、学术驱动、数量增长 7 个维度都进行了比较突出的创新战略布局,因为其本身就是跨国公司,所以在国际化、专业化及市场推动方面的战略布局较强;阿斯特拉曾尼卡有限公司主要在学术驱动、专业化、市场推动和多样化、国际化上布局发力;罗氏在产品多样化、专业化、国际化、学术驱动、数据增长和市场推动上发力,来促进市场发展;勃林格殷格翰国际有限公司主要在专业化、多样化、质量提升、数据增长和市场推动上布局;辉瑞大药厂在质量提升、多样化、市场推动和专业化上布局偏多。

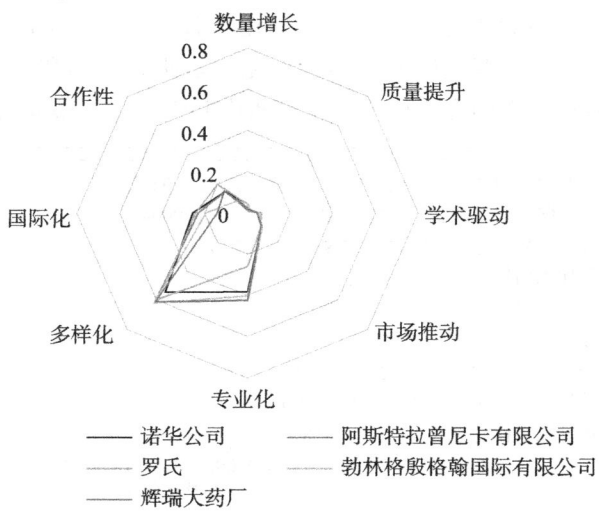

图 8 – 18 医药领域全球创新主体创新战略雷达图

对医药领域中国创新主体创新战略进行分析（图 8-19），中国药科大学在多样化、专业化、学术驱动和市场推动这几个维度上重点布局，未来会朝着与企业间合作共同促进产品落地上发力，实现技术的商业化，如图 8-19 所示。

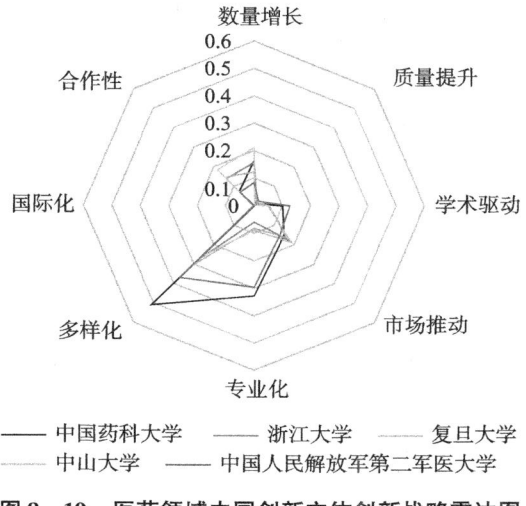

图 8-19 医药领域中国创新主体创新战略雷达图

3. 主要创新主体地域分布

医药领域全球创新主体的专利布局的地域分布（图 8-20）中，美国是技术布局最多的国家，因为美国当地医药企业众多，并且都具有一定的行业规模，带动整个领域的发展。其次是智利，它是南美最发达的国家，在医药领域的技术布局仅次于美国，几家大型公司（如诺华公司）等都在此进行了布局。主要创新主体地域分布中并没有中国，可能中国在医药领域的准入市场壁垒较高或者是没有关注到中国这个巨大市场。

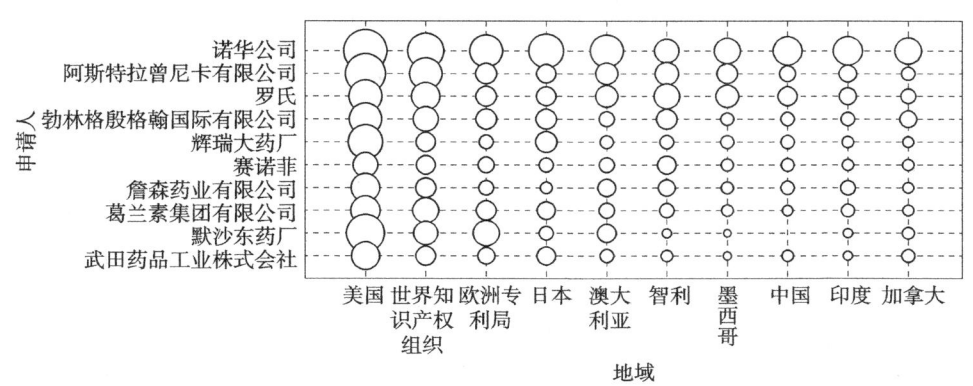

图 8-20 医药领域全球创新主体的专利布局的地域分布

4. 主要创新主体技术分布

对医药领域主要创新主体的技术分布进行对比（图8-21），除中国外，国际医药领域主要在有机化学合成药上，即A61K31含有机有效成分的医药配制品；其次是抗肿瘤药上，即A61P35抗肿瘤药。各国的基本布局方向和数量趋势一致。

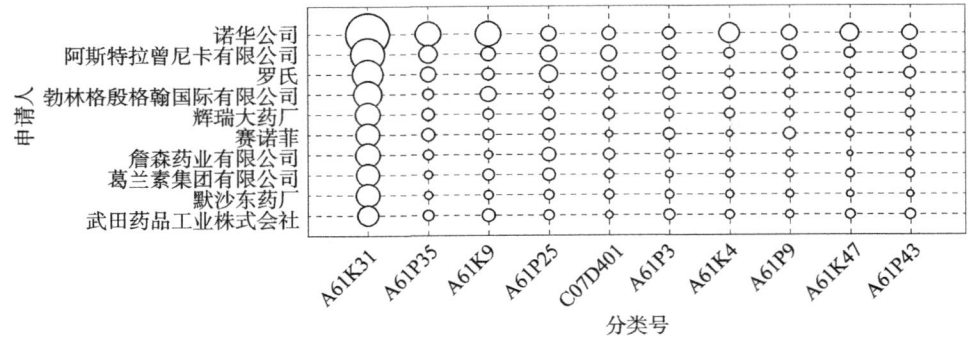

图8-21 医药领域全球创新主体技术分布

对医药领域中国主要创新主体的技术分布进行对比（图8-22），中国除却有机化学合成药，即A61K31含有机有效成分的医药配制品，对中草药提取的研发也投入较多，即A61K36含有来自藻类、苔藓、真菌或植物或其派生物，例如传统草药的未确定结构的药物制剂，这与中国医药发展史息息相关。

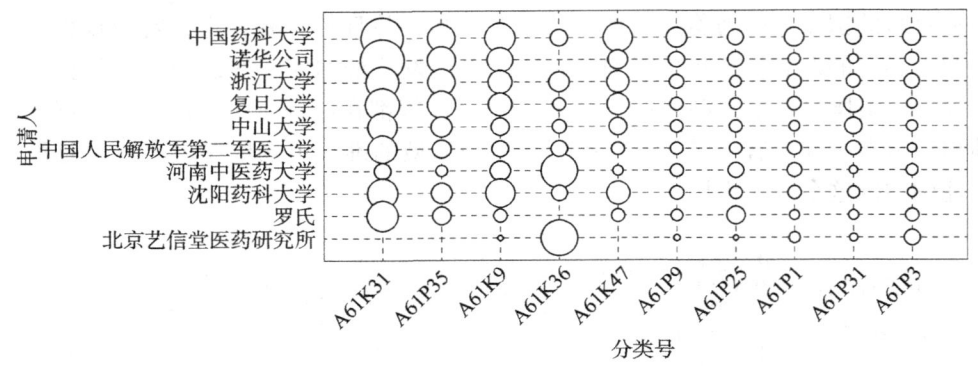

图8-22 医药领域中国主要创新主体技术分布

5. 垄断性分析

对医药领域全球技术垄断程度进行分析（图8-23），除2007年出现短暂上升之后基本呈现一种缓慢下降的趋势。医药领域由几家大型企业占据领导地位，小型企业则呈现百花争芳的态势，垄断都不高，对企业入局有益。

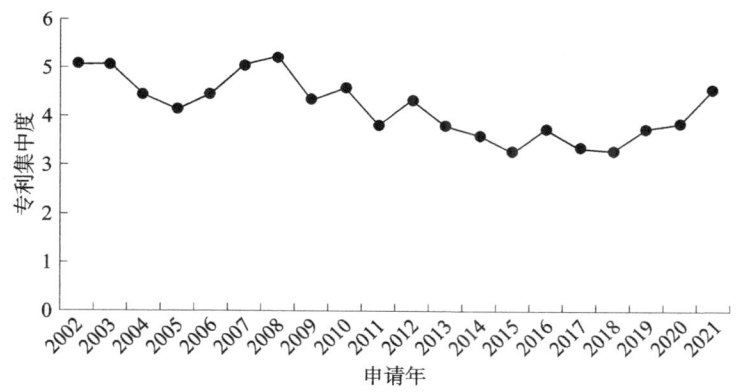

图 8-23 2002—2021 年医药领域全球技术垄断态势

6. 研发团队及技术人才分析

中国的研发团队,从整体上各技术团队除本公司旗下外,与外界公司和高校的合作关系很密切。

合作专利最多的是中国药科大学与上海中药制药技术有限公司、吉林敖东洮南药业股份有限公司、南京映海月生物科技有限公司、金陵药业股份有限公司、泰州越洋医药开发有限公司、江苏省中医院、浙江震元制药有限公司、扬子江药业集团有限公司、江苏康缘药业股份有限公司、江苏省润通化学有限公司,共联合申请专利 35 件。

技术发明人中以陈冠卿为主的团队,属于登封市通达科技有限公司,主要研究方向是中医药,共申请专利 2023 件。

7. 小结

医药领域主要是由几家大型跨国合作公司进行把控,美国在该领域拥有非常雄厚的实力,技术布局范围宽,研究更加深入。中国在该领域起步晚,整体发展靠后,不过近几年开始奋起直追,中国医药领域除了传统的有机化学合成、生物制药外,还多了地域特征明显的中药提取,这是其他国家并未重点研究的。行业垄断度整体呈下降趋势,其他小型医药企业竞争关系不是特别大,研发方向也不是特别明朗,建议中小企业联合科研院所进行产品落地生产。

8.3 医药市场发展分析

加快与国际药品法规和标准的统一和协调,是医药全球化的必然趋势。国家药品标准在保证公众用药安全有效的同时,对促进我国医药产品出口和产业国家化发挥着重要作用。近年来,中国药典委员会先有与美国、欧洲、英国、日本、哈萨克斯坦等国家和地区的药典机构签署了合作备忘录，与世界主要国家和地区药典机构建立了稳固的合作关系，为开展多边和双边药品标准合作与协调奠定了坚实基础。

医药制造行业属于技术密集型、资金密集型行业，对生产技术水平和研发创新能力要求较高。其产业链上游主要包含原材料、辅料、原料药、医用包材等供应商；下游主要包含经销商、配送商等药品流通或销售企业，以及医疗机构、零售和基层市场的终端市场。医药产业链如图 8-24 所示。

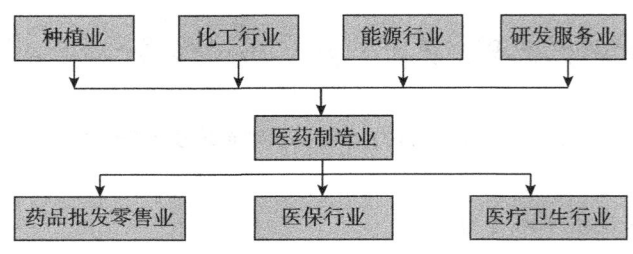

图 8-24　医药产业链

8.3.1　上游分析

医药中间体是医药化工原料至原料药或药品这一生产过程中的一种精细化工产品，化学药物的合成依赖于高质量的医药中间体。这种化工产品不需要药品的生产许可证，在普通的化工厂即可生产，只要达到一些的级别，即可用于药品的合成。制药网数据显示，我国每年需要与化工配套的原料和中间体 2000 多种，需求量达 250 万吨以上。数据显示（图 8-25），我国医药中间体市场规模由 2015 年 2268 亿元增至 2017 年 2650 亿元。中商产业研究院预测，近年来我国医药中间体市场将不会出现大幅度涨幅，2021 年市场规模将达到 2208 亿元。

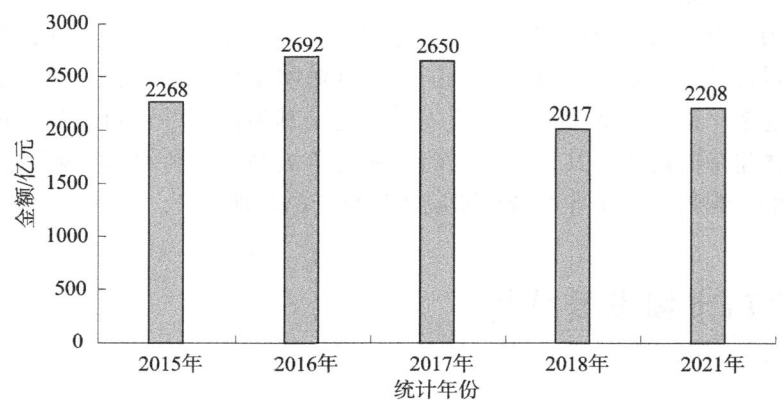

图 8-25　2016—2021 年我国医药中间体市场规模统计

中药材指在汉族传统医术指导下应用的原生药材，用于治疗疾病。一般传统中药材讲究地道药材，是指在一特定自然条件、生态环境的地域内所产的药材，因生产较为集中，栽培技术、采收加工也都有一定的讲究，以致较同种药材在其他地区所产者品质佳、疗效好。数据显示（图 8-26），我国中药材零售市场成交额由 2016 年的 22.06 亿元增长至 2019 年的 81.15 亿元，年均复合增长率为 54.4%。中商产业研究院预测，2021 年我国中药材零售市场成交额约增至 122.59 亿元。

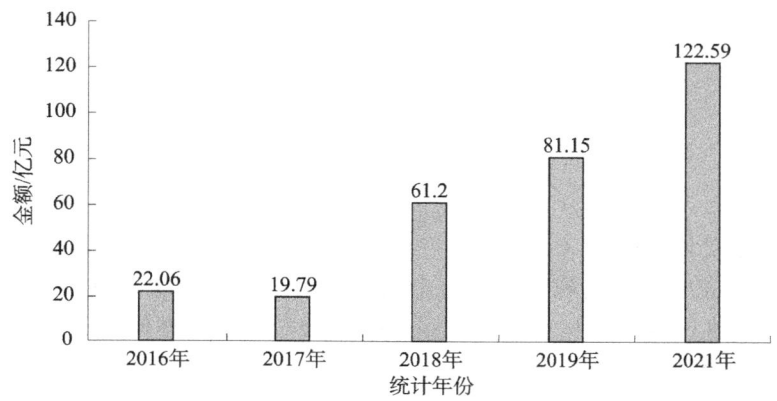

图 8-26　中国药材零售市场成交额统计

8.3.2　中游分析

1. 贸易顺差大

根据国家统计局数据显示（图 8-27、图 8-28），2019 年中国医药进口数量为 158 022.36 吨，进口金额为 3 570 932 万美元；2020 年，中国医药出口数量为 1 543 715.76 吨，出口金额为 2 514 324 万美元。

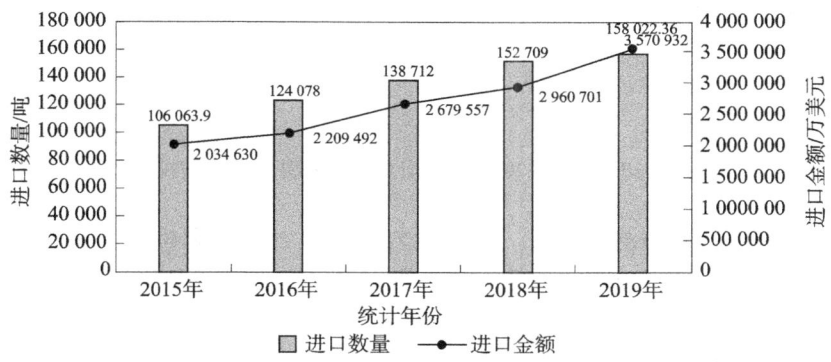

图 8-27　2015—2019 中国医药进口统计

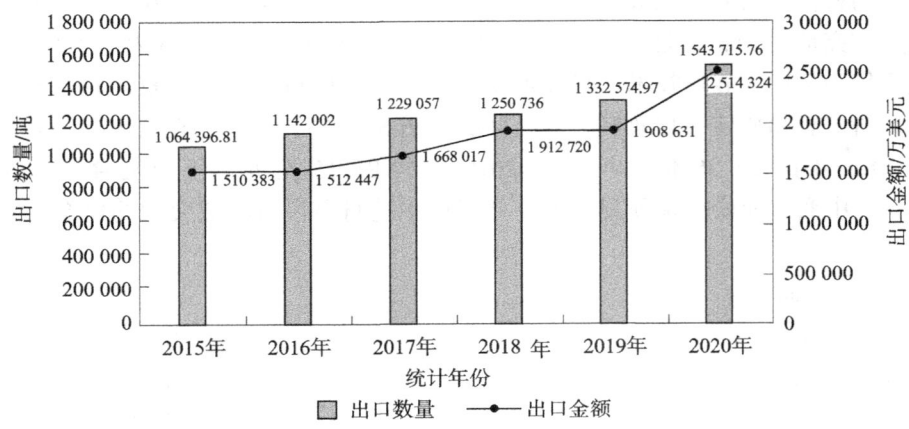

图 8-28 2016—2020 年中国医药出口统计

根据国家统计局统计（图 8-29）可知，2015—2019 年中国医药出口金额大于进口金额，进出口顺差规模较大。中国出口医药平均单价远远低于进口单价，这与我国的产业链生产结构有很大关系，跨国公司通过掌握原创原药，掌握大量制剂登记与销售渠道占据药物链上层，中国企业主要为其做中间体、原药加工，全球约 60% 的原药来自中国，制剂生产较少。并且由于中国自主研发能力较弱，需要进口较多高精细医药类产品，因此导致进出口贸易顺差大，平均单价低的现象。

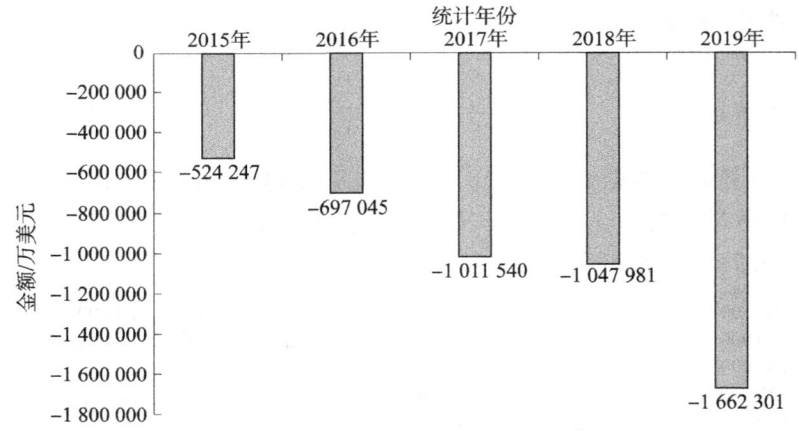

图 8-29 2015—2019 年中国医药贸易顺（逆）差统计

西药制剂、诊断与治疗设备、西药原料药、生物制品和生化药是中国主要进口药，四大产品合计占比约 90%。2010—2019 年，进口结构发生明显变化，原料药进口占比由 28.79% 下降至 14.96%，专利药、原研药、生物制品和生化药进口由 7.23% 提高到 17.06%。2019 年，西药制剂进口 199.1 亿美元，同比增长 52.79%，生物制品和生化药进口 122.6 亿美元，同比增长 157.95%，价格增长

112.37%外，以抗肿瘤药为主的生物制剂产品进口大幅增长；西药原料进口107.5亿美元，同比增长24.7%。近年来，受环保压力和部分原料药垄断影响，原料药频繁出现断供或价格猛涨的问题，为此中国下游企业开始逐步寻求进口替代；仿制药一致性评价和越来越多的新药国内外上市申请也扩大了对高质量原料药的需求，拉高了西药原料进口增幅；诊断与治疗设备进口196.65亿美元，同比增长23.99%，占中国医药健康产品总额的25.97%。

2. 相关企业发展状况

截至2021年11月，医药行业新增企业数量逐年增多，2019年和2020年医药行业企业数量快速增长（图8-30）。对相关企业进行财务状况统计分析，统计结果见表8-3。

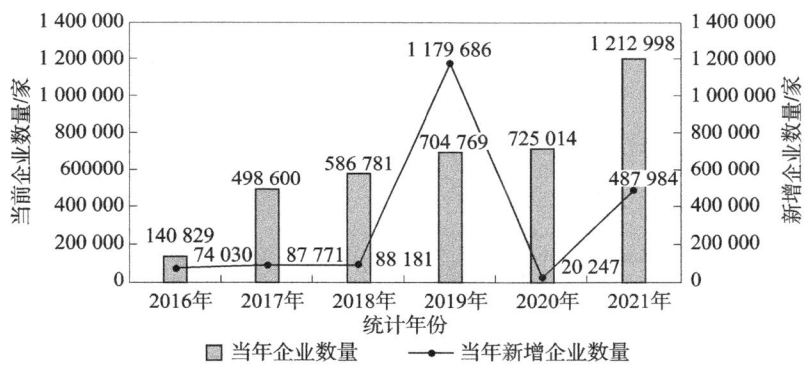

图8-30 2016—2021年中国医药行业企业数量统计

表8-3 2020中国医药企业财务数量统计

代码	代码名称	涨跌/%	市值/亿元	PE	PB	PS	ROE/%	营收/亿元	盈利/亿元	营收CAGF/%	盈利CAGR/%
688235.SH	百济神州	-16.42	2149	—	9.84	31.2	—	69	-87.8	9.59	—
6160.HK	百济神州	-0.85	1735	—	—	25.65	—	68	-82.8	9.02	—
688180.SH	君实生物	-4.99	553	—	7.19	16.74	—	33	-9.45	208.16	—
1877.HK	君实生物	0.00	336	—	4.17	10.71	—	31	-10.57	508.46	—
688186.SH	康希诺	10.77	774	69.51	10.43	24.92	15	31	11	410.43	—
6185.HK	康希诺生	4.88	326	50.66	4.64	15.65	9.16	21	6.43	—	—
603259.SH	药明康德	1.86	4073	98.04	10.9	19.17	11.11	212	42	28.65	34.12
2359.HK	药明康德	1.76	3877	143.51	10.56	28.49	7.36	136	27	28.65	34.12
300347.SZ	泰格医药	0.64	1220	55.16	7.1	28.47	12.88	43	22	23.69	79.8
3347.HK	泰格医药	0.33	858	42.89	5.02	22.59	11.71	38	20	23.8	71.87
300759.SZ	康龙化成	-7.24	1281	90	13.13	18.7	14.59	68	14	30.8	71.89

续表

代码	代码名称	涨跌/%	市值/亿元	PE	PB	PS	ROE/%	营收/亿元	盈利/亿元	营收CAGF/%	盈利CAGR/%
3759.HK	康龙化成	1.82	945	66.36	9.68	13.79	14.59	68	14	30.8	74.01
002821.SZ	凯莱英	0.66	1192	130.86	18.11	29.87	13.84	40	9.11	30.32	28.38
6821.HK	凯莱英	-1.72	759	90.95	12.08	20.88	13.28	36	8.35	31.18	29.65
603127.SH	昭衍新药	2.63	486	109.26	7.13	37.34	6.53	13	4.45	52.85	60.32
6127.HK	昭衍新药	0.35	270	71.03	4.09	22.29	5.76	12	3.81	52.85	57.62
600196.SH	复星医药	1.78	1351	28.44	3.47	3.83	12.19	353	47	17.81	5.44
2196.HK	复星医药	0.82	772	17.44	2.04	2.34	11.72	331	44	17.99	5.44
688505.SH	复旦张江	-0.69	149	75.22	7.22	14.41	9.6	10	1.98	17.76	29.81
1349.HK	复旦张江	-0.74	34	17.24	1.65	3.3	9.6	10	1.98	18.77	29.8
601607.SH	上海医药	1.67	535	9.96	1.1	0.25	11.05	2126	54	13.62	8.49
2607.HK	上海医药	-1.70	322	5.98	0.66	0.15	11.05	2126	54	13.62	8.49
000513.SZ	丽珠集团	2.68	359	20.57	2.87	3	13.93	120	17	7.24	-27.11
1513.HK	丽珠医药	0.74	207	11.87	1.65	1.73	13.93	120	17	7.24	-27.11
600332.SH	白云山	0.03	486	13.63	1.7	0.71	12.48	683	36	43.31	12.24
0874.HK	白云山	-0.50	249	6.97	0.87	0.36	12.48	683	36	43.31	12.24
002399.SZ	海普瑞	0.18	240	30.87	2.05	3.74	6.64	64	7.77	23.32	73.34
9989.HK	海普瑞	0.50	97	12.44	0.84	1.68	6.72	58	7.81	23.41	62.45
000756.SZ	新华制药	-0.64	59	16.16	1.73	0.93	10.69	63	3.64	9.97	15.73
0719.HK	山东新华	-2.33	21	5.89	—	0.34	9.49	63	3.64	9.97	15.73
688366.SH	昊海生科	-2.58	238	55.6	4.17	13.87	7.51	17	4.28	-0.54	-14.83
6826.HK	昊海生物	-0.72	79	18.23	1.39	4.71	7.64	17	4.34	-0.51	-14.83

8.3.3 下游分析

化学药品原料药为我国医药研发服务（CRO）行业下游生产环节的一个主要部分，其产量的多少能对医药生产服务企业盈利产生一定的影响力。在严格监管以及环保政策的影响下，化学药品原料药产量呈逐渐下滑趋势。2019 年化学药品原料药产量为262.1 万吨，同比下滑7.16%；2020 年 1－8 月我国化学药品原料药产量为164.5 万吨，同比下滑2.5%，或将带动医药生产服务企业盈利下降。

2020 年化学药品原料药下游企业优势见表 8－4。

表 8-4 2020 年化学药品原料药下游企业优势

企业名称	主营业务	企业优势
重庆博腾制药科技股份有限公司	原料药生产；医药中间体、精细化学品的生产、销售；采用生物工程技术的新型药物研发等	生产及研发优势：国内 2 个生产基地分别位于重庆长寿和江西宜春，分别在重庆、成都、上海、美国新泽西拥有 4 个研发中心，约 70 个实验室，500 余人的研发技术团队
		客户资源优势：在成都、上海、江西宜春、中国香港以及比利时、瑞士、美国设有子公司
		产品荣誉优势：共有数十个产品多次被授予国家 "863" 计划、国家重点新产品、国家 "火炬计划" 以及重庆市重点新产品等
		企业经营优势：在 "2019 中国企业社会责任 500 优榜单" 中位列第 130 位
宁波人健化学制药有限公司	主要涉及业务为医药中间体、原料药和制剂生产等	产品领域优势：产品涉足生物化学、化学制药、生物工程等领域
		人才资源优势：现有员工 700 余人
		人才管理及设备优势：拥有先进的工艺设备、一流的专业人才、完善的管理体系
		客户资源优势：与多家国内外科研机构及制药公司建立了良好的合作关系
		研发专利优势：为浙江省高新技术研发中心，拥有自主知识产权的发明专利 8 项
无锡药明康德新药开发股份有限公司	化学药研发和生产、细胞及基因疗法研发生产、医疗器械测试等领域	研发服务平台优势：是行业中极少数在新药研发全产业链均具备服务能力的开放式新药研发服务平台
		企业荣誉优势：荣获 "全球 50 家最聪明的公司" "中国医药行业最具影响力企业" "中国 100 典范雇主" 等称号
		客户资源优势：2019 年，公司新增客户超过 1200 家，合计为来自全球 30 多个国家的超过 3900 家客户提供服务，覆盖所有全球前 20 大制药企业

8.4 医药行业政策分析

国内对医药行业的相关政策文件见表 8-5。目前，我国医药制造行业呈现良好发展态势。为了进一步推动医药制造行业的发展，国家陆续出台了一系列法律、法规和政策，监督和规范药品的生产与安全性，鼓励医药制造行业的创新和发展。随着国家一系列有关医药政策的出台，两票制、医保控费、一致性评价等新颖的词语进入医药产业。为了促进我国医药产业的发展，国家接连对医药产业进行整治，正在逐步摸索适合我国国情的发展道路。

表 8-5　政策文件

发布时间	发文部门	文件名称	涉及内容
2017 年	国家医保局、人力资源和社会保障部	《国家基本医疗保险、工伤保险和生育保险药品目录（2017 年版）》	严格药品目录支付规定、规范各省药品目录调整、完善药品目录使用管理、探索建立医保药品谈判准入机制。逐步建立完善基本医疗保险用药范围动态调整机制
2019 年	国务院	《国家组织药品集中采购和使用试点方案》	通过质量和疗效一致性评价（含按化学药品新注册分类批准上市，简称一致性评价，下同）的仿制药对应的通用名药品中遴选试点品种，国家组织药品集中采购和使用试点，探索完善药品集中采购机制和以市场为主导的药品价格形成机制
2019 年	国务院	《中华人民共和国药品管理法实施条例》	对药品生产企业管理、药品经营企业管理、医疗机构的药剂管理、药品管理、药品包装管理、药品价格和广告的管理、药品监督进行了详细规定
2020 年	国家食品药品监督管理总局	《药品生产监督管理办法》	对药品生产条件和生产过程进行审查、许可、监督检查做出规定，具体包括开办药品生产企业的申请与审批、药品生产许可管理、药品委托生产的管理
2020 年	国家食品药品监督管理总局	《药品注册管理办法》	对在我国境内申请药物临床研究、药品生产、药品注册检验以及监督管理进行了具体规定，目的在于保证药品的安全、有效和质量可控，规范药品注册行为
2020 年	国家食品药品监督管理总局	《药物临床试验质量管理规范》	药物临床试验全过程的质量标准，包括方案设计、组织实施、检查、稽查、记录、分析、总结和报告
2020 年	国家医保局、人力资源和社会保障部	《国家基本医疗保险、工伤保险和生育保险药品目录》	各地不得自行指定目录或用变通的办法增加目录内药品，也不得自行调整目录内药品的限定支付范围。要及时调整信息系统，更新完善数据库，将本次调整中被调入的药品，按规定纳入基金支付范围。被调出的药品要同步调出基金支付范围。协议期内谈判药品执行全国统一的医保支付标准，各统筹地区根据基金承受能力确定其自付比例和报销比例，协议期内不得进行二次议价

8.5　医药发展前景预测

按照"控、压、限、移、减、管"六字方针（控制医药企业数量、压减登记医药数量、限制使用高毒高风险医药、引导医药企业进入化工园区、减少化学医药用量、强化医药市场监管),深入推进医药零增长行动,以供给侧结构性改革为主线,以提质增效为中心,严格行业准入管理,推行绿色生产方式,进一步优化产业布局和产品结构,推动技术创新和产业转型升级,转变医药产业的发展方式,减少环境污染,促进医药产业持续稳定健康发展,建立健全医药的监督管理体系及产品追溯系统,提升医药产业在国内外的影响力和竞争力。

9 前沿新材料产业链分析

9.1 前沿新材料的定义及分类

新材料是指新出现或正在发展中的、具有传统材料所不具有的优异性能的材料。它主要包括电子信息、光电、超导材料，生物功能材料，能源材料和生态环境材料，高性能陶瓷材料及新型工程塑料，粉体、纳米、微孔材料和高纯金属及高纯材料，表面技术与涂层和薄膜材料，复合材料，智能材料，新结构功能助剂材料、优异性能的新型结构材料等。新材料的应用范围非常广泛，发展前景十分广阔，其研发水平及产业化规模已成为衡量一个国家经济发展、科技进步和国防实力的重要标志。

纵观全世界，新材料产业已经渗透到国民经济、国防建设和社会生活的各个领域，支撑着一大批高新技术产业的发展，对国民经济的发展具有举足轻重的作用，成为各个国家抢占未来经济发展制高点的重要领域。前沿新材料分类如图 9-1 所示。

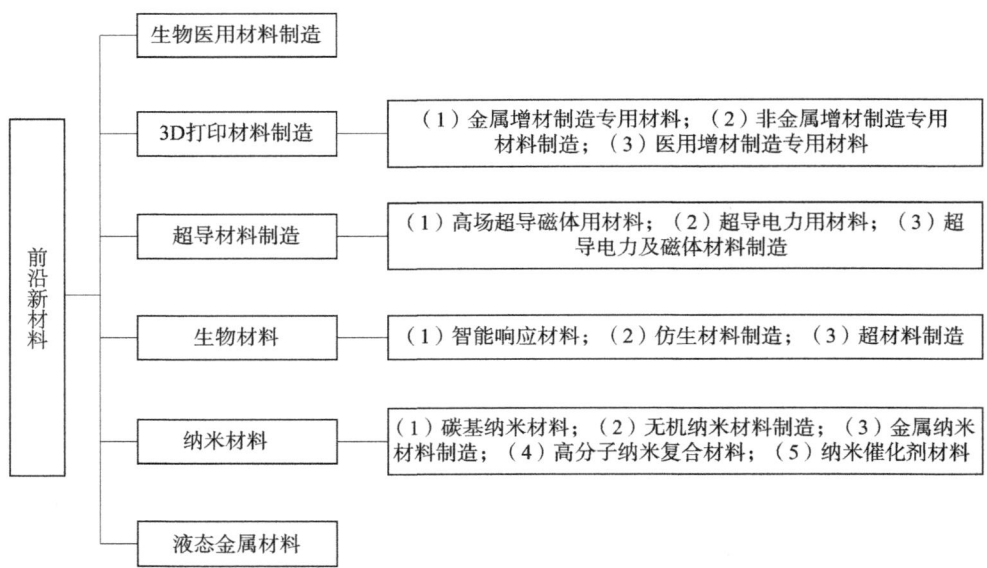

图 9-1 前沿新材料分类

新材料产业的主要特点如下。

（1）重资产产业。新材料的生产过程需要大量有形资产的投入，包含原材料、设备采购、人工费用等。与其他轻资产（如互联网公司）相比，重资产的模式可形成一定的壁垒，不易被效仿。同时，新材料的生产线需要不断更新，产生高折旧率及相关的维护费用；产品的迭代和新产品的研发也需要持续的资金投入。

（2）关键应用领域门槛高。半导体、军工、医药等产业材料，通常需要较长时间的客户测试。

（3）新材料品种多且分散，应用领域覆盖面广泛。

（4）材料导入周期长。从"材料开发—产业化—客户送样测试—小试—量产"等环节，通常需要10~20年的时间。而且如果产品市场拓展较慢，企业空有高毛利但很难产生净利润。新材料为重资产产业，具有周期长、门槛高、品种多且分散、应用广泛等特征：①军工材料通常需要取得军工资质且需参与型号预研等，产品何时放量时间也不确定，进入壁垒高。②半导体、显示等高端应用，材料的性能对产品性能的影响很关键，客户不会轻易改变材料供应商，在材料测试的选择上也是非常谨慎，而且测试周期通常在3~5年。③医用材料同样需要长期的临床验证和医疗资质认证，且有些材料的推广应用需要配合应用场景体系或者其他响应的改进，这又在某种程度上延迟了材料的产业化进程。

9.2 前沿新材料专利发展分析

9.2.1 技术市场趋势分析

1. 市场地域分析

通过对前沿新材料领域技术来源国家（地区、组织）和技术应用国家（地区、组织）的技术地域分布情况分析（图9-2、图9-3）可知，技术研发国和技术应用国排名前三的都是中国、美国、日本。中国体量占比最大，且技术研发和技术应用所占比例基本相同，这说明中国的技术研究主要还是在本国应用；美国研究所占份额要高于技术应用，说明美国部分企业进行跨国技术合作，将部分技术转移出去。

2. 技术趋势分析

对比技术来源国家（地区、组织）专利技术研发数量趋势进行分析（图9-4），中国在2011年之后研发数量突增，赶超美国之后快速增加，直到2017年达到顶峰，2018年进入平台期。日本和美国整体发展都比较平稳，没有较大浮动，其他欧洲国家也是如此。

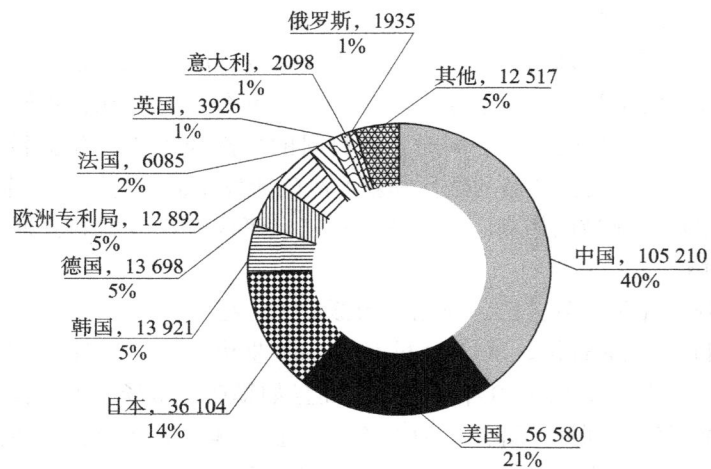

图 9-2 前沿新材料领域技术来源国家（地区、组织）分布（单位：件）

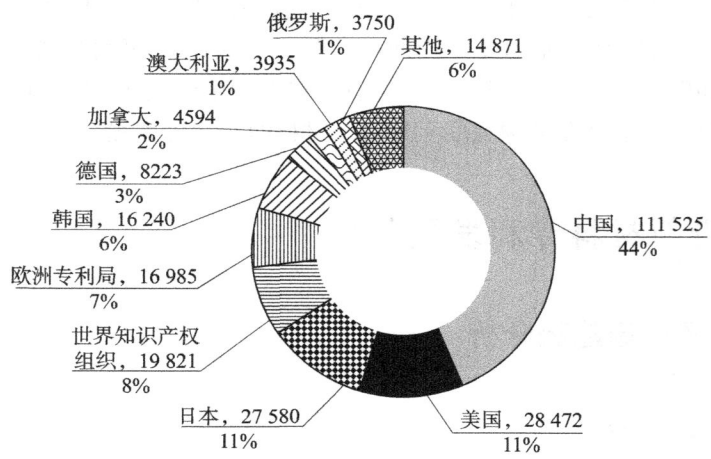

图 9-3 前沿新材料领域技术应用国家（地区、组织）分布（单位：件）

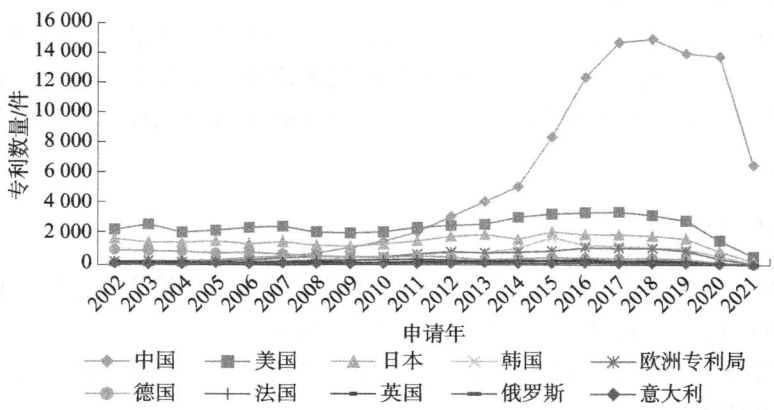

图 9-4 2002—2021 年前沿新材料领域技术来源国家（地区、组织）专利技术研发数量趋势

对技术应用国家（地区、组织）专利技术研发数量趋势进行分析（图9-5），中国对应的曲线与研发曲线基本一致，进一步说明中国对于本项技术的研究和应用主要用于本国，并未进行大量的技术转移。美国、日本以及欧洲国家由于数量较小，没有特别明显的起伏。

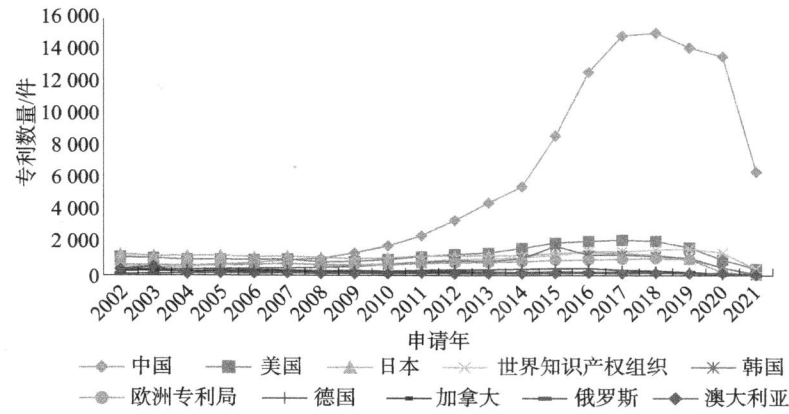

图9-5 2002—2021年前沿新材料领域技术应用国家（地区、组织）专利技术研发数量趋势

3. 申请和授权趋势分析

前沿新材料领域专利申请趋势如图9-6所示。该领域2002—2017年前沿新材料领域技术申请一直呈现上升趋势，尤其是2012年之后呈现快速发展态势。到2017年达到顶峰，2018年几乎持平；2019年之后，可能由于技术未完全公开出现下滑趋势；2017年世界经济稳步复苏，增长动力增强，全球各地区经济呈现出少有的"齐步并进"局面，不仅美国、欧元区和日本这些发达经济体稳步增长，一些重要新兴经济体的状况也在改善，市场信心大为增强。发展中经济体依然是全球经济增长的主要推动力。

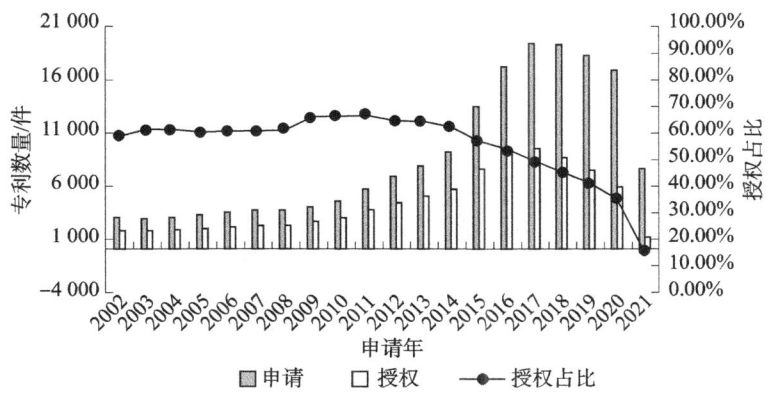

图9-6 2002—2021年前沿新材料领域专利申请趋势

4. 技术生命周期分析

对前沿新材料领域进行技术生命周期进行分析，从图9-7中可以看到，该领域在2017年之前专利申请人数量、专利申请量一直呈现上升趋势，并且发展速度很快；2017年、2018年两年基本保持不变，随后开始下降。可能是由于专利并未完全公开导致；另外可能是由于2018年中美开始贸易战，世界经济持续下滑，原材料价格上涨，导致增速放缓。整体来看，因为该领域属于技术发展的前沿领域，有非常好的发展前景。

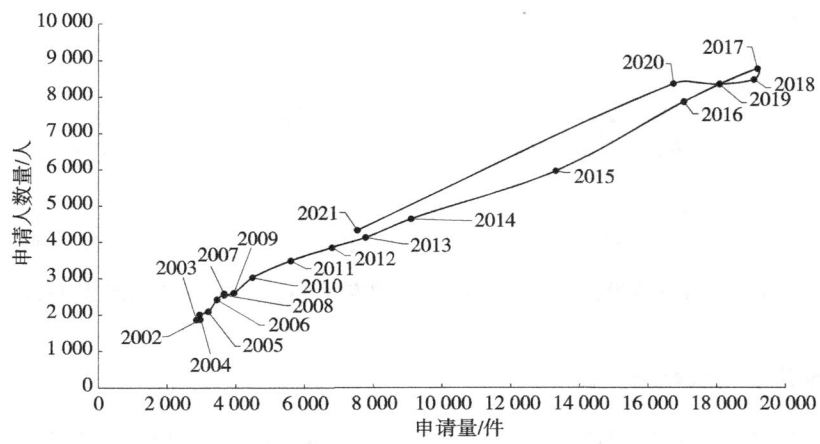

图9-7　前沿新材料领域技术生命周期

5. 中国市场排名

中国各主要地区专利技术申请中，江苏排名第一，其次是广东、浙江、安徽、北京（图9-8）。江苏省新材料产业基地多，集群效应强，整体研发能力强，对行业发展有非常大的带动作用。绝大多数排名靠前的企业都分布在东南沿海位置，主要是因为进出口贸易比较方便。

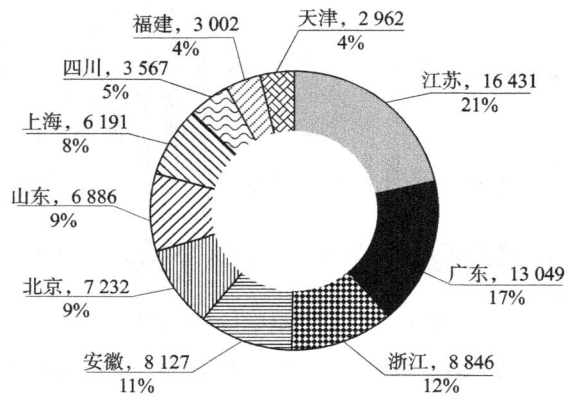

图9-8　前沿新材料领域中国各地区专利数量分布（单位：件）

6. 小结

对新材料领域进行技术地势分析，整体市场预期中国大于美国和日本，美国和日本在这一领域的起步相对较早，技术发展比较成熟，已经开始进行技术转移生产；中国在这一领域的起步较晚，近几年才足够重视，进行了大量的技术开发专利布局工作。江苏、广东一带依靠地理位置的便捷以及相关研究机构的辅助，发展较快。整体行业属于成长期，有很大的市场前景。

9.2.2 技术趋势分析

1. 技术分布

对前沿新材料领域全球技术研究进行分析，从图（图9-9）中可以看到主要技术方向集中在功能性膜材料、打印设备、石墨烯量子点等，这是当前各国重点的研究领域，对于一些其他新应用方向（如植入物、复合纳米材料和存储介质等技术）研究比较少，处于研究绿地。

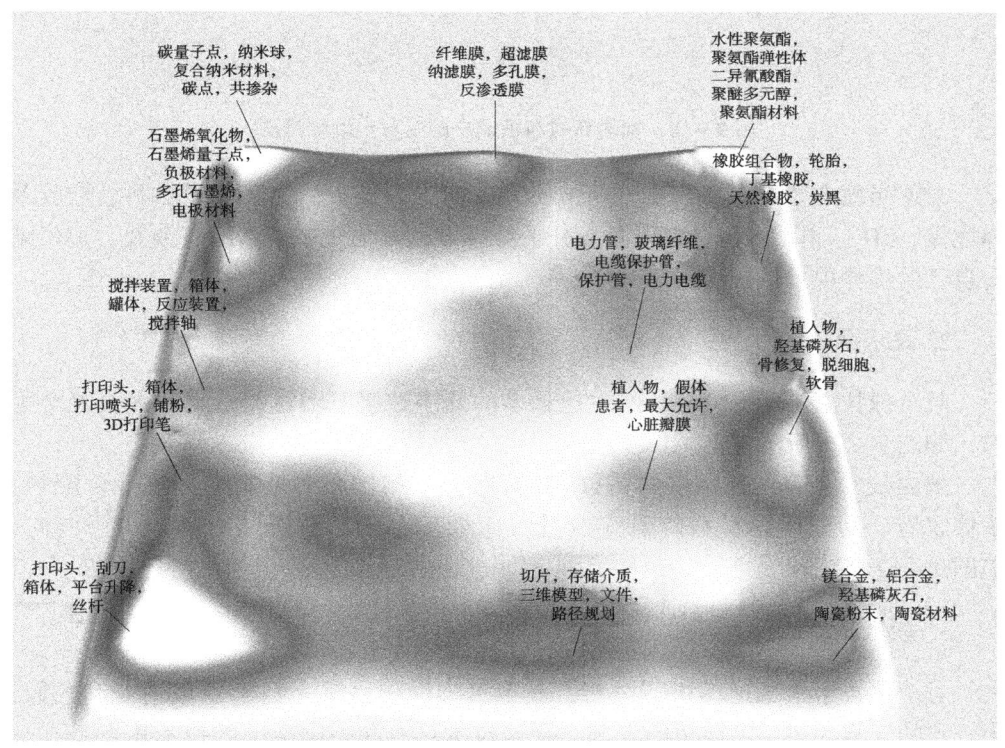

图9-9 前沿新材料领域全球专利申请地势图

中国主要热门研究分布跟国际趋势基本一致（图9-10），紧跟国际步伐。

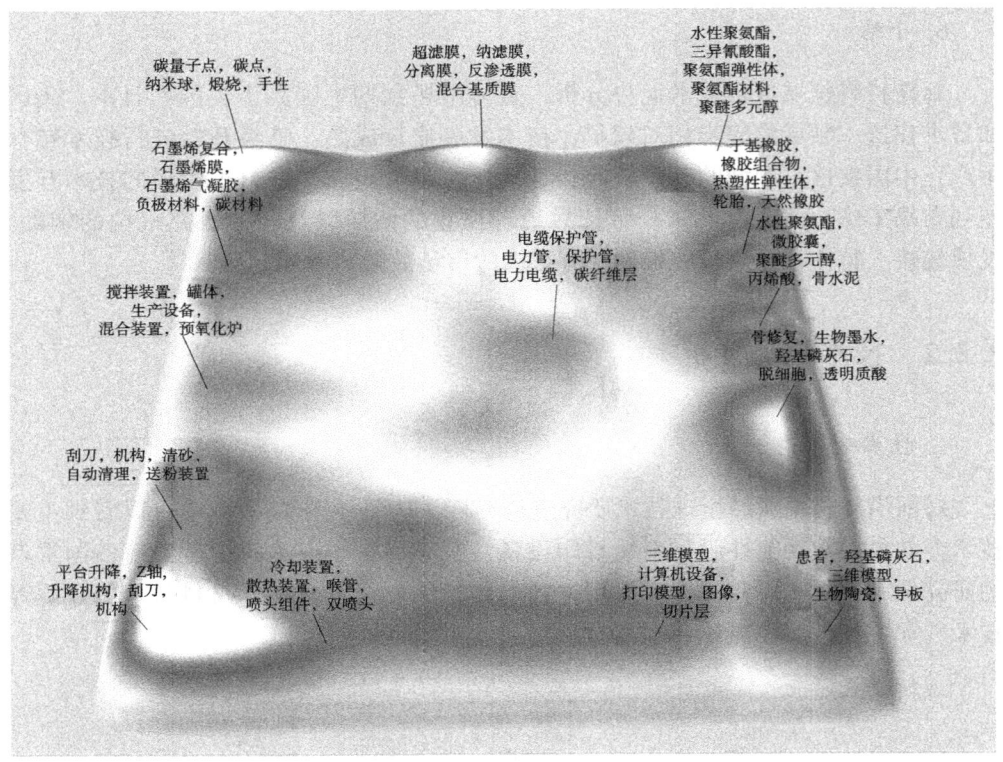

图 9-10　前沿新材料领域中国专利申请地势图

大连当地主要集中在几个方向，研究方向少而集中，如功能膜材料、橡胶及弹性体、3D 打印、电极材料以及高分子纤维等，其他领域基本没有涉及。建议结合自己的优势项目进行拓展。

2. 技术焦点

对全球技术焦点进行分析，占比最多的是半透膜、增材制造类和无机混合配料，如图 9-11 所示。

国内技术焦点占比最多的是以 3D 打印为主的增材制造类、无机混合配料。整体来看，功能性膜材料的研究数量占比最多，是当前研究的一个热门方向，如图 9-12 所示。

3. 领域地图

对全球技术领域地图进行分析，其中大气泡代表某一技术领域的专利总数，小一点的气泡代表一定数目的专利。全球技术焦点和中国本土的技术焦点基本一致，最大的几个气泡分别是 3D 打印和 3D 打印机，是在此技术领域布局企业数量最多的。其次是复合材料、纳米材料、石墨烯，研究数目相对较多，如图 9-13 和图 9-14 所示。

9 前沿新材料产业链分析

图 9-11 前沿新材料领域全球技术焦点区块图

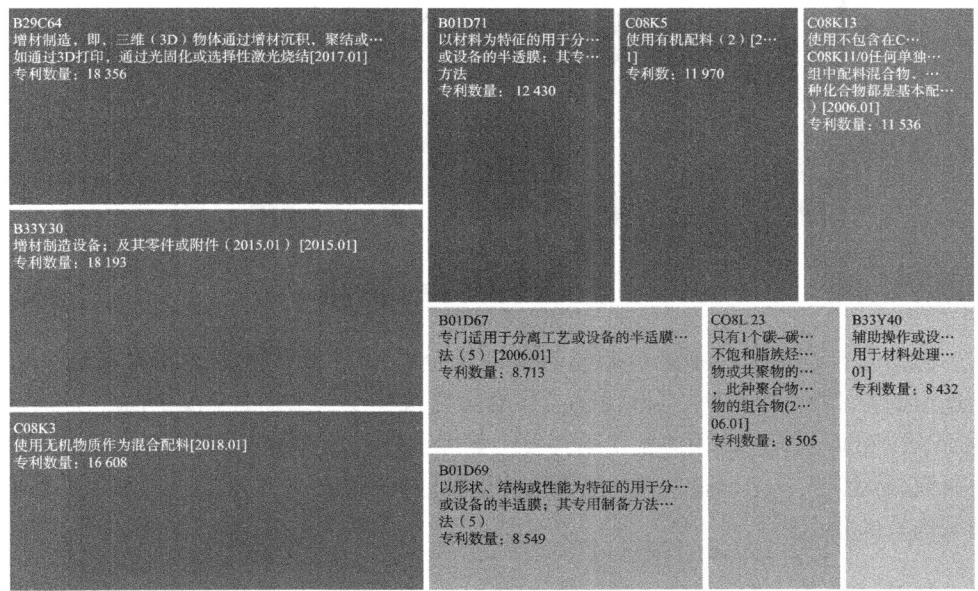

图 9-12 前沿新材料领域国内技术焦点区块图

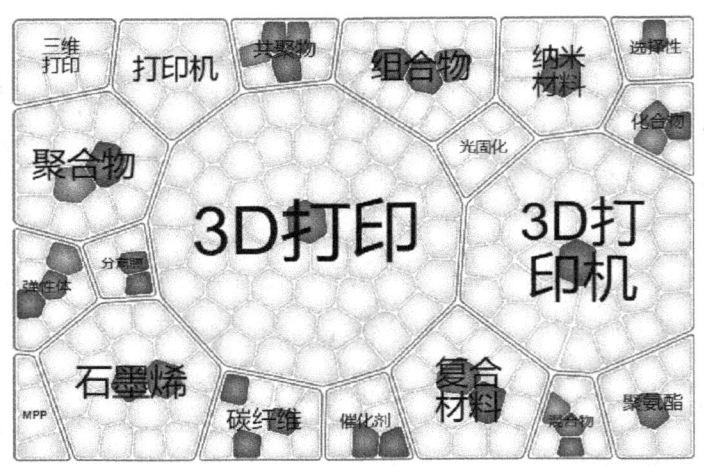

图 9-13　前沿新材料领域全球技术领域图

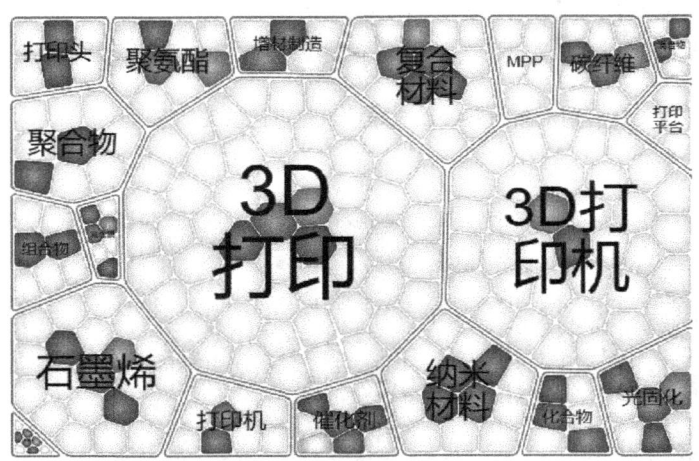

图 9-14　前沿新材料领域国内技术领域图

整体来看，并没有哪家企业能够将格子全部占满，即实现技术的完全垄断。大连市的技术领域地图填充得较满，当地研究机构少，垄断性比较明显，主要是几所学校和研究所进行相应技术的开发，如大连理工大学在 3D 打印机和纳米材料的研究较为深入，中国科学院大连化学物理研究所研究范围较广，在图示中所有领域均有涉猎。

4. 重点发展方向

从全球来看，当前研究的热门主题词有 3D 打印、3D 打印机、聚合物、复合材料以及石墨烯，国内的热门主题词也追随国际潮流（图 9-15、图 9-16）。

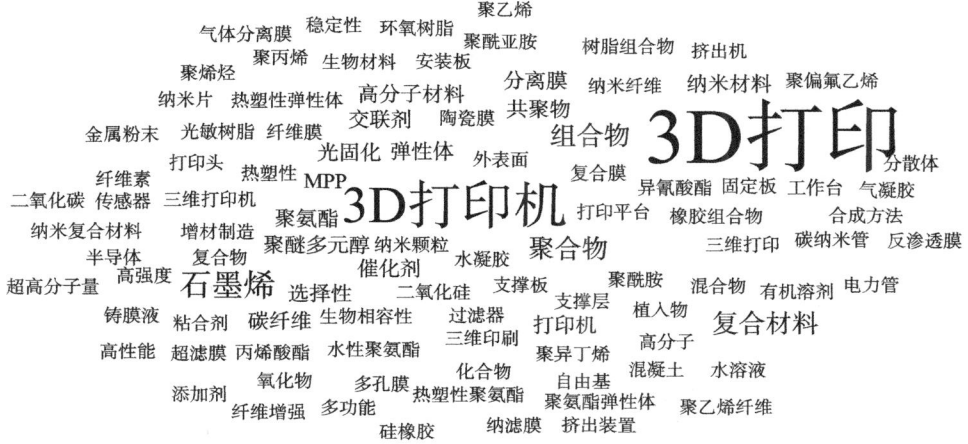

图 9-15　前沿新材料领域全球创新词云图

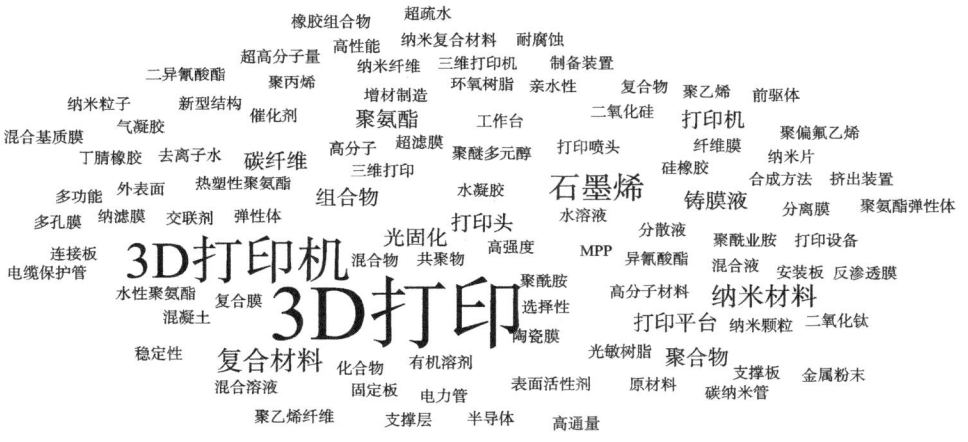

图 9-16　前沿新材料领域国内创新词云图

大连当地的研究领域比较细分并且比较集中，除了 3D 打印、3D 打印机、聚合物、复合材料以及石墨烯外，还在碳纤维、分离膜、纳米材料上有较多的聚焦。

5. 技术分支申请趋势

对前沿新材料领域全球各技术申请趋势进行分析（图 9-17），主要在 2009 年之后开始大规模发展。2009 年全球十大科技成就中，美国科学家用直线加速器相干光源在世界上首次制成超快 X 射线激光，这是一种强有力的研究工具，能对进行中的化学反应拍摄快照，改变材料的电子结构。令人瞩目的是，中国上海同步辐射光源在历经数年建设后，2009 年正式投入运营。作为世界上第三代同步辐射装置，它为中国和世界材料科学和技术研究提供了强有力的手段和工具。

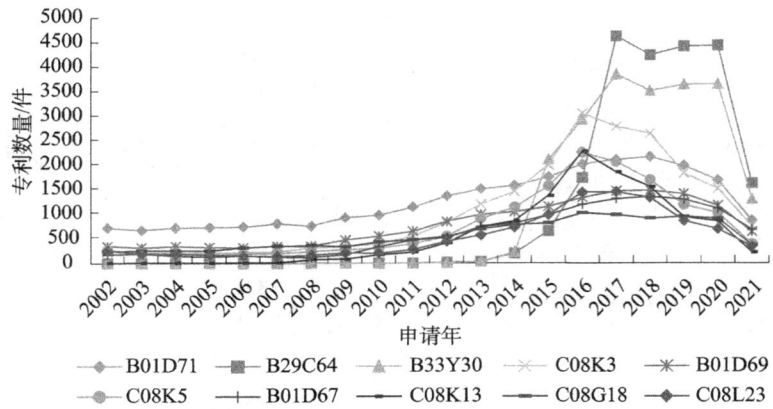

图9-17 2002—2021年前沿新材料领域全球各技术分支专利申请趋势

本领域技术分类定义见表9-1。

表9-1 技术分类定义

IPC 分类号	定义
B29C64	增材制造，即，三维（3D）物体通过增材沉积、聚结或层压，例如通过3D打印，通过光固化或选择性激光烧结〔2017.01〕
B33Y30	增材制造设备；及其零件或附件〔2015.01〕〔2015.01〕
C08K3	使用无机物质作为混合配料〔2018.01〕
B01D71	以材料为特征的用于分离工艺或设备的半透膜；其专用制备方法
C08K5	使用有机配料〔2〕〔2006.01〕
C08K13	使用不包含在C08K3/00至C08K11/00任何单独一个大组中的配料混合物，其中每种化合物都是基本配料〔4〕〔2006.01〕
B01D67	专门适用于分离工艺或设备的半透膜的制备方法〔5〕〔2006.01〕
B33Y40	辅助操作或设备，如用于材料处理〔2020.01〕
B01D69	以形状、结构或性能为特征的用于分离工艺或设备的半透膜；其专用制备方法〔5〕
C08L23	只有1个碳－碳双键的不饱和脂族烃的均聚物或共聚物的组合物，此种聚合物的衍生物的组合物〔2〕〔2006.01〕

石墨烯被《科学》（Science）列为2009年全球十大科技进展之一，这是由单原子紧密堆积成二维蜂窝网状结构的一种新型材料，可成为构建其他维度材料的基本单元。因此，2009年之后出现快速的大发展。3D增材、分离膜是研究的热门方向。

6. 小结

从全球来看，方向集中于功能性膜以及3D打印机居多。大连市对于该领域的研究主要集中于高校。除主流研究方向之外，大连市对于该领域的研究方向比较新颖，可发展空间大。整个新材料方向属于一个成长阶段，有非常不错的发展前景，应该抓住机遇，积极发展。

9.2.3 竞争对手分析

1. 创新主体排名分析

前沿新材料领域全球创新主体排名（图9-18）中，日本东丽株式会社排名最靠前，远超第二名的巴斯夫欧洲公司。东丽株式会社是世界著名的以有机合成、高分子化学、生物化学为核心技术的高科技跨国企业，在全球19个国家和地区拥有200家附属和相关企业，年销售额超过120亿美元，拥有雇员35 000名。东丽株式会社是世界上最早从事反渗透膜技术开发的企业之一，早在20世纪60年代就开始了膜技术的研究，从原材料的选用、制膜技术的开发以及膜元件构造的设计等，为这一技术在超纯水、海水淡化等水处理领域的应用发展做出了卓越的贡献。现在该公司已经成为世界上少数能同时提供醋酸纤维膜和聚酰胺复合膜的厂家；同时也是世界上唯一一家具有RO、NF、UF、MF、纤维滤布系列膜技术研发与向市场提供全系列商业化膜产品的膜厂家。

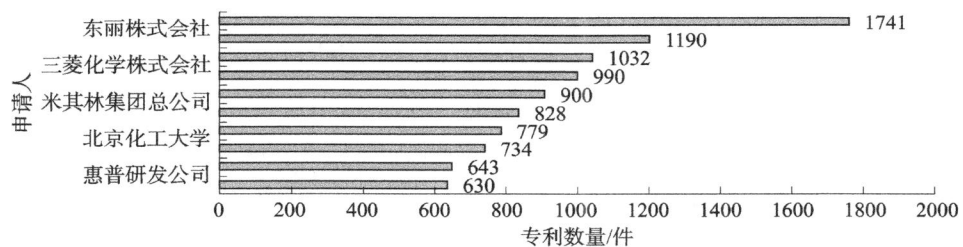

图9-18 前沿新材料领域全球创新主体排名

中国创新主体排名如图9-19所示。中国虽然在该领域整体研发数量较多，但是只有中国石油化工进入前10。国内创新主体只有中国石油化工一家企业，其余均为学校。

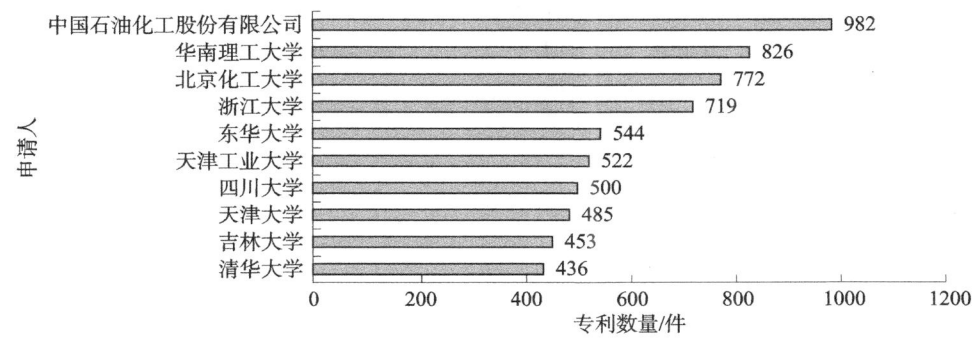

图9-19 前沿新材料领域中国创新主体排名

整体来看，该领域主要由几家大型跨国公司进行把控，中国在该领域起步较晚，创新主体主要还是高校。

2. 创新主体创新战略分布

从全球创新主体中可以看到，米其林集团总公司无论是在合作性、国际化、多样化方面，还是在专业化及学术驱动方面，都具有明显优势，米其林集团总公司是全球轮胎科技的领导者，逾百年前于法国的克莱蒙费朗建立；三菱化学株式会社、巴斯夫欧洲公司等其他领先企业主要的发力方向均为质量提升和市场推动；相比之下，我国的中国石油化工股份有限公司尤其重视市场推动以及数量增长方向，如图9-20所示。

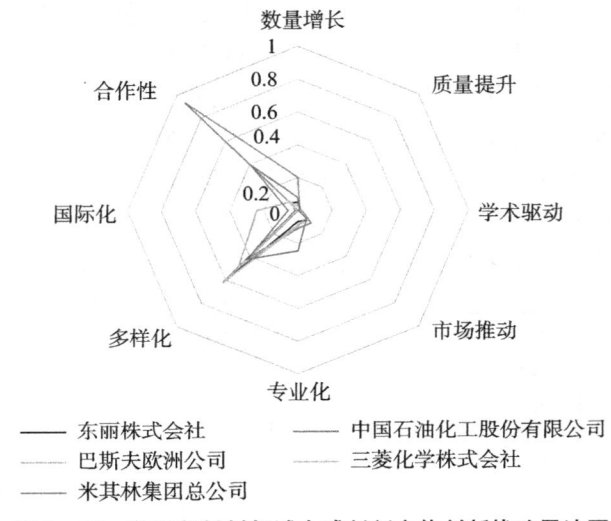

图9-20　前沿新材料领域全球创新主体创新战略雷达图

针对中国本土企业进行创新雷达图分析（图9-21），可知中国石油化工股份有限公司几乎是全方位发展。除此之外，国内各大高校在被项目技术领域研究中体量很大，目前普遍聚焦突破数量增长、提升质量及市场推动方向。

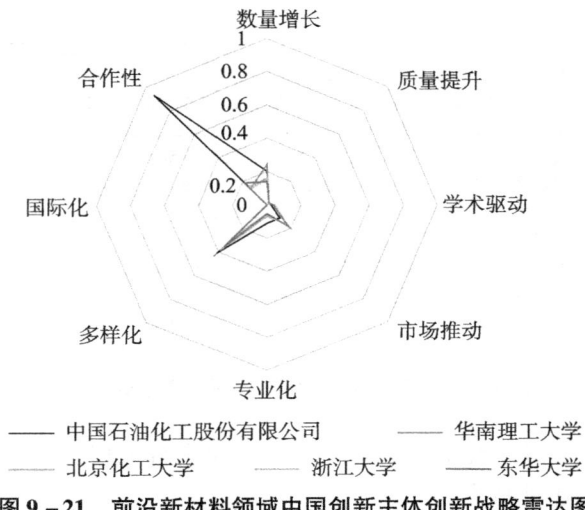

图9-21　前沿新材料领域中国创新主体创新战略雷达图

3. 主要创新主体的专利布局的地域分布

对全球主要创新主体的专利布局进行地域分析（图9-22），横向来看，各创新主体都在本国进行了重点布局，日本两家企业东丽株式会社和三菱化学在本国布局远高于其他国家。其他除本国外的技术布局中，在德国、美国、日本的技术布局比较多，说明该技术还是比较新颖的，国内市场都未达到饱和，各国都在积极进行相关技术的研究。纵向来看，中国上榜的企业或者高校较多，所以在中国进行的技术布局是最多的，其次是日本、美国、德国。法国米其林集团总公司历史悠久，技术布局国家比较多，但是其他各国在法国的技术布局非常少。

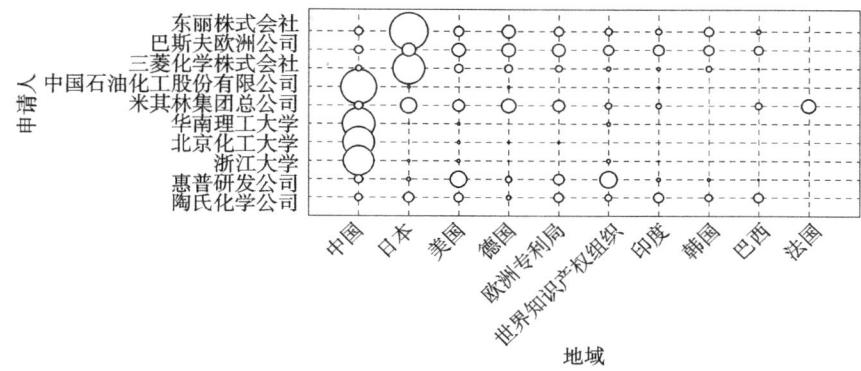

图9-22 前沿新材料领域全球创新主体的专利布局的地域分布

4. 主要创新主体技术分布

全球技术创新主体主要技术方向具有各自的倾向性。东丽株式会社主要在半透膜及相关工艺、高分子制品材料和碳纤维的制造进行技术布局；巴斯夫欧洲公司主要在异氰酸酯类或异硫氰酸酯类的聚合产物进行技术布局，在化合物的制造上保持一贯领先态势；三菱化学在半透膜以及高分子材料制造布局较多；中国石油化工股份有限公司在各领域的技术布局比较分散，没有形成自己的优势创造；米其林集团总公司主要在橡胶及弹性体上布局；惠普主要在3D打印上进行技术布局。整体上看，半透膜、3D打印技术、特种橡胶是技术专利布局最多的方向，如图9-23所示。

国内创新主体中，天津工业大学在半透膜技术领域技术布局最多，远超其他方向。其他各学校技术布局方向铺开得比较广，没有突出的侧重点，如图9-24所示。

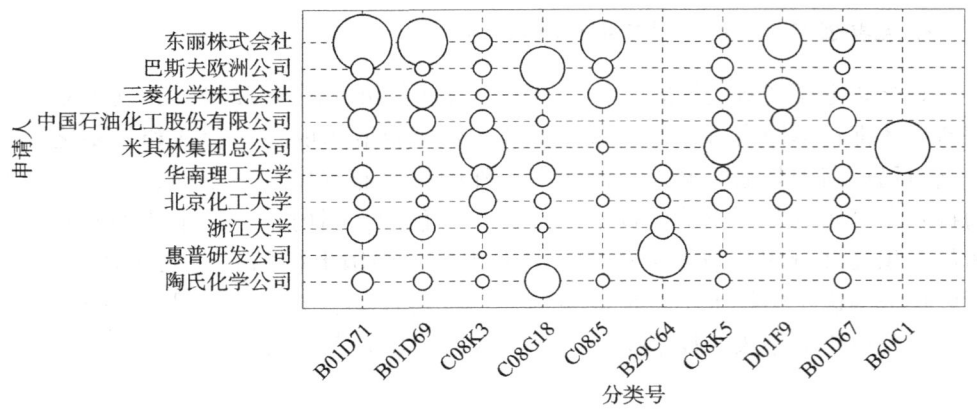

图 9-23 前沿新材料领域全球创新主体技术分布

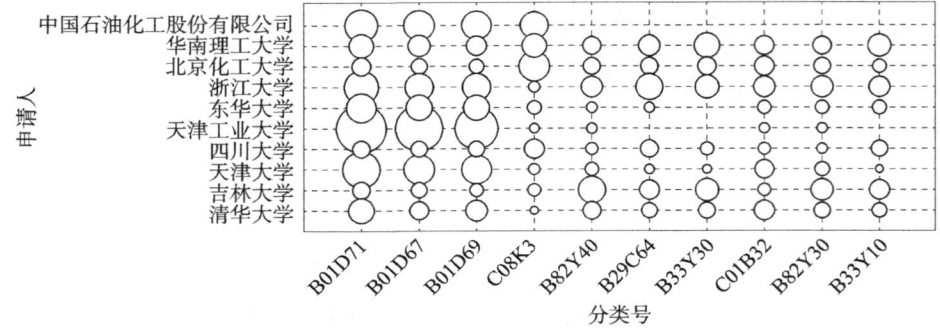

图 9-24 前沿新材料领域国内创新主体技术分布

本领域全球创新主体及中国创新主体技术分类的定义见表 9-2。

表 9-2 技术分类定义

IPC 分类号	定义
B01D71	以材料为特征的用于分离工艺或设备的半透膜；其专用制备方法
B01D69	以形状、结构或性能为特征的用于分离工艺或设备的半透膜；其专用制备方法
C08K3	使用无机物质作为混合配料
C08G18	异氰酸酯类或异硫氰酸酯类的聚合产物
C08J5	含有高分子物质的制品或成形材料的制造
B29C64	增材制造，即三维（3D）物体通过增材沉积、聚结或层压，例如通过 3D 打印，通过光固化或选择性激光烧结
C08K5	使用有机配料
D01F9	其他原料的人造长丝或类似物；其制造；专用于生产碳纤维的设备
B01D67	专门适用于分离工艺或设备的半透膜的制备方法
B60C1	轮胎胎面；胎面花纹；防滑嵌插件；外胎侧壁；及其防护、装饰、标志或类似装置

续表

IPC 分类号	定义
B82Y40	纳米结构的制造或处理
B33Y30	增材制造设备；及其零件或附件
C01B32	碳；其化合物
B82Y30	用于材料和表面科学的纳米技术，例如：纳米复合材料
B33Y10	增材制造的过程
B01D53	气体或蒸气的分离；从气体中回收挥发性溶剂的蒸气；废气例如发动机废气、烟气、烟雾、烟道气或气溶胶的化学或生物净化
C02F1	水、废水或污水的处理

5. 垄断性分析

对新材料领域进行技术垄断分析，整体垄断值都是非常低的，平均在 7% 左右，并且整体技术趋势还在下降（图 9-25）。垄断程度越来越低，这对企业发展来说是个非常好的发展机会。

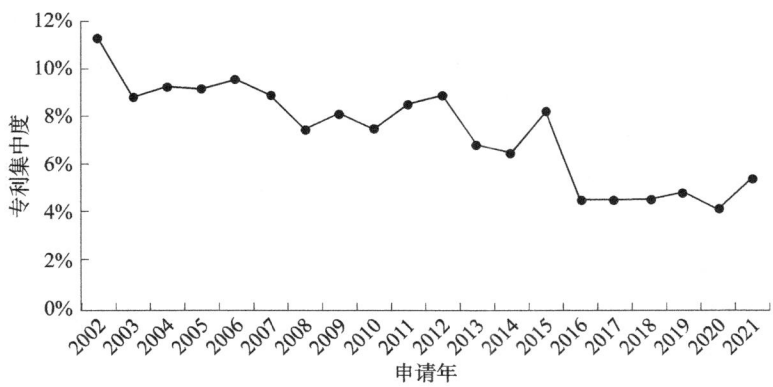

图 9-25　2002—2021 年前沿新材料领域全球技术垄断态势

6. 研发团队和技术人才分析

国内主要研发团队：张立群是北京化工大学的教师，主要进行橡胶复合材料的分析；王磊来自陕西省膜分离技术研究院有限公司，主要进行膜材料开发；陈庆来自成都新柯力化工科技有限公司，主要进行石墨烯、功能膜的开发；陈春、刘辉林、唐京科、敖丹军属于同一公司——深圳市创想三维科技股份有限公司，主要进行 3D 打印技术的开发工作。除此之外，因为国内部分院校和科研机构对专利文献评价的过分追求，导致出现了专利申请热，数量虽多，但是质量普遍较差。

7. 小结

新材料领域属于一个前沿学科,各个国家对其研究都还不够深入,但各有自身的侧重点。当前研究效果较为突出的技术分支主要是半透膜及其加工工艺、3D 打印增材、打印机等,日本、美国等国家对该领域的研究时间比较早,也更加深入。中国在该领域还属于起步阶段,主要停留在高校研究,真正落地的技术非常少。

9.3 前沿新材料市场发展分析

随着全球经济一体化发展,全球新材料产业差异化显著,产业重心逐渐转移到亚太地区。新材料产业持续扩展,上下游产业联动性越来越强,产业集约化和集群化特征更加显著。

全球新材料产业整体规模呈快速增长态势,主要集中在发达国家及地区。全球新材料产业差异化显著,产业重心逐渐转移至亚太地区。全球新材料产业发展不均衡,美国、日本和欧洲等地区拥有成熟的新材料市场,多数产品占据全球市场的垄断地位,是新材料产业主要的创新主体。其中,美国在新材料全领域位于领先地位;欧洲在复合材料、化工材料领域优势显著;日本在电子信息材料领域领跑于世界;俄罗斯在航天航空材料等方面趋于领先地位;中国在前沿新材料等领域发展有一定优势。随着全球新材料产业巨头迅速扩张,新材料产业链的中低端逐渐向亚太地区(如中国)转移。

全球新材料产业已形成三级梯队竞争格局。第一梯队是美国、日本、欧洲等发达国家和地区,在技术研发实力、经济实力、市占率等方面占绝对优势;第二梯队是韩国、俄罗斯、中国等国家,产业处于高速发展阶段;第三梯队是巴西、印度等国家,处于追赶阶段,V 型产业联动性越来越强,产业集约化、集群化发展。随着全球经济一体化发展,新材料产业持续扩展,上下游产业联动性越来越强,产业集约化和集群化特征愈加显著。集约化、集群化的发展模式加速了产业联盟形成,有利于产业协同发展。

中华人民共和国成立 70 多年来,我国新材料产业不断发展壮大,在体系建设、产业规模和技术进步等方面取得了明显成就,目前正处于由大向强转变的关键时期,新材料产业持续健康发展将为新一轮科技革命和产业变革奠定坚实的基础。梳理我国新一代信息材料、新能源材料、稀土材料、生物医用材料、先进结构材料、特种功能材料、高性能复合材料以及前沿新材料的发展,形成前沿新材料上、中、下游产业链,如图 9-26 所示。

9 前沿新材料产业链分析

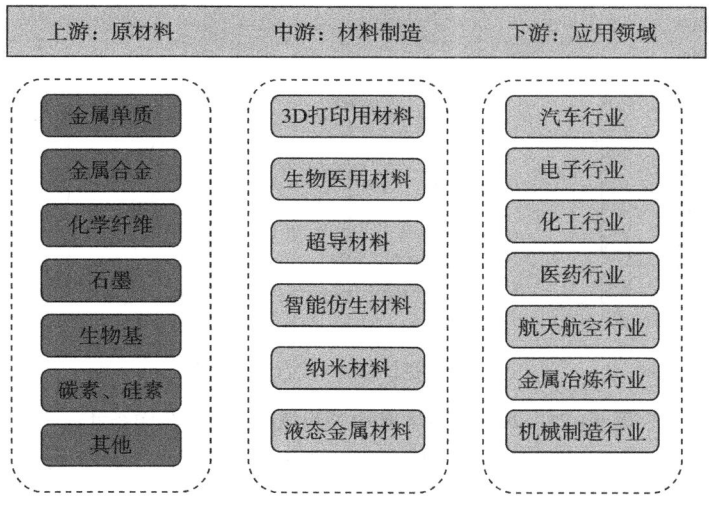

图 9-26　中国前沿新材料产业链

9.3.1　上游原料及制品分析

1. 聚氨酯

聚氨酯（PU），全名为聚氨基甲酸酯，是一种高分子化合物，软质聚氨酯主要具有热塑性的线性结构，它比 PVC 发泡材料有更好的稳定性、耐化学性、回弹性和力学性能，具有更小的压缩变型性。根据国家统计局数据显示（图 9-27~图 9-30），2014—2018 年我国聚氨酯出口数量高于进口数量，但平均出口单价要低于进口单价，贸易逆差逐渐缩小。该领域中国研究较为深入，发展比较快。

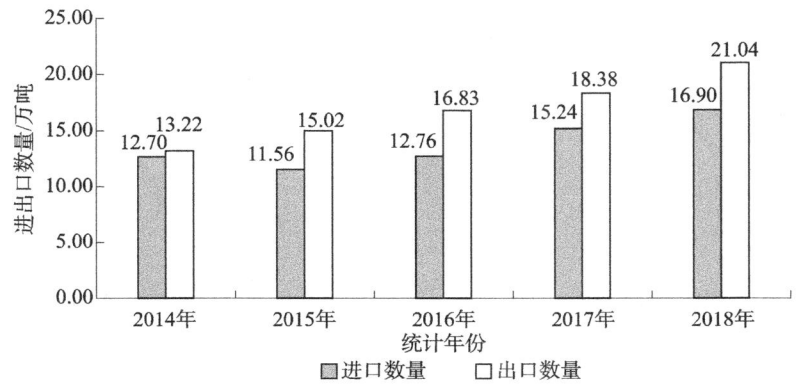

图 9-27　2014—2018 年中国聚氨酯进出口数量统计

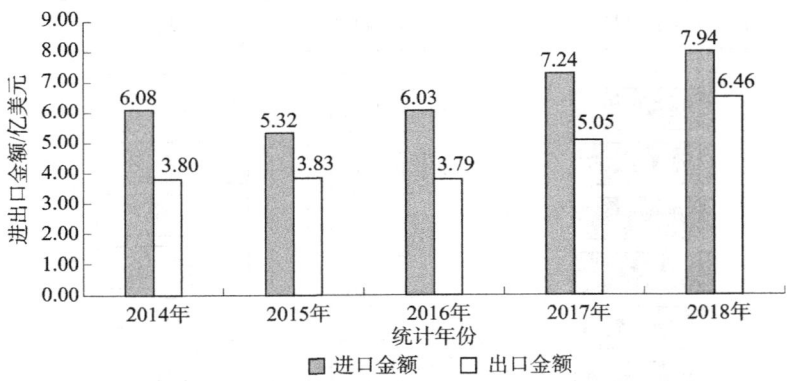

图 9-28　2014—2018 年中国聚氨酯进出口金额统计

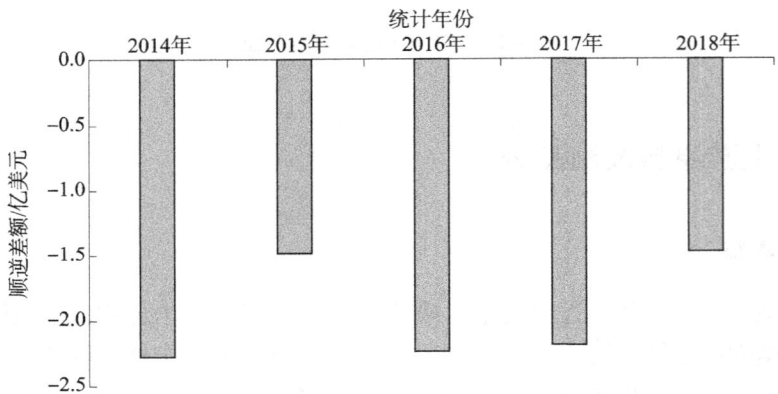

图 9-29　2014—2018 年中国聚氨酯贸易顺（逆）差额统计

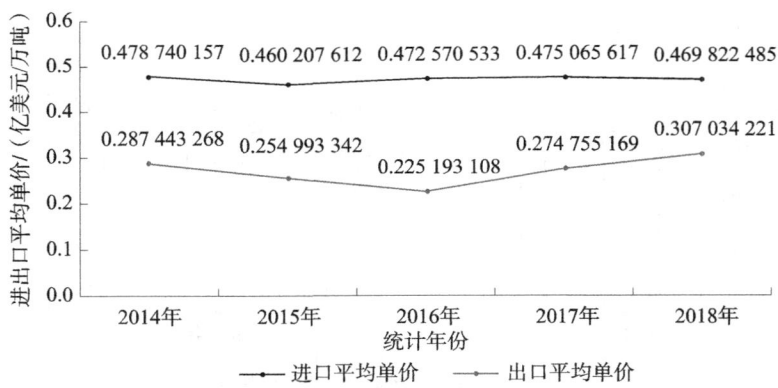

图 9-30　2014—2018 年中国聚氨酯进出口平均单价统计

2. 高端聚烯烃

根据国家统计局数据显示，高端聚烯烃即为具有高技术含量（技术有门槛）、高应用性能（牌号多、快速的技术服务导向）、高市场价值（价格高、盈利强、波动小）的聚烯烃产品。高端可以分为两类：一是大宗聚烯烃产品的高端牌号，如多峰及茂金属聚乙烯、聚丙烯等，高碳 α-烯烃共聚的聚乙烯牌号等。二是特殊的聚烯烃树脂产品，如乙烯-醋酸乙烯共聚（EVA）树脂、聚丁烯-1（PB-1）、超高分子量聚乙烯（UHMWPE）、乙烯-乙烯醇共聚树脂（EVOH）等。根据下游应用的调查发现，高端聚烯烃产品应用领域非常广泛，主要应用在高端管材、汽车零部件、医疗设备、高端电子电气等领域。在国外，高端聚烯烃在工业管道中的应用十分普遍，其对力学、抗老化性、热力学性能等都具有较高的要求，广泛应用在输配水、输送热力、制冷、废水、油气管道等。但是在国内，高端聚烯烃主要应用在汽车、电子电气等领域，应用范围较国外有限。

2011—2019 年，中国聚烯烃进口金额和进口数量如图 9-31、图 9-32 所示。在中国，汽车领域是高端聚烯烃的重要应用领域。其中聚丙烯广泛应用在汽车的保险杠、叶子板、遮阳板、仪表盘等部位，聚丙烯其优异的可塑性、低密度及优异的 NVH 属性（振动、噪声、乘坐舒适性），被开发成为汽车专用消费市场。聚丙烯在汽车中的应用，很好地提高了汽车的节能环保性、安全耐用性等。

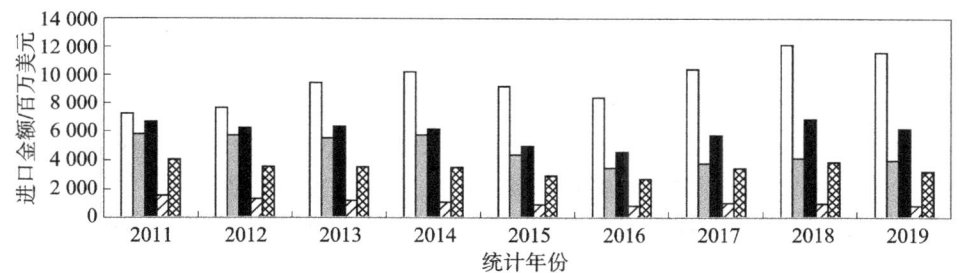

图 9-31 2011—2019 年中国聚烯烃进口金额

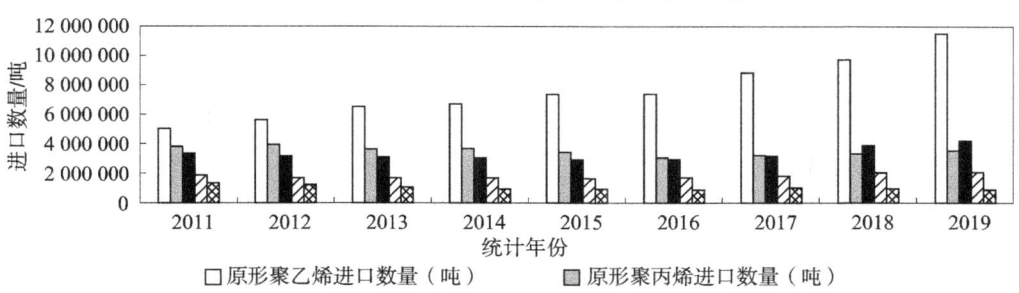

图 9-32 2011—2019 年中国聚烯烃进口数量

但是,由于结构不合理,产业高速增长带来的结构性矛盾较为突出。截至2019年年底,我国还是全球较大的聚烯烃产品进口国,其原因不是中国聚烯烃供应不足,而是进口的聚烯烃产品多数为高端聚烯烃牌号产品。中国的超高分子量聚乙烯的自给率已经超过60%,这给中国高端聚烯烃产业带来的些许利好。另外,在POE弹性体、EVOH、茂金属聚乙烯、环烯烃共聚物(如COC、COP等)方面,较发达国家依旧存在着较大的差距。当然,这也是中国聚烯烃产业所要为之努力和前进的方向。

3. 石墨烯

在石墨精矿生产方面,我国是全球最大的石墨精矿生产国,鳞片石墨精矿产量约占全球总产量的60%。目前,我国石墨采选矿企业约有50家,合计精矿产能约为1.8×10^6 t。企业普遍存在生产规模偏小、石墨回收率偏低、大鳞片损失严重、自动化水平低、装备水平差、环境污染依然较为严重、劳动生产率低等问题。

在石墨初加工方面,我国是石墨初加工产品的主要生产国,产量约占全球总产量的80%,初加工企业生产规模较大、技术较为先进,可膨胀石墨、球形石墨等的制备技术处于世界领先水平。据不完全统计,2020年我国球形石墨产量约为1.1×10^5 t、可膨胀石墨产量约为5×10^4 t、膨胀石墨产量约为5×10^4 t、高纯石墨产量约为5×10^4 t、高碳石墨产量约为5×10^4 t、炼钢增碳剂产量约为2×10^5 t。

在石墨深加工方面,深加工产品种类多样,产量较大的产品有负极材料、金刚石、柔性石墨、氟化石墨、石墨乳、微粉石墨、铅笔芯、润滑剂、研磨剂、导电材料、石墨烯等。我国是负极材料、金刚石、柔性石墨、微粉石墨、石墨烯等材料全球主要生产国,其中负极材料产量占全球总量的70%以上,金刚石产量占全球总量的95%,含石墨的镁碳砖、碳砖产量约占全球总量的60%。据不完全统计,2020年,我国石墨深加工产品的负极材料产量约为6×10^4 t,金刚石产量约为4×10^3 t,柔性石墨产量约为2×10^3 t,微粉石墨产量约为5×10^3 t,含碳耐火材料产量约为2×10^6 t。

在石墨应用端产品方面,我国是应用端产品的重要生产国。我国的锂离子电池产量居世界首位,2021年产量为324 GW·h(约14%的产品用天然石墨作为负极材料),约占全球总产量的70%,锂电池全产业产值突破6000亿元;我国石墨类密封润滑摩擦材料发展历史长,产品可以自给;我国当前已具备氟锂碳电池的生产能力,但是难以满足高端应用需求;燃料电池、燃料电池双极板、可穿戴设备等正处于初创期。

在石墨废弃物管理方面,我国重视含石墨废弃物(如炼钢用镁碳砖、连铸用铝-石墨耐火材料、石墨保温砖、负极材料、刹车片、隔热材料等)的循环利用。我国大部分废石墨类耐火材料已经回收再进行低价值利用;废旧动力电池循环利用正处于产业化初期,其中的废旧石墨回收也开始进行但尚未产业化。总体来看,我国石墨废弃物管理的技术水平和综合利用水平还较低,亟须进一步提高。

此外，我国仍存在一些受国外"卡脖子"的石墨技术与产品，在资源端主要是大鳞片石墨、致密块状石墨，在材料端主要是超纯石墨、高性能氟化石墨等。

4. 纳米材料

20 世纪 80 年代末，我国政府开始重视纳米材料和技术的研究。20 世纪 90 年代中期之后，从事纳米材料生产开发的公司不断增多，社会资金投入也不断增加，纳米材料应用产业兴起。进入 21 世纪，我国纳米材料产业进入稳定、健康的发展阶段，各种包括纳米材料在内的新材料产业法规、标准也陆续出台，纳米行业从业者的外部环境逐渐变好，竞争更加有序。2020 年中国纳米材料市场规模已达到 1068.4 亿元（图 9-33），预计未来还会持续性增长。

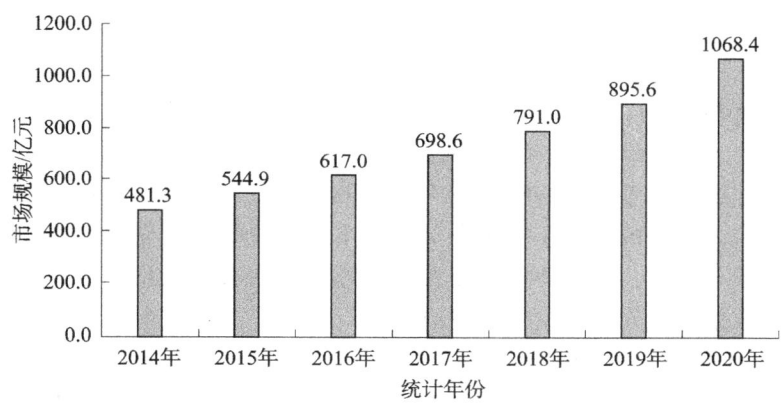

图 9-33　2014—2020 年中国纳米材料市场规模

5. 生物材料

生物医用材料涉及亿万人的健康，是保障人类健康的必需品。生物医用材料的应用不仅挽救了数以千万计人的生命，使疾病得以早期发现和有效治疗，并显著降低了重大疾病的死亡率。在全球，生物材料行业仍保持一定速度增长；2019 年全球生物医用材料及其制品行业销售规模约为 1808 亿美元。随着医学及材料学的发展，尤其是新型材料的研发成功，如 20 世纪 40 年代高分子材料的大力发展，为生物材料的研究与应用提供了极大的发展机会。现在，我国生物材料行业主要研究方向是再生医学的生物材料及植入器械、生物材料的表面/界面及表面改性、药物/基因控释载体和系统等方面。2020 年中国生物医用材料市场规模已达到 3200 亿元（图 9-34），预计未来还会持续性增长。

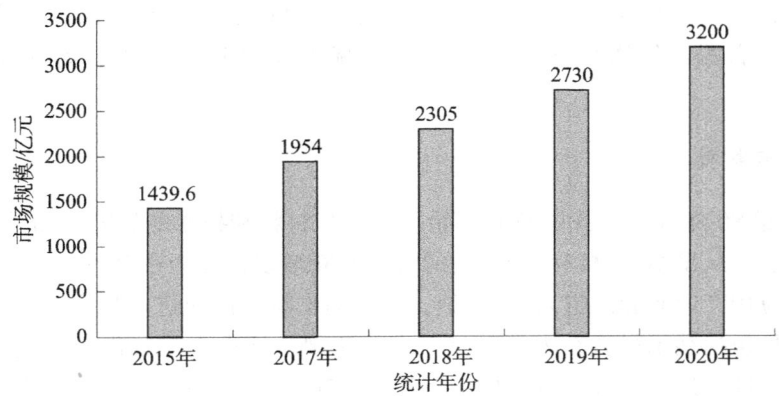

图 9-34 2015—2020 年中国生物医用材料市场规模

6. 工程塑料

工程塑料是主要应用于工业领域内，可用作工程材料以及替代机械结构零部件等的塑料。工程塑料具有较好的综合性能，包括机械性能、电性能、耐化学性、耐热性、尺寸稳定性等，能够应对较为苛刻的物理、化学应用环境的要求，广泛应用于航空航天、机械制造、电子电器、汽车等工业制造业领域。由于工程塑料属于技术密集型产业，因此外资企业在该领域一直占有较大份额，其次是国有控股型企业。根据统计分析，我国工程塑料生产企业中，外资企业占34%、国有企业占36%、民营企业占21%、台资企业占9%。另外，从单个企业的规模来看，外资和台资企业的平均生产能力在 13 万 t/年，国有企业的平均生产能力在 7 万 t/年，民营企业的平均生产能力在 4 万 t/年，存在一定差距。截至 2019 年，工程塑料国内整体需求量在 590 万 t，增长率达到 5.5%，如图 9-35 所示。

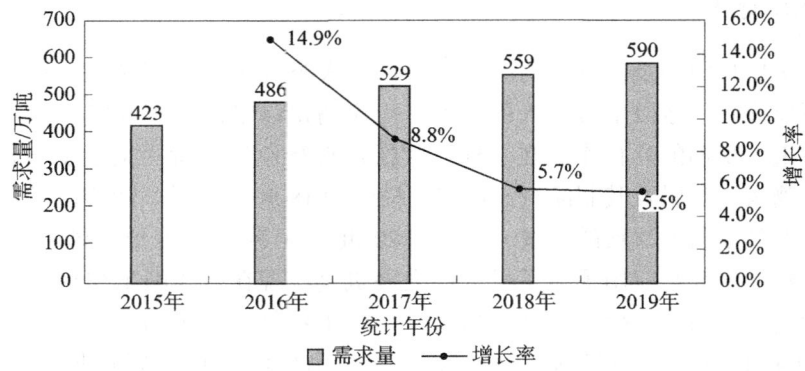

图 9-35 2015—2019 年中国工程塑料行业需求量及增长率

9.3.2 中游分析：企业数量和盈利稳步增加

1. 企业发展情况

我国新材料产业市场化程度不高、行业分割、条块分割和管理分散等问题依然存在。另外，许多新材料产品处于科技研发前沿，前期投入高、开发周期长、风险大。目前，我国新材料企业约80%为中小型企业，这些企业在金融信贷方面存在诸多限制，难以满足上市条件。同时，由于新材料产业项目投资风险较大，银行对这些项目贷款十分慎重，存在"不熟悉、不会做、不敢做"的情况，新材料行业信贷业务量偏小，融资渠道不足。因此，新材料企业融资以自有资金为主。从国家级火炬计划资金落实情况来看，在新材料项目中，企业出资占比规模超过60%。据不完全统计，截至2021年，企业数量已达到210 729家，其中新增92 627家，如图9-36所示。

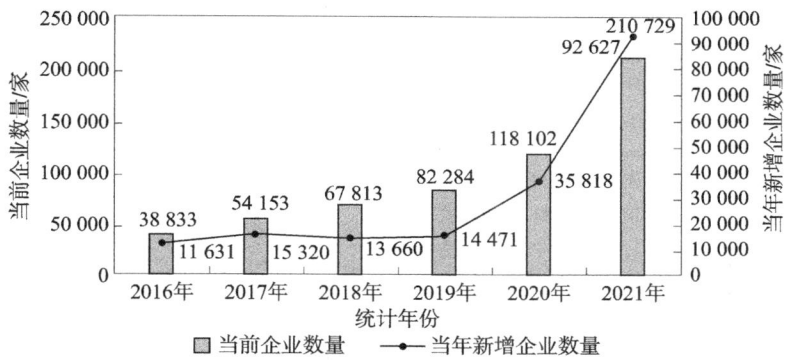

图9-36 2016—2021年中国新材料行业企业数量统计

其中，北京市目前规模以上新材料企业350余家，产值过亿元的企业148家，现有上市公司29家，制造业和相关科技服务业累计总产值达到1200亿元左右，现已形成高端化、协同化发展的产业格局。

关键战略材料领域方面，北京市集聚了北京三聚环保新材料股份有限公司、中航复合材料有限责任公司、北京碧水源科技股份有限公司、北京中科三环高技术股份有限公司、北京当升材料科技股份有限公司、北京同益中特种纤维技术开发有限公司、北京航空材料研究院、中信国安盟固利动力科技有限公司等优势企业。先进基础材料领域方面，聚集了北新建材集团有限公司、东方雨虹民用建材有限责任公司、高盟新材料有限公司、北矿新材有限公司等骨干企业。

2. 新材料产业集群空间分布

根据我国区域重大战略、区域协调发展战略和主体功能区战略，各地基于产业基础、科研条件、资源禀赋、市场需求等比较优势，发展区域特色新材料产业，推动新材料相关企业集聚化发展，涌现出一批各具特色的新材料产业集群（表9-3）。总体来看，我国东、中、西部和东北地区新材料产业发展各有侧重，呈现"东部沿海聚集，中部、西部、东北地区特色发展"的空间布局，区域特征明显。其中，京津冀、长三角、珠三角等地区形成了综合性新材料产业集群，中部和西部地区形成了以材料深加工和资源利用为基础的特色新材料产业基地，东北地区形成了服务于重大装备和工程的特色新材料产业基地。

表9-3 我国主要省份新材料产业集群发展特点

所在省份	集群类型	发展特色	发展优势	"十四五"战备定位
广东	市场导向型+技术驱动型	新型半导体材料、新能源材料、电子新材料及电子化学品、生物医用材料等	工业体系完备，应用市场广阔，区位优势明显，创新要素快速集聚	基本建成世界级前沿新材料创新中心、具有全球重要影响力的研发和制造高地
浙江	市场导向型+技术驱动型	磁性材料、氟硅新材料、高性能纤维及复合材料等	科创优势显著，制造业发达，上下游产业链相对完整	初步建成国际一流的新材料科创高地和全球有重要影响力的新材料产业高地
江苏	市场导向型+技术驱动型	先进电子材料、高品质特殊钢、化工新材料、稀土功能材料、碳纤维、石墨烯等先进碳材料	经济基础实力雄厚，完善的配套体系，科研实力较强	打造综合实力国际先进的高端新材料集群
江西	资源转化型+政府引导型+市场导向型	金属新材料、化工新材料、先进无机非金属材料等	矿产资源丰富，政府引导支持	建成具有国际影响力的新材料产业集聚区
湖南	资源转化型+政府引导型+市场导向型	先进钢铁材料、先进有色金属材料、先进化工材料、先进储能材料、碳基材料、先进陶瓷材料、新型建筑材料	制造业基础扎实，创新能力较强，政府引导支持	形成在全国有重要影响力的研发及制造高地，建成国家级新材料产业集群
云南	资源转化型+政府引导型	先进有色金属材料、先进钢铁材料、化工新材料、光电子微电子材料、绿色能源材料、液态金属、3D打印材料、石墨烯等	矿产资源丰富，绿色能源深度利用，政府培育支持	形成现代化新材料产业集群
山西	资源转化型+政府引导型	先进金属材料、碳基新材料、生物基新材料、半导体材料、纤维新材料、新型无机非金属材料、前沿新材料	资源禀赋优势，政府培育支持	成为国内重要的新材料产业基地和创新中心

3. 下游分析新基建提升新要求

国内支柱产业及高技术产业发展对新材料的需求不断扩大。机械制造业、电子信息制造业、汽车工业、建筑业等支柱产业的快速发展对原材料质量、性能与数量等方面都提出了更高的要求,高新技术产业将带动新材料需求的增加。

新基建主要包括5G基站建设、特高压、城际高速铁路和城市轨道交通、新能源汽车充电桩、大数据中心、人工智能、工业互联网七大领域,涉及诸多产业链,是以新发展理念为引领,以技术创新为驱动,以信息网络为基础,面向高质量发展需要,提供数字转型、智能升级、融合创新等服务的基础设施体系。在新基建的背景下,增效降本,拉动智能化数字化建设,新材料的创新速度会越来越快,并逐渐向高性能、多功能、复合、智能和低成本化方向发展,学科间的交叉越来越复杂。

9.4 前沿新材料行业政策分析

前沿新材料行业相关政策见表9-4。

表9-4 政策文件

发布时间	发文部门/机构	文件名称	涉及内容
2018年3月	全国人民代表大会	《2018年政府工作报告》	加快制造强国建设。推动集成电路、第五代移动通信、飞机发动机、新能源汽车、新材料等产业发展,实施重大短板装备专项工程,推进智能制造,发展工业互联网平台,创建"中国制造2025"示范区
2018年4月	工业和信息化部、财政部	《关于印发国家新材料产业资源共享平台建设方案的通知》	到2020年,围绕先进基础材料、关键战略材料和前沿新材料等重点领域和新材料产业链等各关键环节,基本形成多方共建、公益为主、高效集成的新材料产业资源共享服务生态体系。到2025年,新材料产业资源共享服务生态体系更加完善
2018年10月	工业和信息化部、科学技术部、商务部、国家市场监督管理总局	《原材料工业质量提升三年行动方案(2018—2020年)》	到2020年,我国原材料产品质量明显提高,部分中高端产品进入全球供应链体系,供给结构得到优化,原材料工业供给侧结构性改革取得积极成效。明确了钢铁、有色金属、石化化工和建材四个细分行业的发展目标
2019年3月	全国人民代表大会	《2019年政府工作报告》	深化大数据、人工智能等研发应用,培育新一代信息技术、高端装备、生物医药、新能源汽车、新材料等新兴产业集群,壮大数字经济

续表

发布时间	发文部门/机构	文件名称	涉及内容
2020 年 11 月	国务院	《新能源汽车产业发展规划（2021—2035 年）》	加快培育和发展节能汽车与新能源汽车，有效缓解能源和环境压力，推动汽车产业可持续发展
2020 年 9 月	国家发展和改革委员会、科学技术部、工业和信息化部、财政部	《关于扩大战略性新兴产业投资培育壮大新增长点增长极的指导意见》	加快在光刻胶、高纯靶材、高温合金、高性能纤维材料、高强高导耐热材料、耐腐蚀材料、大尺寸硅片、电子封装材料等领域实现突破，提升稀土、钒钛、钨钼、锂、石墨等特色资源在开采、冶炼、深加工等环节的技术水平，加快拓展石墨烯、纳米材料等在光电子、航空装备、新能源、生物医药等领域的应用
2020 年 12 月	工业和信息化部、银行保险监督管理委员会	《关于开展重点新材料首批次应用保险补偿机制试点工作的通知》	生产《重点新材料首批次应用示范指导目录（2019 年版）》内新材料产品，且于 2020 年 1 月 1 日至 2020 年 12 月 31 日期间，投保重点新材料首批次应用综合保险的企业，符合首批次保险补偿工作相关要求，可提出保费补贴申请。承保保险公司符合《关于开展重点新材料首批次应用保险试点工作的指导意见》（保监发〔2017〕60 号）相关要求，且完成重点新材料首批次应用保险产品备案

9.5　前沿新材料发展前景预测

9.5.1　世界新材料领域 2020 年态势总结

发达国家针对新材料领域展开新一轮布局。美国国家科学基金会先后向"材料研究科学与工程中心"和"化学创新中心"合计投入约 2.6 亿美元，围绕材料、化学领域制订新研究计划，旨在通过与跨学科、多机构的团队开展合作，应对相关领域挑战，并推动新技术发展。日本产业经济省发布 2020 年日本工业技术展望报告，提出 2050 年前重要技术研发方向，并指出应将一定资源集中于作为所有领域基础的材料技术。英国商业、能源与产业战略部正式启动"可持续复合材料计划"，着眼于复合材料的全生命周期，确保其满足未来飞机、汽车与风电涡轮机等领域发展需要。

美国、欧盟、韩国高度关注原材料供应链安全问题。美国能源部宣布提供 1800 万美元的基础研究资助，旨在推动关键矿物和稀土元素供应链的研究与开发，保障美国能源和国家安全。欧盟委员会修订了关键原材料清单，将稀土等 30 种具有重大经济和战略价值的原材料纳入清单，同时公布行动计划，力求扩大供应商网络，减少对第三国的依赖。韩国政府发布材料、零组件和设备 2.0 战略，大幅扩充战略产品的供应链管理名录，促进"制造业回流"，意图打造零部件产业强国和尖端产业世界工厂。

新型高功率电子器件推动信息产业快速发展。瑞士洛桑联邦理工学院研制出一种由间距 20 纳米的双金属片组成的高功率太赫兹器件。这种器件可在皮秒时间内产生高强度太赫兹电磁波，未来有望广泛应用于安防、医疗和通信等领域。俄罗斯开发出世界上最紧凑的绿光半导体激光器，对构造光芯片、微传感器和其他使用光作为信息传输和处理媒介的器件领域具有积极推动作用。美国海军研究实验室开发出应用于 5G 技术的新型氮化镓基谐振隧穿二极管（RTD）。该电子器件打破了传统器件的电流输出与开关速率纪录，能使应用程序获取毫米波范围内的电磁波以及太赫兹频率。

新能源材料推动电池行业创新发展。美国华盛顿州立大学开发出媲美锂电池的钠离子电池，在 1000 次循环充电后仍能保持 80% 以上的电量。该项研究使利用丰富而廉价的材料开发一种可行电池的技术成为可能。澳大利亚昆士兰大学开发出能量转换效率高达 16.6% 的新型量子点太阳能电池，比此前世界纪录高出近 25%，有助于进一步研发柔性、透明太阳能电池。韩国科学技术研究院开发出新型硅负极材料，可将电池容量提升 4 倍，并且支持快速充电，预计将使电动车续航里程翻倍。

颠覆性新材料技术不断涌现，带来高技术产业新变革。在二维材料方面，美国斯坦福大学利用二维材料制备出的超薄异质结构，表现出优异的隔热性能，有望用于电子器件超轻隔热罩。瑞士洛桑联邦理工学院设计出的一种基于二维半导体材料的新型器件，可用于构建类似于大脑神经元的节能电子系统，未来有望应用于可穿戴设备和人工智能芯片领域。在智能材料方面，英国剑桥大学研发出一种人造变色皮肤，在光照或加热时会变色。中国天津大学成功研发出"全天候自愈合材料"。该材料能在严寒、深海和强酸碱等极限条件下快速自愈合，有望成为机器人、深海探测器和极端条件下各类高科技设备的"超级电子皮肤"。在超材料方面，美国南加州大学受鲨鱼皮肤启发，研发出可控制声波传播方式的新型智能声学超材料。土耳其毕尔肯大学与英国曼彻斯特大学合作设计出一种模块化超材料，可用于数据加密和可逆解密。

9.5.2 中国前沿新材料发展痛点

（1）关键材料国产化不足。工业和信息化部 2019 年对全国 30 多家大型企业 130 多种关键基础材料调研结果显示，32% 的关键材料在中国仍为空白，52% 依赖进口；目前中国在关键零部件、元器件和关键材料上的自给率只有 1/3，2020 年达到40%，2025年有望达到70%。

（2）新材料人才相对不足。根据《国家中长期新材料人才发展规划（2010—2020年）》显示：

1）新材料领域技能以上人才资源占全国总量的比例不到17%。

2）人才供应结构与需求错配：高端和领军人才严重不足与"材料强国"目标需求不相适应；人才区域分布不平衡：我国有色矿产、稀土等关键原材料分布"西高东低"，材料领域人才分布"东高西低"。

3）人才使用和评价不完善：我国高校过于强调基础教学和理论知识，轻实践培养；工程化与应用开发人才流动性不够，造成技术扩散和成果推广受阻；新兴产业人才流动过大，加剧行业的低水平重复建设和恶性竞争；人才评价和激励机制相对缺乏。

（3）政策环境不能完全适应产业发展需要：

1）我国新材料产业独立主体地位不明确，材料开发往往是被动应对重大工程提出的需求，分散在各应用领域，材料的共性、通用性被忽略。

2）新材料技术含量高，研发、生产和推广需要大量资金投入，风险相对较大，我国财税政策引导作用有待进一步加强。

9.5.3　发展方向建议

机器学习技术推动新材料研发新变革。传统的新材料研发过程主要依赖科学直觉与实验判断，加上大量的重复性实验来完成验证。而借助机器学习技术，新材料的研发和应用周期有望缩短一半以上。例如，美国能源部利用机器学习技术加速从新材料发现到大规模部署的过程，消除测试评估候选材料性能等瓶颈；日本利用机器学习工艺研发铝合金等新材料；英国采用机器学习技术预测锂离子电池安全状况。2021年，美、日、欧等国家和地区仍将进一步推动机器学习技术在新材料研发中的应用，以争夺未来科技竞争制高点。

新兴产业快速发展促使新材料产品不断更新换代。近年来，高端装备、电子信息、新能源、生物医用、3D打印及节能环保等新兴产业领域保持较快发展势头，这对关键基础材料提出新的挑战和需求。美、欧、日、韩等发达国家和地区出台一系列相关科技政策，如美国《国家纳米技术计划》、日本《第五期科学技术基本计划》、韩国《第四次科学技术基本计划》，旨在助推新材料技术及产品研发，使其更好地满足新兴产业发展需求。2021年，先进信息材料、新能源材料、生物医用材料、节能环保材料、3D打印材料等新材料产品将大量涌现，为新兴产业的发展提供支撑作用。

新材料继续向绿色化、轻量化、智能化方向转型升级。近年来，环境污染、能源短缺的问题日渐突出，节能、环保、轻量化逐渐成为新材料发展的主要趋势之一。2021年，高强轻合金、特种合金、碳纤维以及新型环保材料等技术将加速突破，引领航空航天、电力电子、新能源等产业深度变革。同时，随着智能制造的快速发展，新材料技术正加速向智能化方向发展。2021 年，自修复材料、自适应材料、新型传感材料、4D 打印材料等智能材料技术将大量涌现，为生物医疗、国防军事以及航空航天等领域发展提供支撑。

10 专用化学品产业链分析

10.1 专用化学品的定义及分类

化学品分为精细化学品和专用化学品两类。专用化学品是采用美国克林（Kline）分类法分类的，特指那些对产品功能和性能有全面要求的化学品。

专用化学品是指小量生产的差别化学品，如医药制剂、农药制剂、商品染料等；在我国是指技术密集含量高、利税率高、附加值高、专用性强、商品性强、产业关联度大的化工产品，如水处理化学品、造纸化学品、皮革化学品、油脂化学品、油田化学品、生物工程化学品、日化产品专用化学品、化学陶瓷纤维等特种纤维及高功能化工产品，以及其他各种用途的专用化学用品的制造。专用化学品制造是我国化工行业中收入最多、利润贡献最大、细分行业最多和企业数量最多的细分行业。其种类繁多，下游用途广泛。相当比例的化学产品仍处于导入期，因此专用化学品行业总体成长性突出，预计未来会有相当可观的研发及应用前景。

根据前期梳理和检索内容对专用化学品按照应用领域进行重新划分，分为10个子类，分别是日用化学品、电子化学品、汽车化学品、纸和纸浆化学品、皮革化学品、油田化学品、精细陶瓷化学品、有机硫化物、脂肪酸和稀土化学品。

10.2 专用化学品专利发展分析

10.2.1 技术市场趋势分析

1. 市场地域分析

通过2002—2021年专用化学品领域技术来源国家（地区、组织）和技术应用国家（地区、组织）技术地域分布对比（图10-1、图10-2）可知，技术来源国家（地区、组织）和技术应用国家（地区、组织）排名前三的都是中国、日本、美国。其中中国占比体量大、市场空间大并且在技术研发和技术应用上占比基本一致，说明中国主要的技术研发还是以本国应用为主。

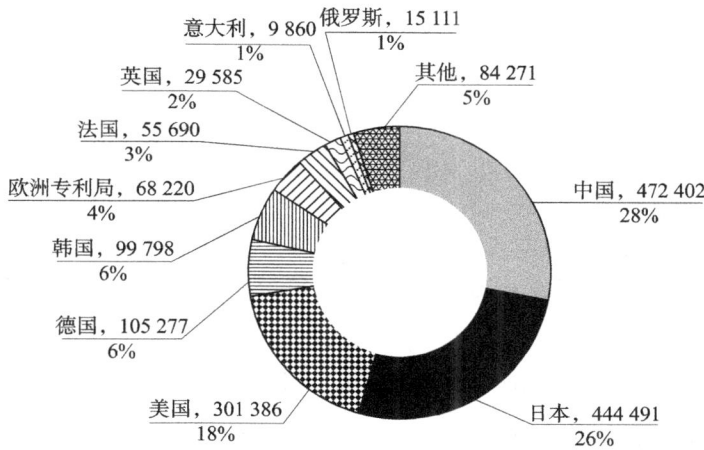

图10-1 专用化学品技术来源国家（地区、组织）分布（单位：件）

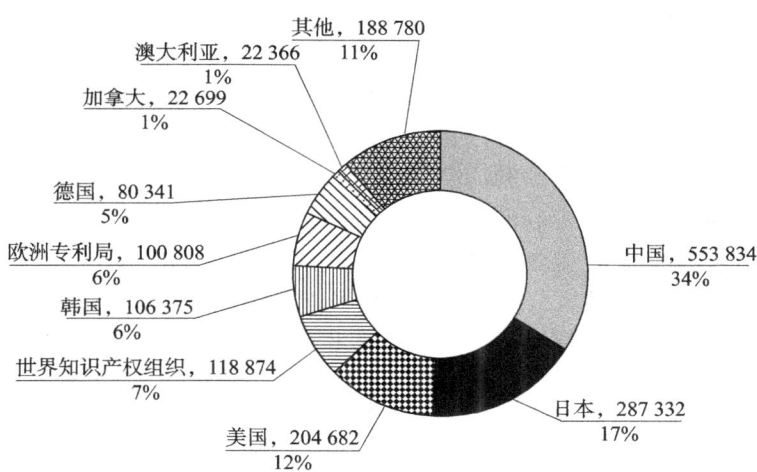

图10-2 专用化学品技术应用国家（地区、组织）分布（单位：件）

2. 技术趋势分析

对专用化学品技术来源国家（地区、组织）专利技术研发数量趋势进行分析（图10-3），近20年来，由于社会生产水平和生活水平的提高，化学工业产品结构的变化以及开发新技术的要求，专用化工产品越来越受到重视。它们的产值比重逐年上升，生产专用化工产品的工业有成为化学工业中的一个独立分支的倾向。

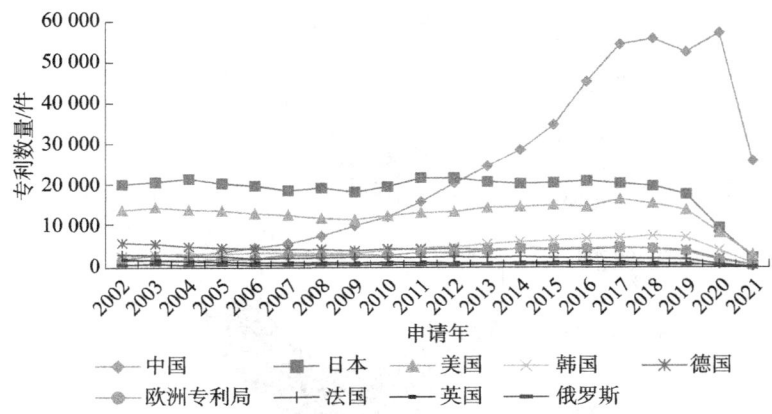

图 10-3　2002—2021 年专用化学品技术来源国家（地区、组织）专利技术研发数量趋势

从图 10-3 中可以看出，2007 年开始，中国研发数量开始迅猛增长，2008 年全球金融危机，各国都有不同程度的影响，中国反而更上一层楼；2012 年中国甚至反超一直领先的日本，并一直稳居世界第一；2018 年中国达到第一个峰值；尽管 2020 年的数据未完全公开，研发数量仍然突破新高度。新冠肺炎疫情以及国际原油价格为石化行业发展带来多元化的影响，在石化中下游产品需求被抑制的同时，市场成本支撑崩塌，产品利润空间收窄，加剧了行业竞争，也为我国的研发带来了不小的阻力，致使专利数量陡降。在新的形势下，应高度重视专项化学品行业的高质量发展方向，寻求并聚焦破局点。

对技术应用国家（地区、组织）专利技术研发数量趋势进行分析（图 10-4），中国对应的曲线与研发曲线基本一致，日本和美国由于数量较少，并没有特别明显的起伏。

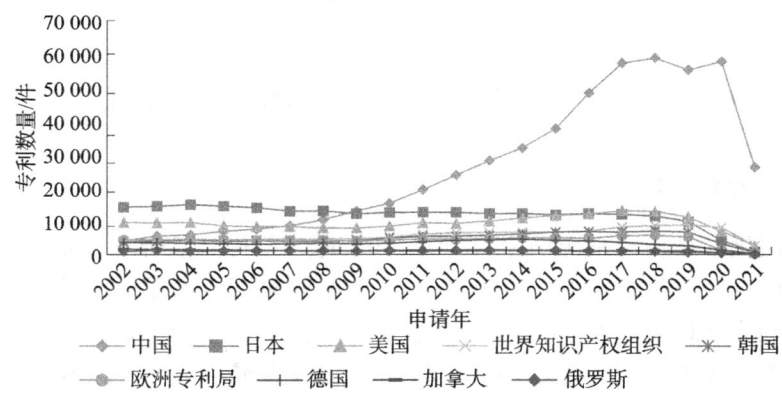

图 10-4　2002—2021 年专用化学品技术应用国家（地区、组织）专利技术研发数量趋势

3. 申请和授权趋势分析

2002—2021 年，该领域技术申请一直呈现上升趋势，到 2018 年达到顶峰，如

图 10-5 所示。2019—2021 年由于数据未完全公开不做参考。

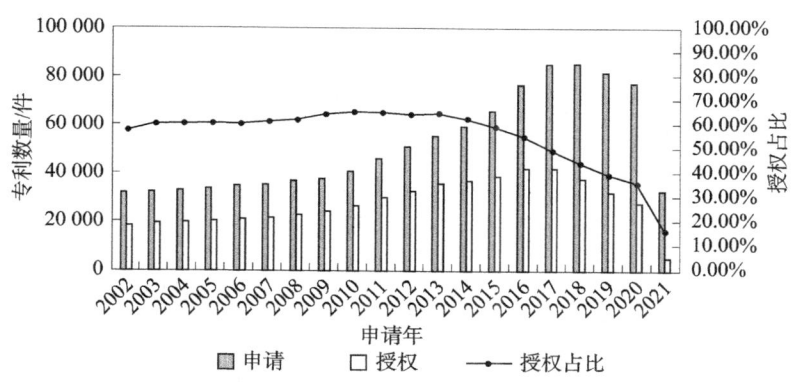

图 10-5　2002—2021 年专用化学品专利申请趋势

专利授权占比从 2017 年后开始出现下滑，说明该领域出现技术增长乏力现象，技术更新放缓。

4. 技术生命周期分析

对专用化学品领域技术生命周期图进行分析（图 10-6），在 2017 年以前，该领域专利申请人数量、专利申请量整体呈现一种快速上升的状态，2018—2021 年专利申请量下降。可能是技术为完全公开导致，也有可能是其他因素导致。如 2018 年中美开始贸易战，全球世界经济持续下滑，原材料价格上涨，进而对行业整体发展产生了比较重要的影响。

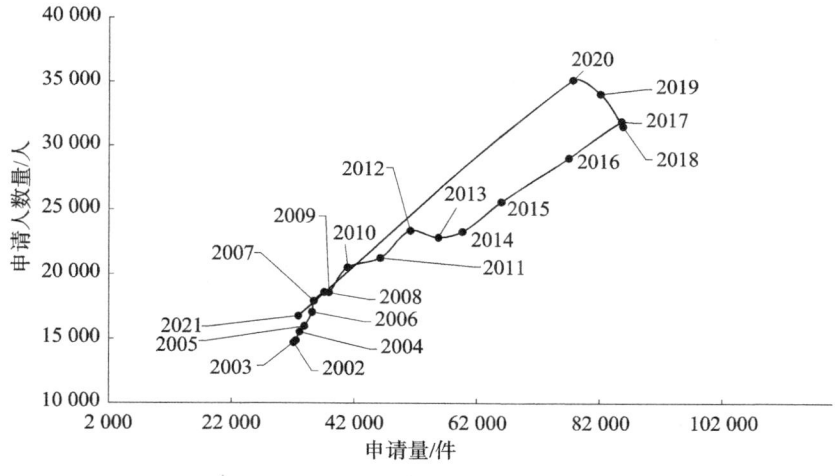

图 10-6　专用化学品技术生命周期

5. 中国市场各地区分布

国内该技术领域研发主要在东部沿海地带，江苏、广东、浙江、北京、山东一带占比最多（图10-7）。以上地区有中国专业专用化学品制造业百强企业，尤其以山东、江苏、浙江一带居多，带动作用强。如位于北京市的三聚环保新材料股份有限公司，位于山东省的山东海科化工集团有限公司、山东金岭集团有限公司、巨化集团公司，位于浙江省浙江传化股份有限公司等，均起到了非常强的引领作用。

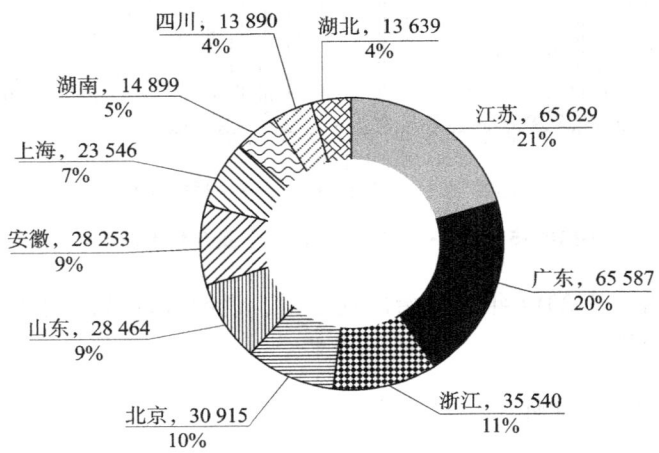

图10-7　专用化学品中国各地区专利数量分布（单位：件）

6. 小结

专用化学品领域处于成长期，有很大的发展潜力。从全球市场排名来看，中国高于日本和美国，中国在该领域有着非常不错的发展前景。中国各省份中，对于该领域的发展主要集中在南部各省份，尤其以广东发展最为迅速。广东有比较多的相关企业：宝洁（中国）有限公司、联合利华（中国）有限公司、立白科技集团等，进一步带动了广东省的专用化学品发展。

10.2.2　技术趋势分析

1. 技术分布

对专用化学品全球技术研究进行分析，从中可以看到主要技术方向集中在汽车化学品、电子化学品、日用化学品等，这是当前各国重点的研究领域。对于一些其他新应用方向，如面料和树脂组合物等技术研究比较少，处于研究绿地，如图10-8所示。

国内主要热门研究分布与国际趋势基本一致，紧跟国际步伐，如图10-9所示。

10 专用化学品产业链分析

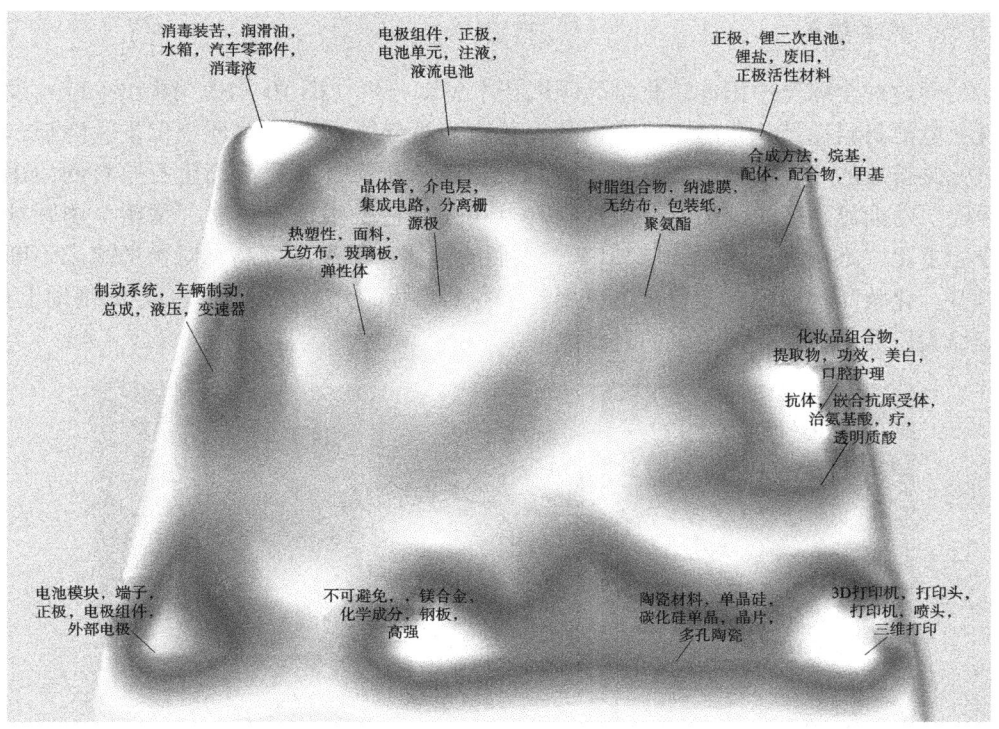

图 10-8 专用化学品全球专利申请地势图

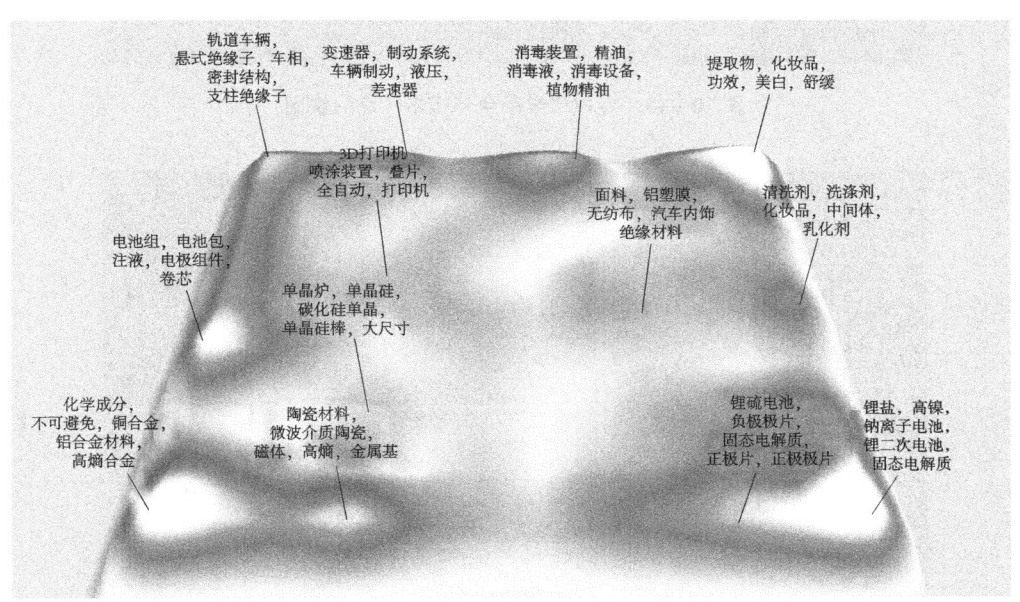

图 10-9 专用化学品中国专利申请地势图

2. 技术焦点

通过对全球及中国专用化学品领域技术焦点分析（图10-10、图10-11）发现，电池材料以及化妆品是当前的研究重点。近年来国际上对环境保护，降低二氧化碳排放的呼声越来越高，相关政策管控越来越强，导致传统化石原料的使用受限。新能源领域快速崛起，电池材料及相关制造技术快速发展，是整个国际社会的重点、难点。进入21世纪以来，人们的生活水平逐渐提高，对美的追求不断提升，化妆品行业和医美行业迅速崛起，各大化妆品公司获利匪浅，在此基础上，应加大研发力度以获得更多的经济效益。

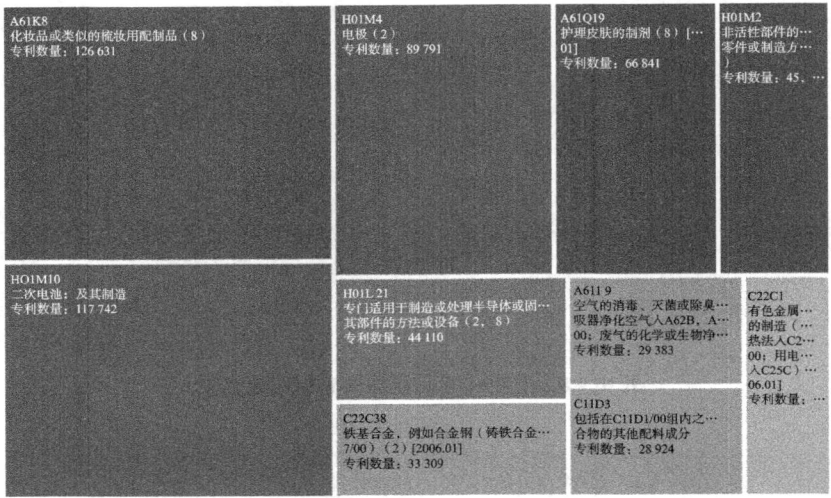

图10-10 专用化学品全球技术焦点区块图

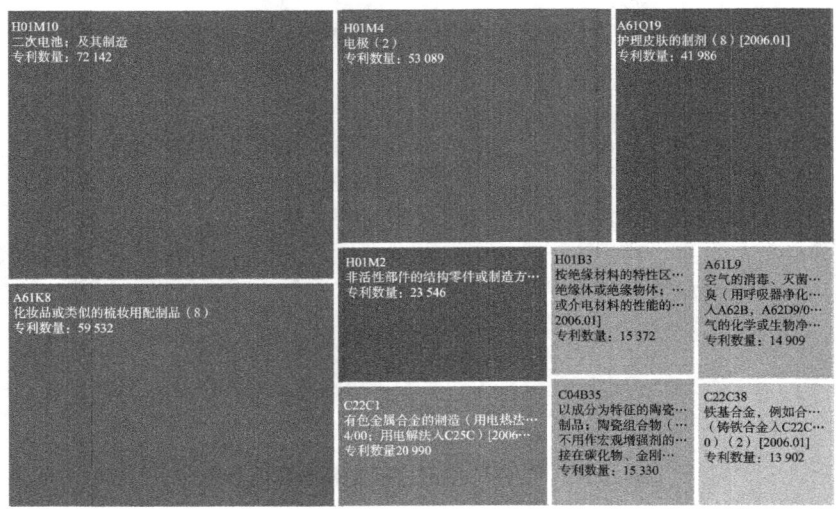

图10-11 专用化学品中国技术焦点区块图

3. 领域地图

通过对专用化学品全球技术领域地图进行分析（图10-12），组合物和锂离子电池所占比重最大，其次是化妆品以及其他电化学相关材料。整体技术垄断态势不明显，没有哪家企业能够将格子全部占满，实现技术的完全垄断。相关企业中，汽车企业居多，丰田排名第一。

图 10-12　专用化学品全球技术领域图

国内主要技术开发趋势集中在电池研究上，尤其是锂离子电池，以绝对优势超过其他领域，如图10-13所示。

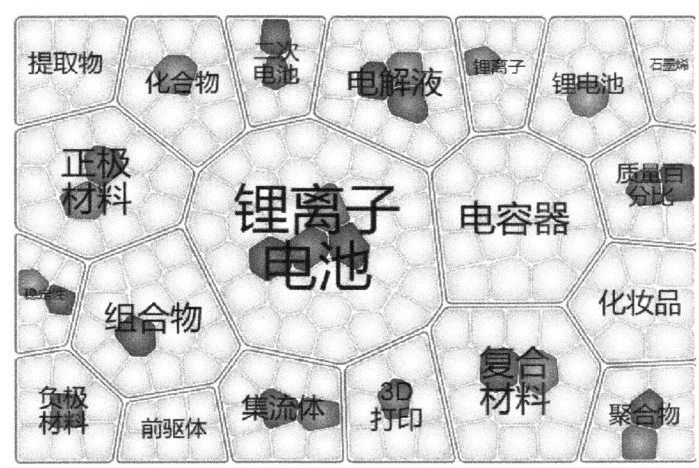

图 10-13　专用化学品中国技术领域图

4. 重点发展方向

通过对当前的热门主题词进行检索分析（图10-14），从全球来看，主要技术方向集中在锂离子电池、组合物和复合材料方面，应用方向上主要集中在电化学材料制备和二次电池等能源方面。

大连市除上述主要研究领域外，更重视液流电池相关技术的研发，同时催化剂板块也是其重要研发方向之一。

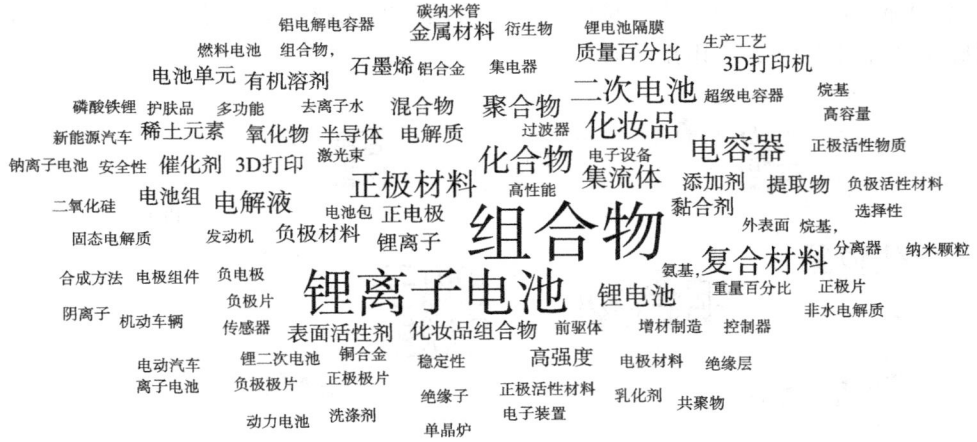

图 10-14　专用化学品全球创新词云图

5. 技术分支申请趋势

从专用化学品全球各技术分支专利申请趋势（图 10-15）来看，排名第一的是 A61K8 化妆品或类似的梳妆用配制品。从 2011 年开始快速上升，化妆品进入一个新阶段——生物美容仿生化妆品阶段。H01M10 二次电池及其制造，从 2009 年开始发展，经过一段缓慢的发展期，锂电池实现了商业化生产；随后太阳能电池成为全世界瞩目的新能源发展问题的焦点。在 2014 年之后，电池领域突飞猛进，锂电池获得巨大进步，新锂电池续航能力比市面上的传统锂电池高 25%；除此之外，陆续涌现一批新型电池，如全固态电池、空气电池、液流电池、钠电池等，该领域整体呈现快速发展态势。

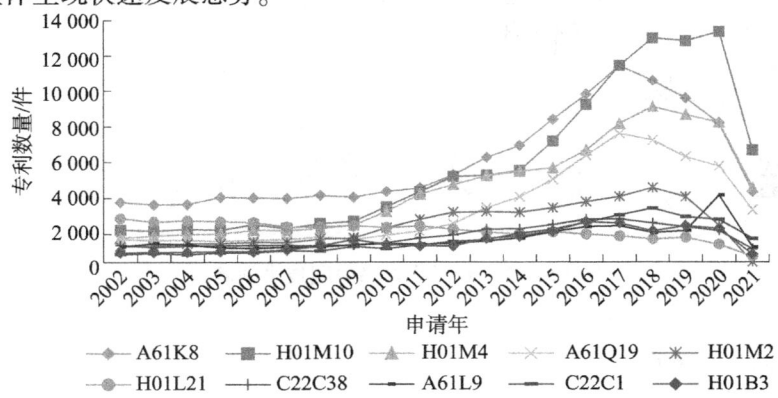

图 10-15　2002—2021 年专用化学品全球各技术分支专利申请趋势

国内整体趋势与国际基本一致,主要是二次电池和化妆品的研发(图10-16)。

大连市技术研发早期主要是化妆品类,在2012年左右达到一个高峰之后开始下降。2018年开始出现一个短暂的上升,在这期间,重点进行了电池的研发。

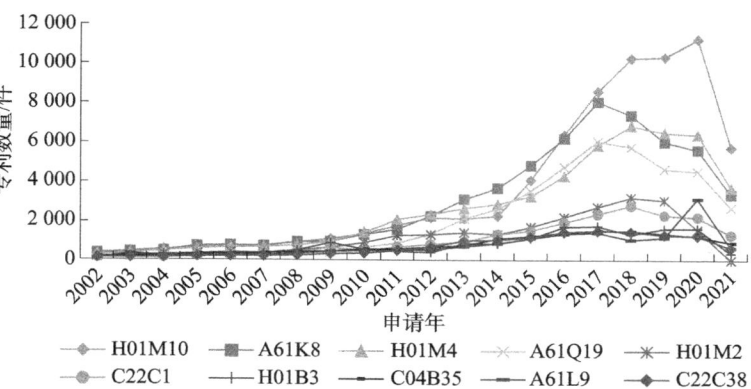

图10-16　2002—2021年专用化学品中国各技术分支专利申请趋势

本领域技术分类定义见表10-1。

表10-1　技术分类定义

IPC分类号	定义
A61K8	化妆品或类似的梳妆用配制品〔8〕
H01M2	非活性部件的结构零件或制造方法〔2〕
H01L21	专门适用于制造或处理半导体或固体器件或其部件的方法或设备〔2,8〕
C22C38	铁基合金,例如合金钢(铸铁合金入C22C37/00)〔2〕〔2006.01〕
A61L9	空气的消毒、灭菌或除臭(用呼吸器净化空气入A62B,A62D9/00;废气的化学或生物净化入B01D53/34;灭菌空调系统入F24F3/16,F24F8/20)〔2006.01〕
H01B3	按绝缘材料的特性区分的绝缘体或绝缘物体;绝缘或介电材料的性能的选择〔2006.01〕
H01M4	电极〔2〕
A61Q19	护理皮肤的制剂〔8〕〔2006.01〕
C04B35	以成分为特征的陶瓷成型制品;陶瓷组合物(含有不用作宏观增强剂的,粘接在碳化物、金刚石、氧化物、硼化物、氮化物、硅化物上的游离金属,例如金属陶瓷或其他金属化合物,例如氮氧化合物或硫化物的入C22C);准备制造陶瓷制品的无机化合物的加工粉末〔4〕
H01M8	燃料电池;及其制造〔2〕
H01M10	二次电池;及其制造
C22C1	有色金属合金的制造(用电热法入C22B4/00;用电解法入C25C)〔2006.01〕
H01G11	混合电容器,即具有不同正极和负极的电容器;双电层(EDL)电容器;其制造方法或其零部件的制造方法〔2013.01〕
B01J23	不包含在B01J21/00组中的,包含金属或金属氧化物或氢氧化物的催化剂(B01J21/16优先)〔2〕〔2006.01〕
B01J29	包含分子筛的催化剂〔2〕

6. 小结

专用化学品领域研究数量最多、最热门的是电池制造及相关材料领域，锂离子电池是电池领域数目最多的。当前各个国家都积极投入到新能源领域研发中。除了新能源领域外，日用化妆品的研发数量也掀起了第二波研究潮，值得注意。

10.2.3 竞争对手分析

1. 创新主体排名分析

通过对专用化学品全球技术创新主体进行分析（图10-17），日本丰田自动车株式会社、松下电器产业株式会社分别位于第一位、第二位，并且日本共有7家公司上榜，实力雄厚；法国、美国、德国各有一家公司上榜。

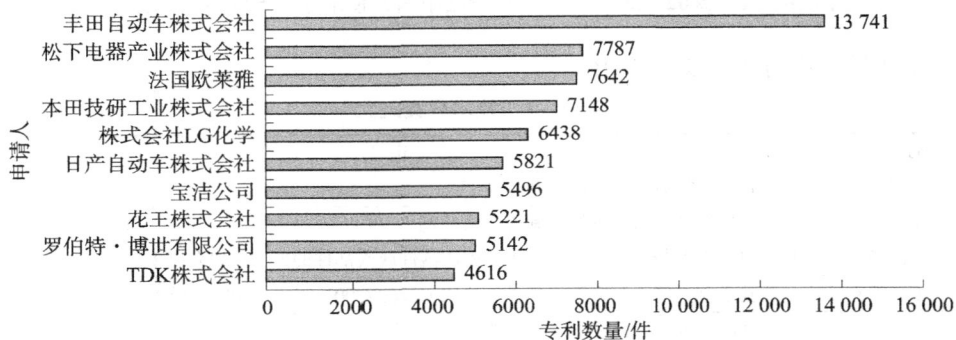

图10-17 专用化学品全球创新主体排名

中国本土企业中，中国石油化工股份有限公司、中南大学、国家电网公司排名前三（图10-18）。中国石油化工股份有限公司是国家独资设立的中国石油化工集团下属公司。

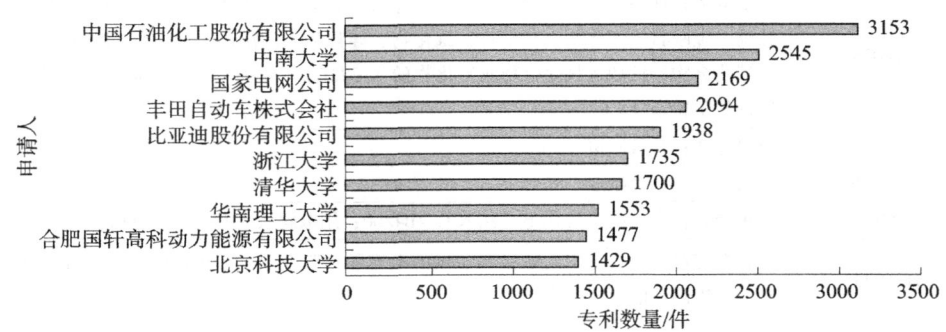

图10-18 专用化学品中国创新主体排名

2. 创新主体创新战略分布

在专用化学品国际龙头企业中,丰田自动车株式会社主要在质量优化和市场推动上布局;松下电器产业株式会社在学术驱动、质量提升、合作性、国际化、多样化和市场推动等多个方向发力;法国欧莱雅主要在专业化上有较多布局;本田技研工业株式会社除却数量和专业化,其他各方面都有发展;株式会社 LG 化学主要在市场推动、质量提升和数量增长上推进。如图 10-19 所示。

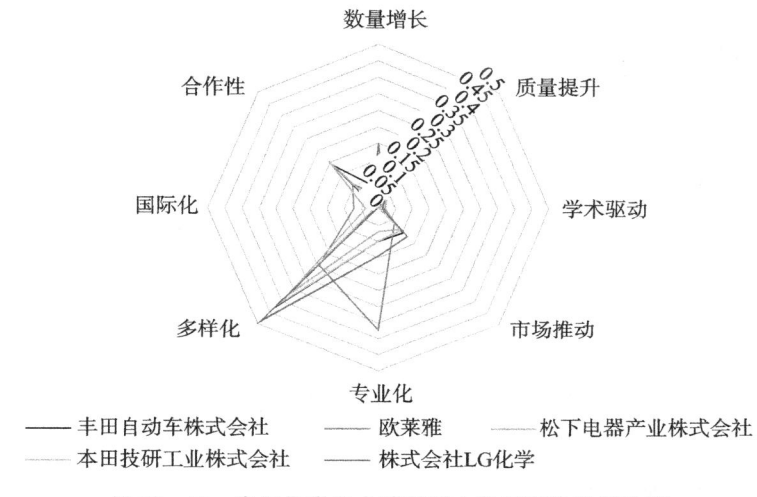

图 10-19 专用化学品全球创新主体创新战略雷达图

在专用化学品国内企业中,中国石油化工股份有限公司在多样化和合作性布局较多;中南大学在学术驱动、数量增长、市场推动方面发力较多;国家电网公司更注重专业化、合作性和市场推动上的布局。如图 10-20 所示。

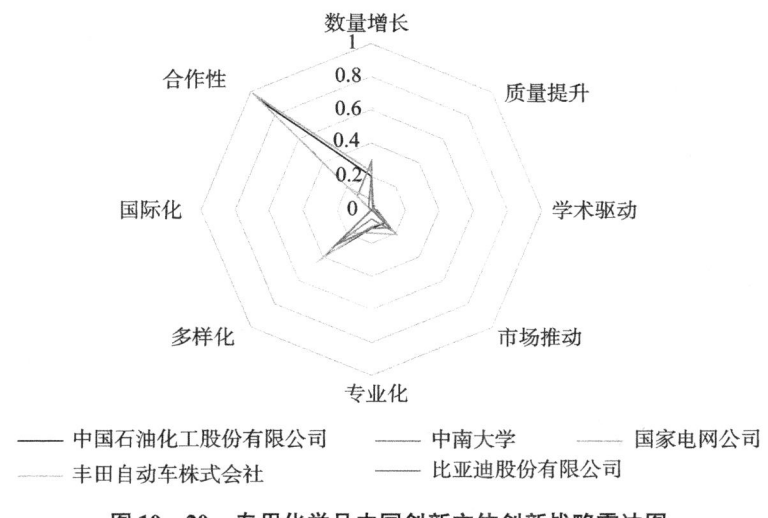

图 10-20 专用化学品中国创新主体创新战略雷达图

3. 主要创新主体的专利布局的地域分布

在专用化学品全球创新主体分布中,排名第一的是日本,基本上所有的企业都在日本进行了重点布局。日本在车企研究、电池研究以及化妆品开发中一直处于领先地位,其次是美国、德国。如图10-21所示。

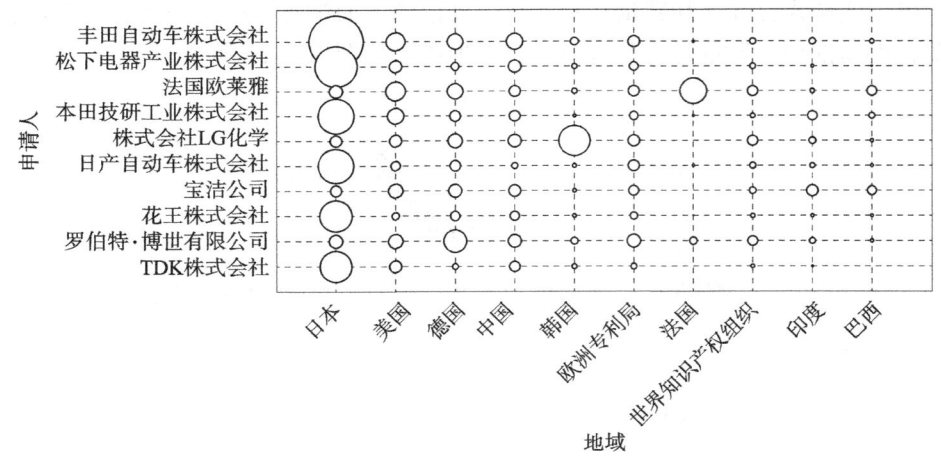

图10-21 专用化学品全球创新主体的专利布局的地域分布

4. 主要创新主体技术分布

通过对专用化学品主要创新主体的技术分布对比(图10-22),目前国际上的主要创新主体的研究方向排名第一的是A61K8化妆品或类似的梳妆用配制品。如法国欧莱雅和花王株式会社主要聚焦化妆品或类似的梳妆用配制品及护肤方面的技术创新和突破;日本株式会社LG化学、丰田自动车株式会社和松下电器产业株式会社聚焦二次电极及其制造领域。各企业都有自己的技术布局侧重点。

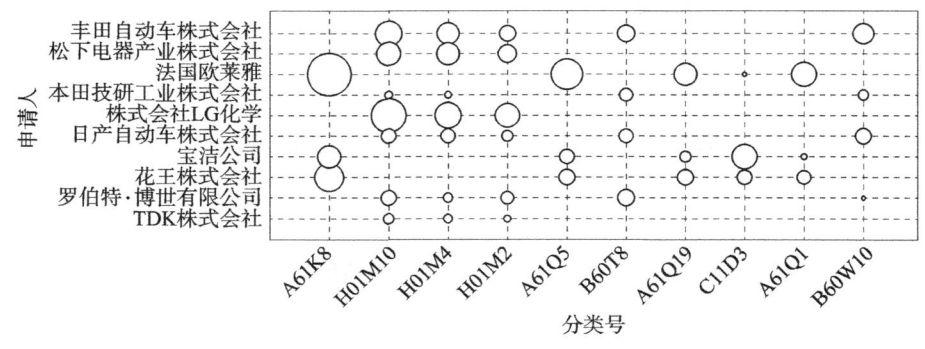

图10-22 专用化学品全球创新主体技术分布

专用化学品国内主要创新主体的研究方向,排名第一的是H01M10二次电池及其制造(图10-23)。目前专用化学品领域的主要方向还是化妆品。全球排名第二的是 H01M10 二次电池及其制造；国内排名第二的是 H01M4 电极。可以看出目前大趋势领域是电池相关方向。

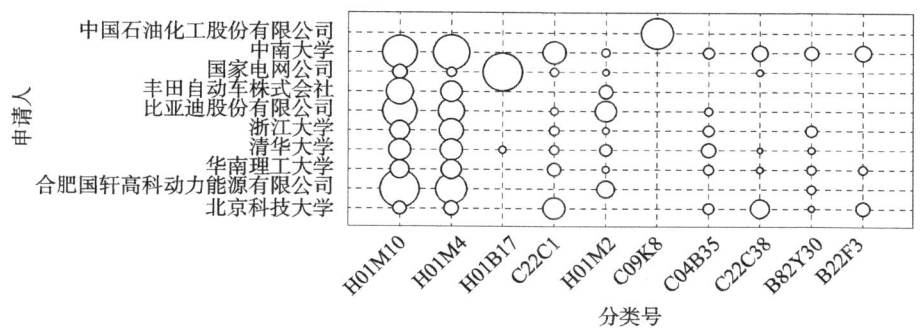

图 10-23　专用化学品中国创新主体技术分布

大连市排名第一的是 H01M4 电极，排名第二的是 H01M8 燃料电池及其制造，仍然是电池方向。大连当地研究机构主要以学校为主，布局方向也比较契合领域内技术热点，企业类研究布局方向比较集中在某几个特定领域。后期可以考虑企业与高校合作，对相对冷门方向进行研究。

本领域中国创新主体的技术分类定义见表 10-2。

表 10-2　技术分类定义

IPC 分类号	定义
H01M8	燃料电池；及其制造〔2〕
H01M4	电极〔2〕
H01M2	非活性部件的结构零件或制造方法〔2〕
H01M10	二次电池；及其制造
H01L21	专门适用于制造或处理半导体或固体器件或其部件的方法或设备〔2，8〕
H01G11	混合电容器，即具有不同正极和负极的电容器；双电层（EDL）电容器；其制造方法或其零部件的制造方法〔2013.01〕
H01B3	按绝缘材料的特性区分的绝缘体或绝缘物体；绝缘或介电材料的性能的选择〔2006.01〕
C22F1	用热处理法或用热加工或冷加工法改变有色金属或合金的物理结构〔2006.01〕
C22C38	铁基合金，例如合金钢（铸铁合金入 C22C37/00）〔2〕〔2006.01〕
C22C33	铁基合金的制造（其热处理入 C21D5/00，C21D6/00）〔2006.01〕
C22C1	有色金属合金的制造（用电热法入 C22B4/00；用电解法入 C25C）〔2006.01〕
C04B35	以成分为特征的陶瓷成型制品；陶瓷组合物（含有不用作宏观增强剂的，粘接在碳化物、金刚石、氧化物、硼化物、氮化物、硅化物上的游离金属，例如陶瓷或其他金属化合物，例如氮氧化合物或硫化物的入 C22C）；准备制造陶瓷制品的无机化合物的加工粉末〔4〕

续表

IPC 分类号	定义
B01J29	包含分子筛的催化剂〔2〕
B01J23	不包含在 B01J21/00 组中的，包含金属或金属氧化物或氢氧化物的催化剂（B01J21/16 优先）〔2〕〔2006.01〕
A61Q19	护理皮肤的制剂〔8〕〔2006.01〕
A61L9	空气的消毒、灭菌或除臭（用呼吸器净化空气入 A62B，A62D9/00；废气的化学或生物净化入 B01D53/34；灭菌空调系统入 F24F3/16、F24F8/20）〔2006.01〕
A61K8	化妆品或类似的梳妆用配制品〔8〕

5. 垄断性分析

通过对专用化学品领域的技术垄断程度进行分析（图10-24），并没有突然上升或者下降的情况出现，波动不大。整体上看，技术专利集中度在5%左右，是一个非常低的值，可能原因是该产业链涉及的子类别较多，专利数量比较庞大，导致计算出来的专利集中度比较低。除此以外，也有可能是该行业技术企业侧重点不同，因此诸多领域并没有涉及，产业链的范畴比较大，导致专利集中度数值较低。

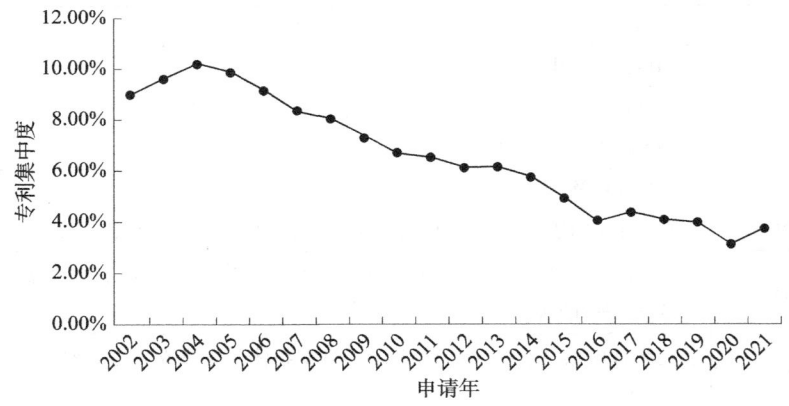

图10-24 2002—2021年专用化学品全球技术垄断态势

6. 研发团队和技术人才分析

中国的研发团队都属于团队内部合作，与外部暂无合作关系。整体看，各技术团队除本公司旗下外，与外界公司的合作关系并不是很密切。潮州三环（集团）股份有限公司的张磊；上海置信智能电气有限公司的刘伟；河南机电职业学院的李伟；四川绿泰威科技有限公司的王伟；湖北虹润高科新材料有限公司的张伟；蜂巢能源科技（无锡）有限公司的王磊；河钢股份有限公司的张鹏；吉林百奥生物科技有限公司的王勇；杭州优协科技有限公司的张涛。

对专用化学品专利申请技术人才基本全是中国人，中国在该领域虽然没有特别出名的企业，但是申请人却比较多。造成这种现象最直接的原因是国内对技术专利申请的鼓励，使得一大批的专家学者开始进行相关研究并积极进行专利技术的申请，但是整体的创新度还不够。

7. 小结

专用化学品领域，日本丰田自动车株式会社、松下电器产业株式会社，法国欧莱雅属于行业龙头地位，研发实力雄厚，技术布局范围宽，研究深入。国内主要是中国石油化工集团有限公司作为行业龙头。研究所输出研究成果，与其他小型企业竞争不大，研发方向也不是特别明朗，行业垄断度低，建议中小企业联合科研院所进行产品落地生产。

10.3　专用化学品市场发展分析

专用化学用品制造行业对中国人的生活已经产生了较为深刻的影响，从市场情况、行业服务、服务情况、市场规模等进入到生活的方方面面，因此对专用化学用品制造行业的市场调研有利于较深地理解行业特性，为该行业的投资做支撑，为民众提供较好的产品与服务。专用化学品产业链如图10-25所示。

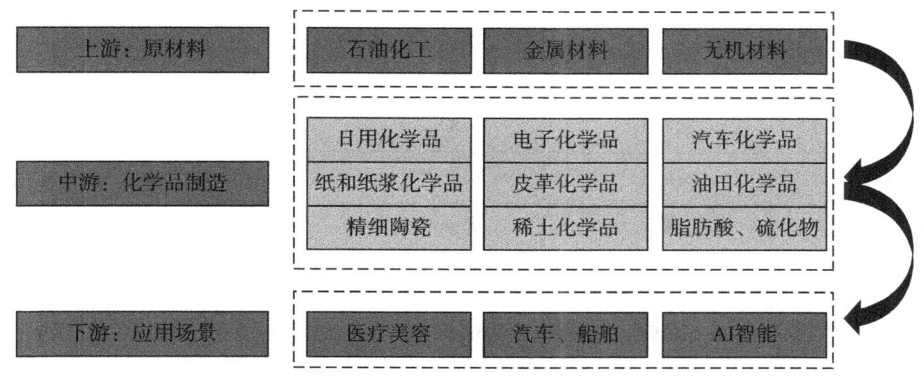

图 10-25　专用化学品产业链

10.3.1　上游分析

专用化学品涉及品类众多，但是最主要的上游原材料主要还是石油化工材料以及矿石材料。还有一部分涉及的电子化学品需要含钴、镍、锂等相关矿石材料，这部分材料价格相对来说浮动比较大。当今世界对新能源、新型电池的开发正如火如荼地进行。

目前来看,动力电池技术路线主要为三元电池和磷酸铁锂电池。由于磷酸铁锂电池材料储量丰富,业界在产业链布局上主要是把精力放在镍、钴储量相对有限的三元正极材料产业链上。

数据显示,到 2025 年,全球电池领域对于钴的需求量预计将达到 18.93 万 t,约占当年全球钴总需求量的 75.74%;其中动力电池领域钴需求约 10.8 万 t。

10.3.2 中游分析

据国家统计局公布数据(表 10-3),对 2020 年 4 月—2021 年 3 月中国专用化学品进出贸易总额进行统计,其中 2021 年 3 月贸易顺差大幅增加,国际上部分产业停工断货。

表 10-3　2020 年 4 月—2021 年 3 月中国专用化学品贸易总额及贸易顺(逆)差

时间	进出口贸易总额/亿美元	贸易总额进出口同比增长/%	累计贸易顺差/亿美元	贸易顺差同比增长/%
2020 年 4 月	137.3	6.2	1.9	-27.0
2020 年 5 月	174.9	6.0	2.6	-12.0
2020 年 6 月	209.2	4.9	3.2	12.2
2020 年 7 月	246.3	5.0	3.9	9.7
2020 年 8 月	282.8	4.5	4.5	5.1
2020 年 9 月	321.5	5.4	5.0	7.1
2020 年 10 月	357.9	5.8	5.5	8.4
2020 年 11 月	389.0	6.2	6.3	2.1
2020 年 12 月	443.5	7.2	7.0	-0.5
2021 年 1 月	45.2	—	-4.0	—
2021 年 2 月	80.9	39.9	-7.1	-9.0
2021 年 3 月	130.1	31.8	-13.3	69.9

据企查猫统计,中国专用化学品企业新增数目从 2019 年达到顶峰后开始逐年下降,到 2021 年企业存量为 42 220 家(图 10-26)。整体行业发展放缓。

大连市新增企业数目近 4 年一直呈下降趋势,在 2021 年达到新低 135 家,整体发展步伐比较缓慢。

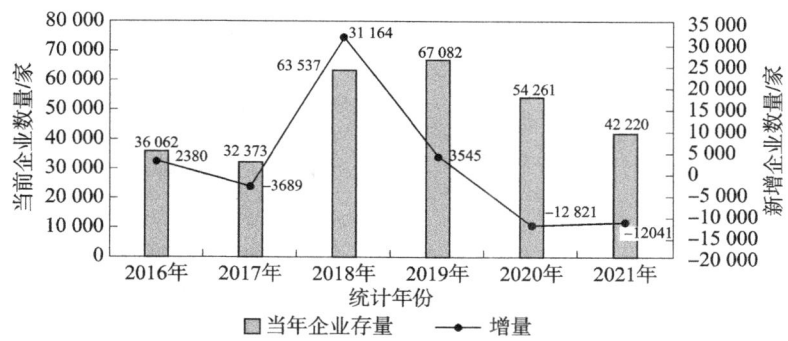

图 10 – 26 2016—2021 年全国专用化学品新增企业数量

10.3.3 下游分析

1. 汽车领域

中商情报网数据显示，自 2020 年 4 月以来，汽车销量持续保持增长，全年汽车销量达到 2531 万辆，销量蝉联全球第一。新能源汽车是近些年发展起来的替代化石燃油车，随着国内"双碳"政策的颁布实施，新能源汽车将迎来发展的新高潮。

2. 化妆品

在"颜值经济"大背景下，化妆品消费习惯培育成型，直播带货模式助推行业复苏，化妆品行业逐步回暖，迎来增长；此外，新《化妆品监督管理条例》出台，化妆品行业将迎来新气象，并推动化妆品行业的健康发展。2021 年，预计我国化妆品行业将继续保持快速增长，并呈现细分化发展趋势，直播电商风口仍将继续。

3. 电子信息行业

电子化学品主要为电子信息产业生产配套器件，具有种类多、质量高、用量精等特点。据统计，电子材料产品品类有 2 万多种，主要应用于集成电路、分立器件、LED、传感器、LCD、OLED、印刷电路板、太阳能电池等领域。对应终端领域包括汽车、手机、计算机、高端显示面板、航天、军工、医疗、通信等领域。

10.4 专用化学品行业政策分析

专用化学品行业政策文件见表 10 – 4。

表 10-4 政策文件

发布时间	发文部门	文件名称	涉及内容
2020 年	国家市场监督管理总局、中国国家标准化管理委员会	《电动汽车用动力蓄电池安全要求》	强制要求电池单体出厂前进行严密的安全测试，包括电池单体的 6 项与电池系统的 15 项安全性试验，以确保锂电池的使用安全
2020 年	工业和信息化部	《关于有序推动工业通信业企业复工复产的指导意见》	继续支持智能光伏、锂离子电池等产业以及制造业单项冠军企业，巩固产业链竞争优势。重点支持 5G、工业互联网、集成电路、工业机器人、增材制造、智能制造、新型显示、新能源汽车、节能环保等战略性新兴产业
2019 年	国家发展和改革委员会、生态环境部、商务部	《推动重点消费品更新升级 畅通资源循环利用实施方案（2019—2020 年）》	加快新一代车用动力电池研发和产业化，提升电池能量密度和安全性，逐步实现电池平台化、标准化，降低电池成本。引导企业创新商业模式，推广新能源汽车电池租赁等车电分离消费方式，降低购车成本
2019 年	工业和信息化部	《锂离子电池行业规范条件（2018 年本）》	对锂离子电池行业的产业布局和项目设立、生产规模和工艺技术、质量管理、智能制造、绿色制造、资源综合利用和环境保护、安全生产和职业卫生、社会责任、监督和管理等方面做了详细要求。鼓励企业加强顶层设计，促进自动化装备升级，推动自动化水平提高
2020 年	国务院	《化妆品监督管理条例》	确立了注册人、备案人、标准管理、原料分类、质量安全负责人、风险监测评价、信用体系、责任约谈等一系列新制度。此外，在对特殊化妆品的定义方面也进行了修改，将特殊化妆品由原来 9 大品类减少至染发、烫发、祛斑美白、防晒、防脱发以及宣称新功效的化妆品 6 类
2021 年	国家市场监督管理总局	《化妆品生产经营监督管理办法》	针对儿童化妆品作出严于一般化妆品的规定，明确提出儿童化妆品要进行特殊标注，涉及儿童化妆品的违法行为要从严、从重处罚
2021 年	国务院	《中华人民共和国国民经济和社会发展第十四个五年规划和 2035 年远景目标纲要》	"十四五"期间，我国将扩大轻工、纺织等优质产品供给，加快化工、造纸等重点行业企业改造升级，完善绿色制造体系
2006 年	国务院	《国家中长期科学和技术发展规划纲要（2006—2020 年）》	能源位于重点领域及其优先主题的首位，复杂地质油气资源勘探开发利用是优先主题之一。重点开发复杂环境与岩性地层类油气资源勘探技术，大规模低品位油气资源高效开发技术，大幅度提高老油田采收率的技术，深层油气资源勘探开采技术

通过对专用化学品相关政策的解读，国家对新能源领域的关注度非常高，颁布了一系列相关政策，鼓励支持新一代产品的落地生产，提升产品的能力密度和安全性。重点支持5G、工业互联网、集成电路、工业机器人、增材制造、智能制造、新型显示、新能源汽车、节能环保等战略性新兴产业。

10.5 专用化学品发展前景预测

专用化学品中包含的9个子类目中，电子化学品和日用化学品的研究是最多的，这是当前的热门研究方向。

10.5.1 专用化学品行业痛点

（1）平台管理水平落后。

没有解决专用化学用品制造生产商和消费者之间的天然矛盾。部分专用化学用品制造企业对加盟者审核不严格，导致服务水平参差不齐。专用化学用品制造行业的利润主要来自压缩原材料，严重影响产品和服务质量。

（2）行业本身局限性。

专用化学用品制造属于低频率、要求高、服务周期长的行业，消费行为不能随时发生。

（3）行业服务无序化。

专用化学用品制造行业标准不成体系，服务质量很大程度上依赖于设计等个人能力，难以规划管理与复制。专用化学用品制造行业服务质量难以控制，导致质量问题频发。

（4）供应链整合度低。

专用化学用品制造行业供应链涉及品类繁多，小型企业难以为继，初期投入过大，打不起价格战。专用化学用品制造行业产品标准化程度低，导致生产周期长且成本高。

（5）研发设计能力不足。

专用化学用品制造行业研发设计人才供需失衡，无法满足用户个性化需求。专用化学用品制造行业设计与市场需求不符，交付给消费者的设计产品匹配性不足。

10.5.2 行业发展趋势分析

随着人们生活水平的提高，在专用化学用品制造行业，越来越多的用户对行业较为重视并提出了较多的需求和建议，因此满足用户需求将是行业立根之本。

专用化学用品制造行业近年来从传统的模式转换到互联网融合模式。随着行业各大平台挖掘并下沉三四线城市，企业从供应环节到生产再到售后环节，全环节整合，并以产业赋能为纽带，为众多优质的公司提供品牌、设计、系统、供应链等全方位支持。专用化学用品制造行业新技术场景使得行业用户获得更好的体验。技术加持使得行业的服务效果和产品受到用户的青睐。新技术（如云计算、大数据、人工智能）的出现给行业标准化问题提供了全新的思考空间，通过新技术加入到行业生产和服务过程中，能够更好地解决行业痛点和问题，保障行业服务效果，实现行业效率和用户体验的双重提升。专用化学用品制造行业随着行业消费主体年轻化，行业贷款等金融需求增加。企业推出专用化学用品制造行业消费与银行等机构合作，深挖行业生态金融场景，聚焦支付管理升级。持续发力金融场景。发力供应链金融优势明显，实现融资企业与金融机构高效对接，助力中小企业融资难等问题，提升产业链的运作效率。专用化学用品制造行业信息化备受用户青睐。企业利用互联网，通过信息化的打造，融合专用化学用品制造行业特性，提高了用户体验，给用户带来诸多的便利，这也将是未来行业发展的必然趋势。

参考文献

谭立超,1990. 武汉—轻工业 [M]. 北京:中国华侨出版社.

闫鹏飞,2004. 精细化学品化学 [M]. 北京:化学工业出版社.

刘平,鲁卿,2006. 基于 SWOT 分析的企业专利战略制定研究 [J]. 管理学报,3(4): 464-467.

黎加厚,赵怡,王珏,2007. 网络时代教育传播学研究的新方法 [J]. 电化教育研究,8: 13-17.

中国学术期刊电子出版社,2009. 国内外精细化工发展现状与趋势 [J],化工管理(7): 11-13.

刘登良,2010. 涂料工艺 [M]. 北京:化学工业出版社.

李小强,李留刚,关民普,2011. 中国精细化工的现状和发展前景展望 [J]. 科技信息(23): 471-473.

曲昭,2015. 辽宁省精细化工产业重点领域专利发展战略研究 [D]. 大连:大连理工大学.

白小宁,宋稳成,薄瑞,等,2015. 2014 年我国农药登记产品的特点和趋势分析 [J]. 农药科学与管理,36(2):1-3.

李青山,2016. 着色配色技术手册 [M]. 杭州:中国纺织出版社.

彭彬,杨晨,蓝锦煌,等,2017. 基于知识图谱的精细化工辅助研发平台 [J]. 情报工程,3(1):43-55.

丁雪,2018. 布局已成 落子有声 新材料产业大有可为——访北京新材料发展中心主任肖澜 [J]. 新材料产业(2):12-15.

韩微微,李玫,姜英,等,2018. 辽宁省农药产业结构调整及规划布局 [J]. 辽宁化工,47(11):1138-1143.

李小辉,2018. 芳烃生产技术研究 [J]. 广州化工,46(2):21-23.

叶华明,王孝青,2018. 染料中间体现状及发展趋势研究 [J]. 化工管理(19):64-65.

国金证券股份有限公司,2019. 精细化工系列报告之二——高分子助剂行业深度:下游烯烃迅速增长 [R/OL]. (2019-10-09) [2019-10-09]. https://data.eastmoney.com/report/zw_industry.jshtml?encodeUrl=ISCe7m4y1BcJHeTNu928tideAOw12LviQNpP857JzZM%3D.

屠海令,马飞,张世荣,等,2019. 我国新材料产业现状分析与前瞻思考 [J]. 稀有金属,43(11):1121-1130.

高茜茜,2020. 我国新材料产业发展现状及展望 [J]. 信息记录材料,21(9):6-7.

观研报告网,2020. 2020 年医药研发服务 (CRO) 行业产业链现状及上下游企业优势分析 [EB/OL]. (2020-11-06) [2020-11-06]. https://market.chinabaogao.com/yiyao/11A205602020.html.

全国能源信息平台,2020. 全球掀起电池上游材料扫货模式 [EB/OL]. (2020-12-15) [2020-12-15]. https://baijiahao.baidu.com/s?id=1686144075123804358&wfr=spider&for=pc.

赵梅，2020. 新材料产业融资模式及风险分析 [J]. 中国国情国力 (3)：46-49.

中国医药保健品进出口商会，2020. 2020 中国医药产业国际化蓝皮书 [R]. 2：15-16.

韩永奇，2021. 我国染料业"十三五"回顾及"十四五"展望 [J]. 染整技术，43 (2)：6-10.

经济日报，2021. 农业农村部：化肥农药减量增效已顺利实现预期目标 [EB/OL] [2021-01-18]. https://baijiahao.baidu.com/s?id=1689182355012119752&wfr=spider&for=pc.

李洋，2021. 2020 年农药登记及新农药品种 [J]. 世界农药，43 (3)：10-15.

李友顺，白小宁，袁善奎，等，2021. 2020 年及近年我国农药登记情况和特点分析 [J]. 农药科学与管理，42 (1)：1-11，32.

全球技术地图，2021. 2020 年前沿新材料科技发展态势及 2021 年趋势展望 [EB/OL]. (2021-02-20) [2021-02-20]. https://baijiahao.baidu.com/s?id=1692209339236544672&wfr=spider&for=pc.

赵扬子，2021. 杭州市重点发展产业与专利数据的关联性及规划对策研究 [D]. 杭州：浙江大学.

中商产业研究院，2021. 2021 年中国创新药行业产业链上中下游市场分析 [EB/OL]. (2021-04-01) [2021-04-01]. https://baijiahao.baidu.com/s?id=1695823663360770929&wfr=spider&for=pc.

广州市化工行业协会，2022. 高端聚烯烃产品将是行业发展重点 [J]. 广州化工，50 (2)：1-4.

马悦，张晨辉，杜凤沛，2022. 农药制剂发展趋势及前沿技术概况 [J]. 现代农药，21 (1)：1-8.

邵姗姗，王灿，于迟，等，2022. 2021 年中国农药工业运行态势 [J]. 世界农药，44 (4)：1-6.

孙传尧，申士富，王文利，等，2022. 石墨资源及材料产业高质量发展战略研究 [J]. 中国工程科学，24 (3)：29-39.

曾昆，李晓芃，沈紫云，等，2022. 我国新材料产业集群发展战略研究 [J]. 中国科学院院刊，37 (3)：343-351.

致 谢

感谢编委会成员的辛勤工作以及在书稿研讨和修改过程中付出的努力。

感谢辽宁省知识产权局、大连市知识产权局相关领导和专家对本书给予的指导。

感谢中国科学院大连化学物理研究所各级领导对本书编写提供的指导和建议。

感谢辽宁滨海实验室相关领导和专家、中国科学院大连化学物理研究所低碳战略研究中心、北京助天科技集团、北京元周律知识产权代理有限公司在本书编写过程中给予的大力支持。

本书在编写及修改过程中也得到了国家洁净能源产业知识产权运营中心、中国科学院大连化学物理研究所技术与创新支持中心（DICP – TISC）、辽宁洁净能源知识产权运营中心、大连市清洁能源专利运营中心、北京合享智慧科技有限公司的大力帮助和支持，在此一并感谢。